図解&事例で学ぶ

課長・部長 マネジメントの教科書

野田 稔 監修　シェルパ 著者

マイナビ

はじめに

はじめてマネジャーのポジションについたとき、「ようし、やるぞ！」とやる気が湧いてきた人もいれば、「俺もいよいよ中間管理職か」などと重圧を感じた人もいるでしょう。いずれにせよ、これまではプレイヤーとして目の前の仕事に集中できていたのに、人を動かす立場になるわけですから、仕事を通して見える風景は一変します。

日本の企業では、課長になっても実務を担い続けるプレイングマネジャー的な立場になることが多いのですが、さらに上のポジション、たとえば部長になると、また見える風景が違ってきます。課長になった、部長になったというタイミングで、目の前の視界がクリアになっている人は、ほとんどいないと思います。ある程度はわかっているつもりだったマネジメントの基礎知識についても、折にふれて学び直す必要が出てきます。

本書では、そんな課長、部長に就任した方々を対象に、ミドルマネジメントに必要な基礎知識を網羅的にまとめました。古くから経営の四大要素として、ヒト・モノ・カネ・情報にまつわるマネジメントが重視されてきましたが、近年ではそれに加え、知識、つまりナレッジマネジメントの重要性も増してきています。大学の経営学部などでマネジメントを学んだ人も、本書を通して基礎知識を振り返るとともに、新しい発見を得られるでしょう。

本書は次の8章で構成されています。

- 第1章……マネジメントとはなにか？
- 第2章……お金とモノのマネジメント
- 第3章……部下の動かし方
- 第4章……成果を出すチーム運営のコツ
- 第5章……リスクマネジメントをしよう
- 第6章……マネジャーが知っておきたい人事の基本
- 第7章……戦略と戦術の立て方と実行のポイント
- 第8章……組織のなかで活躍するために

まず第1章では、企業においてマネジメントとはどういう役割を持ち、マネジャーにはリーダーシップをはじめ、どのような資質や能力が求められているのかを解説します。

第2章では、四大経営資源のうち、お金とモノに関連するマネジメント、たとえば予算管理や売上目標、生産管理などの基本を取りあげます。

第3章では、ヒトのマネジメント、とりわけ部下とどのようにビジョンや意思を共有し、どのように部下を動かしていくのかという具体的手法を掘り下げていきます。

第4章では、個々の部下からチーム、部署単位にまで対象を広げ、集団で円滑に業務を遂行するためのポイントを紹介していきます。情報のマネジメントやナレッジマネジメントについても本章で取りあげます。

第5章は、近年メディアを賑わすことも多い企業における危機管理について考えていきます。上層部に限らず、ミドルマネジメントにもリスクを回避、軽減する知識や技術は必要です。

第6章では、ミドルマネジメントに必要な人事の基礎知識を確認できます。課長になって、はじめて人事評価をすることになった……という人も多いと思いますが、公正な評価をするコツや部下にフィードバックするときの注意点は、ぜひとも覚えておいてください。

第7章は、戦略と戦術の立て方を取りあげますが、ミドルマネジメントは、それを個々の部下にまで周知、浸透させていかなくてはなりません。その方法論を、マーケティングの知識なども交え、詳しく解説していきます。

そして第8章では、組織のなかでマネジャーはどう立ち回り、何を成し遂げるべきなのかを考えていきます。

本書では右ページの本文と、左ページの図解を組み合わせることで、体系的な知識をわかりやすく身につけられるようになっています。忙しいミドルマネジャーにも親しみやすい構成になっていますので、基礎知識を学ぶ最初の一冊として、これからのマネジメントにお役立ていただければ幸いです。

目次

第2章 お金とモノのマネジメント

第3章 部下の動かし方……71

第4章 成果を出すチーム運営のコツ

第5章 リスクマネジメントをしよう 153

第7章 戦略と戦術の立て方と実行のポイント……203

第1章

マネジメントとはなにか？

1-01

マネジャーの役割とは？

対人関係・情報処理・意思決定のマネジメント

▼大きく分類すると3つの仕事の範囲がある

一口にマネジャーといっても、どんな役割があるのか、人によってイメージが分かれるでしょう。経済学や組織心理学の分野で優れた業績を打ち立てたマギル大学のミンツバーグは、マネジャーの仕事の範囲を、**対人関係・情報処理・意思決定**に分類しています。

①対人関係……マネジャーの権限に基づいて、対人的なコミュニケーションをとる。自分の部署に限らず、社内全体や社外との関わりも重要。

②情報処理……社内外の情報を入手し、自分の組織やそれを取り巻く環境の現状や将来について分析。組織内外に情報を伝達、発表することも含む。

③意思決定……案件に対する意思決定をおこない、それを実現するための資源の配分や、組織内外への交渉を実施する。

ミンツバーグによる3つの仕事の範囲は、さらに10項目の役割に分類されます。左の表にまとめましたので参考にしてみてください。

ミンツバーグによる分類

マネジャーの仕事の範囲は、
「対人関係」「情報処理」「意思決定」の3つ！

対人関係、情報処理、意思決定の3要素は、さらに10項目に細分化できる

対人関係

項目1：組織の代表者として、内外に向けて行動する
項目2：メンバーの動機付けをおこない、業務遂行に必要な雰囲気をつくり出す
項目3：外部との連携を深める

情報処理

項目4：自分の部署や組織を取り巻く環境の情報をつかむ
項目5：入手した情報を組織内に周知、伝達する
項目6：入手した情報を加工し、組織の外に向けて発表する

意思決定

項目7：創造的な案件についての意思決定をおこなう
項目8：対応型の案件についての意思決定をおこなう
項目9：業務の遂行に必要な資源の配分をおこなう
項目10：組織内のメンバーやほかの組織との交渉役となる

※項目７と８は、項目７が起業家的な役割、項目８は組織内で発生した問題への対処といった形で区別できる

1-02

マネジャーは管理職ではなく経営者

「我が社を盛り上げる」という意識が大切

▼管理だけではマネジャー失格

ミンツバーグによるマネジャーの仕事の範囲を見ると、マネジャーは単なる管理職ではなく、その部門の経営者的な存在であることがよくわかると思います。

与えられた権限において、対人関係、情報処理、意思決定をおこない、業績をあげる。また、**自分の部門の利害だけではなく、会社全体の利益になるような行動も求められます**。自分の部署だけを見るのではなく、会社全体のなかでの役割やポジションも意識しなければなりません。個人や部署単位のことだけではなく、「我が社」という意識を持って、能動的に経営にかかわっていく姿勢が大切です。伝統的な日本企業では、ミドルマネジャーにも我が社を盛り上げていくという気概が見られましたが、近年は権限がきちんと与えられていない場合も多々あり、そういった意識が希薄になる傾向があります。そもそもマネジャーとはマネジメント＝経営をする人です。よく「マネジャーになるな。リーダーたれ」と言いますが、正しくは「管理者になるな。経営者たれ」というのがふさわしいようです。

信頼と権限があるから経営できる

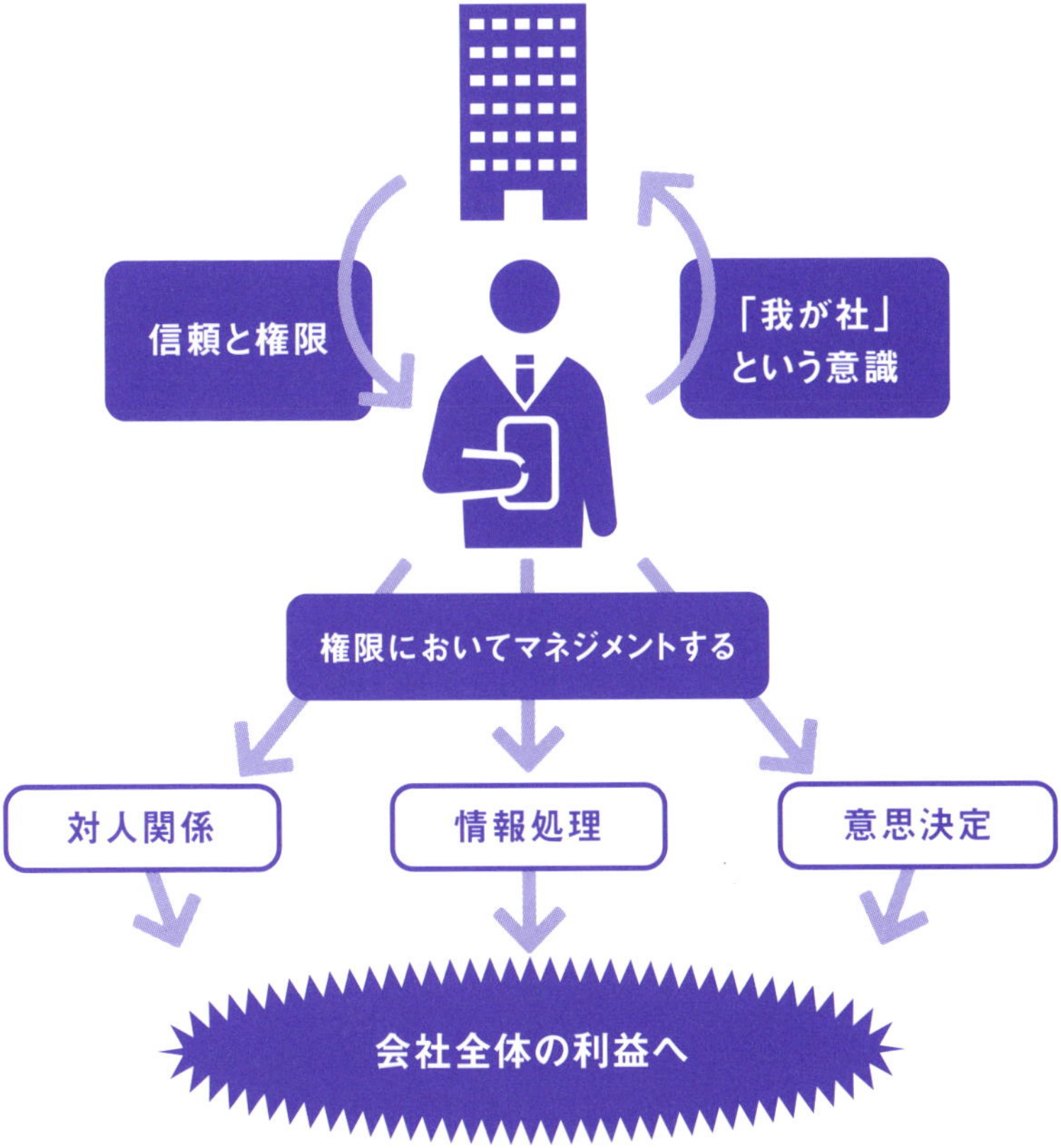

信頼と権限がないとマネジメントに悪影響が出るだけではなく
マネジャーの「我が社を盛り上げる」という意識も希薄になる

▼マネジャーには「連結ピン」の能力が求められる

一口にマネジャーといっても、経営のトップから小規模チームのリーダーまで、そのポジションはさまざまです。この本を手に取った読者のなかには、ミドルマネジャー、つまり課長になったばかりの方も多いのではないでしょうか。

課長は、一般の社員やチームリーダー、係長などを取りまとめる役職で、実務現場の最上位にあたりますが、予算の権限や人事査定の責任を持つ経営サイドから見れば、一番現場に近い経営者のポジションになります。**課長の上司である部長は、自分たち以上に現場を知らないため、課長がいかに間を取り持ち、現場を回していくかが肝要になります。**

組織心理学者のリッカートは、人と組織、あるいは人と人や、組織同士を結びつけることで円滑なコミュニケーションを実現する機能を「連結ピン」と名付け、マネジャーに求められる能力のひとつとして挙げています。近年は、組織のフラット化が進んで課長や係長といった役職がないフラット組織も増えてきましたが、経営陣と現場の間にミドルマネジャーが存在しないと、どうしてもコミュニケーションギャップが生じがちです。連結ピンとしてのミドルの役割を見直したいものです。

人的資源をはじめとするさまざまな経営資源を最大限に活用して、**会社全体を見る広い視野を持って自らの部署と社内外を連結し、成果や目標、ゴールを達成する。**これこそがマネジャーのあるべき姿です。

ミドルマネジャーは連結ピンになる!

ミドル層のいないフラット化した組織では、
経営陣と現場の間での軋轢が生じやすい

フラット型組織

一般社員
経営陣
一般社員

直接的であるぶん、コミュニケーションのギャップが生じる

ミドルマネジャーが連結ピンになることで、
経営陣と現場のコミュニケーションを円滑化!

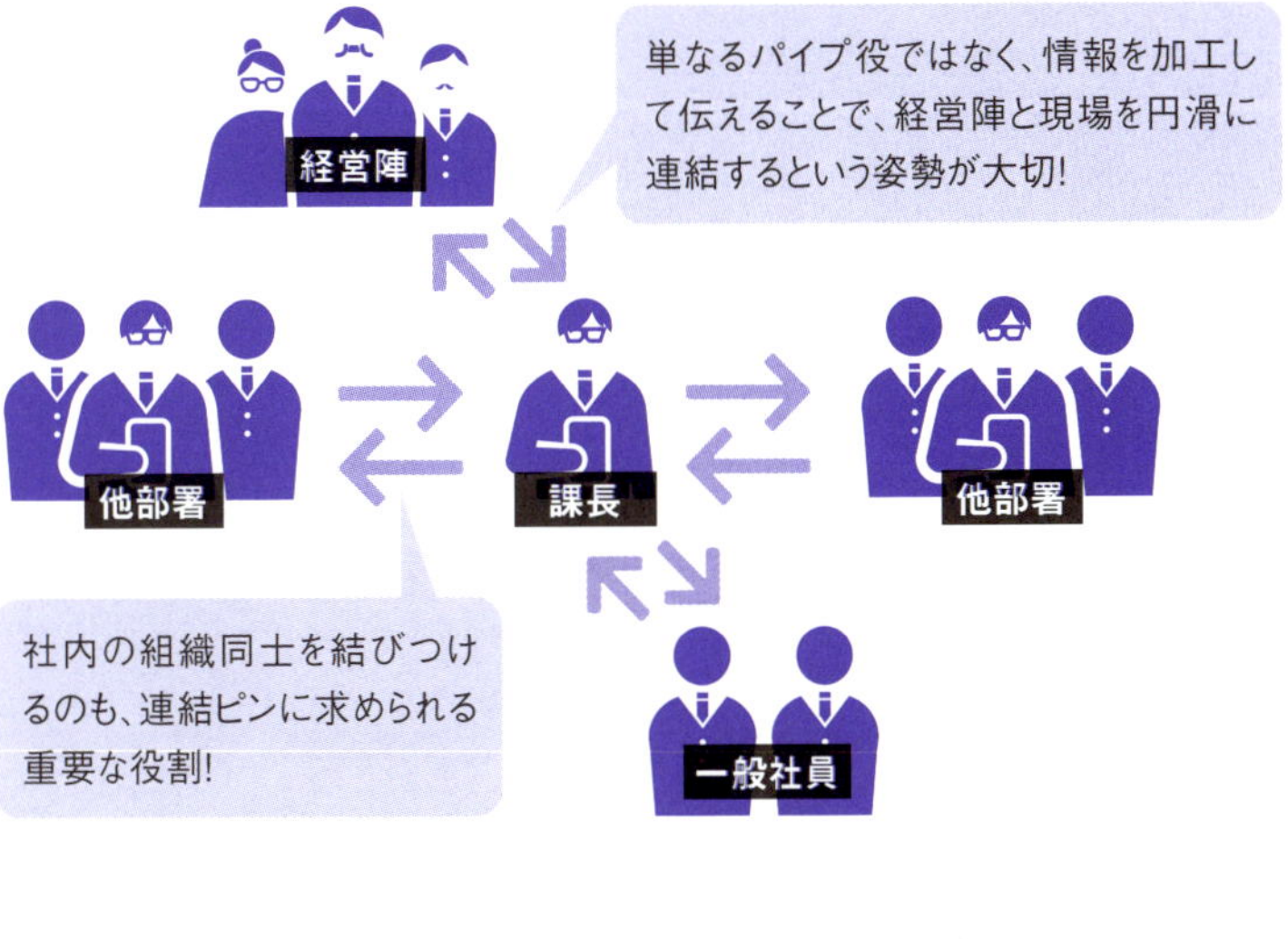
経営陣
単なるパイプ役ではなく、情報を加工して伝えることで、経営陣と現場を円滑に連結するという姿勢が大切!
他部署
課長
他部署
社内の組織同士を結びつけるのも、連結ピンに求められる重要な役割!
一般社員

1-03 マネジメントの四大要素
ヒト・モノ・カネ・情報を押さえる

▼ヒトによってモノ・カネ・情報が運用される

経営資源を活用して目標を達成するのがマネジャーの責務と書きましたが、では企業にとっての経営資源には、どのようなものがあるでしょうか。一般的には、**ヒト・モノ・カネ・情報の4つが四大経営資源**と呼ばれており、マネジャーの仕事にも密接にかかわってきます。詳しくは後述しますが、「ヒト」は人事労務管理、「モノ」は技術開発やマーケティング、生産管理、「カネ」は予算の管理、「情報」だけは漢字で比較的新しい概念といえますが、ＩＴの活用など現代のマネジメントには欠かすことができない要素で、ナレッジマネジメントにもつながっていきます。

経営戦略においては、モノやカネにばかり着目されがちで、ヒトや情報についてはあまり検討されない傾向にあります。しかし、四大経営資源の一番最初にヒトが挙げられているように、モノやカネや情報も、結局のところ活かす主体はヒトです。このことは、経営トップも現場のマネジャーも同様に、心に留めておくべきでしょう。

会社の四大経営資源

ヒトがモノ・カネ・情報を使う

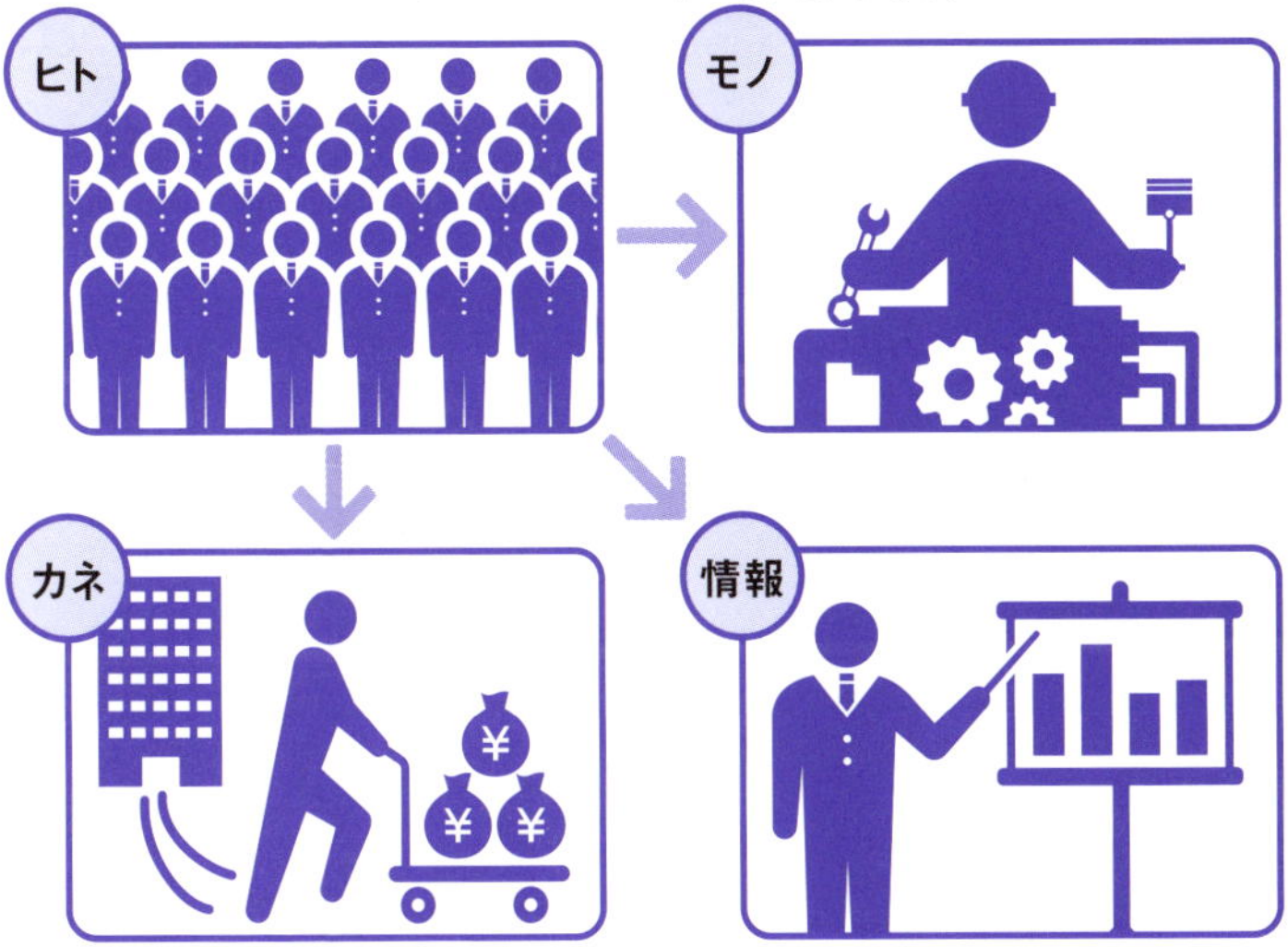

マネジャーはモノやカネばかりに気を取られてはいけない

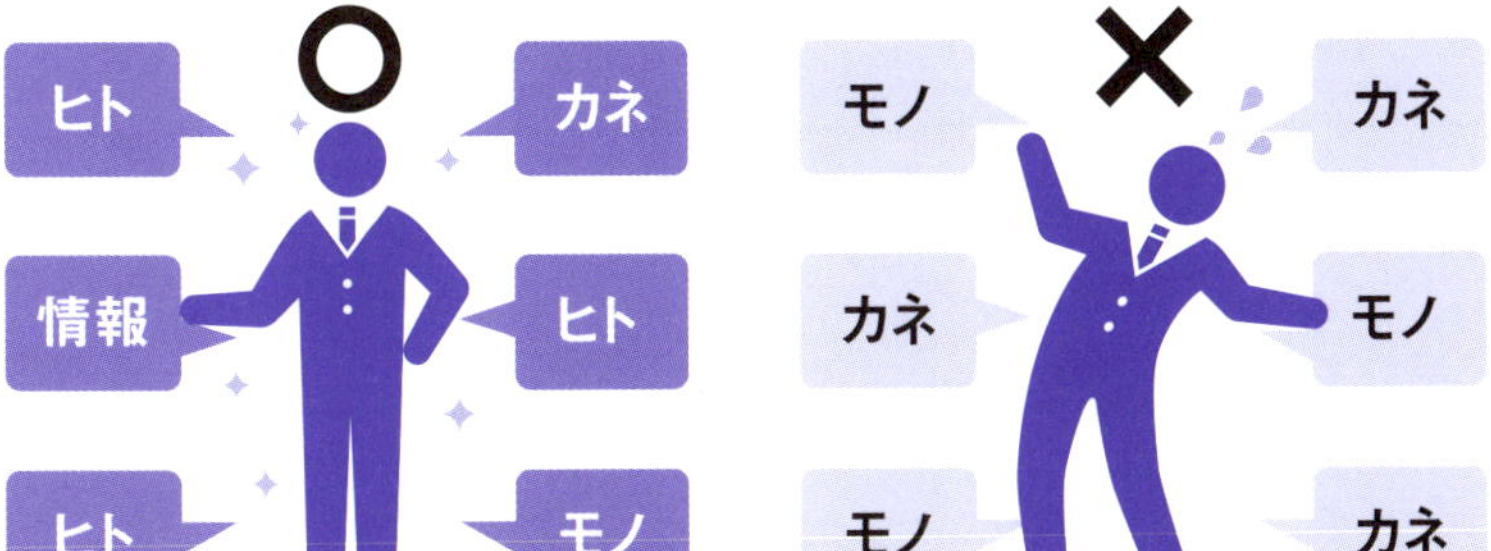

1-04

ヒト・モノ・カネ・情報のマネジメント

ミドルマネジャーはヒトへのアプローチも多彩

▼ヒトのマネジメントは上司も対象となる

四大経営資源について、詳しく見ていきましょう。とくにミドルマネジャーがかかわるヒト・モノ・カネ・情報のマネジメントについて、左のようにピックアップしました。

①ヒト……採用や人材の教育、人事考課、職務に関する人事労務管理
②モノ……製品開発やマーケティング、製造に関する事項
③カネ……予算の策定や運用
④情報……社内外の①～③などに関する情報収集・情報管理

まずミドルマネジャーとしては、**いかにヒトを適切に配置し、意思決定をした内容に沿って動いてもらうかが肝要になります**。ＯＪＴや研修を通してヒトを教育し、戦力にするべく育て上げることも大切ですが、場合によっては採用も必要になるでしょう。人事考課もマネジャーに与えられた権限で、大きな責任が伴う業務です。また、ヒトのマネジメントの対象は部下に限らず、上司に働きかけることもあります。

ヒトのマネジメント

部下に対するマネジメント例

採用・登用

新卒、中途採用のほか、他部署からの登用も視野に入れる

→

教育・訓練

OJTや研修制度を活用するほか、日常業務での指導も

↓

配置

所属する部署の状況や部下の適性を見極めて力を発揮できるように配置

←

評価

人事考課だけではなく日ごろの業務におけるフィードバックも適時実施

ヒトのマネジメントは部下だけではなく、上司も対象になる

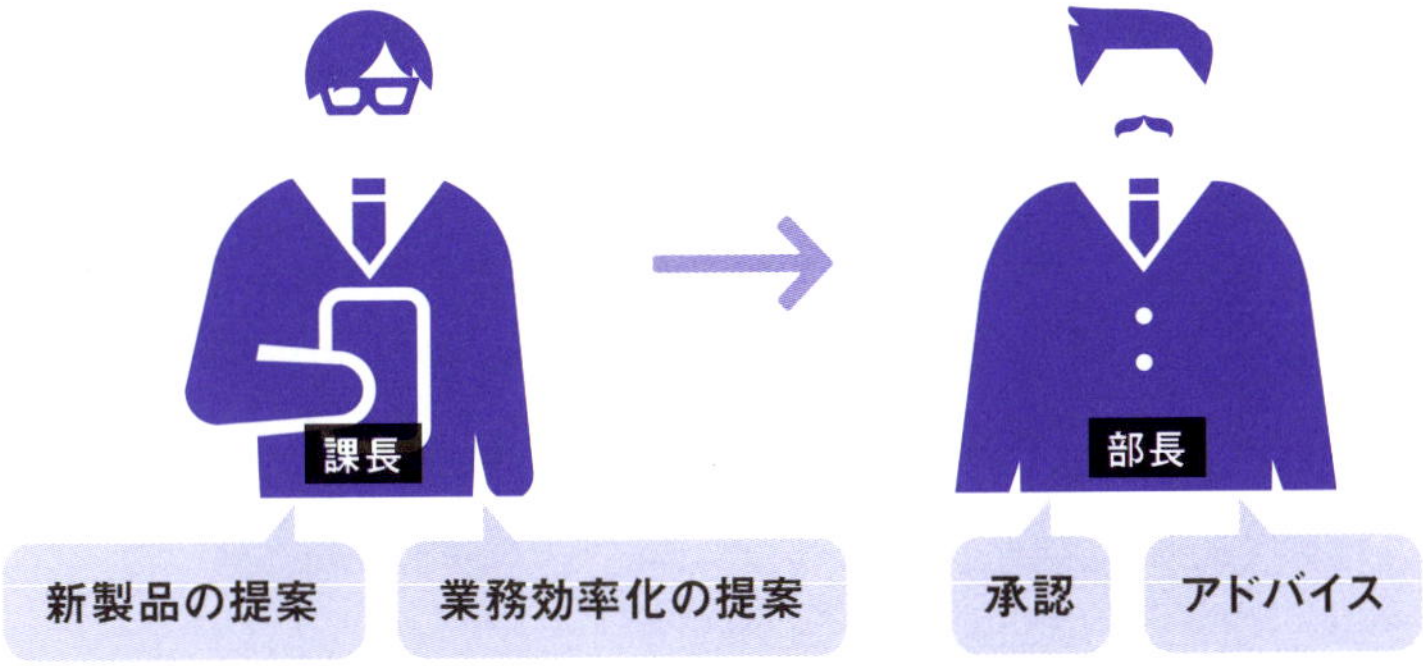
課長
部長
新製品の提案
業務効率化の提案
承認
アドバイス

▼モノ・カネ・情報の要点

モノのマネジメントは、**製品開発、生産、販売・マーケティングが主軸になります**。生産分野では、テイラーの科学的管理法をはじめ、さまざまな手法が編み出されてきました。後のページでも取りあげますが、生産管理は生産計画やスケジュールの策定、品質管理や在庫の管理、あるいは資材や原材料の購入、外注の管理なども含め、非常に多岐に及びます。マーケティングについても、製品やサービスを市場に投入するにあたって、ミドルマネジャークラスにとっても欠かすことのできない情報をもたらしてくれます。

カネについては、とくにミドルマネジャー、課長クラスの場合は、**はじめて予算の権限が与えられるポジションになることが多いでしょう**。こちらも後の章で詳述しますが、予算を獲得したり運用したりするのは、マネジャーの重要な責務です。

情報については、人事労務、製品管理やマーケティング、財務管理などにおいて大きなウエイトを占めますが、ミドルマネジャーの場合、**いかに上層部に正しくて有用な情報を伝達するかも大切です**。たとえば上層部にとって耳障りな情報はあえてカットしたり、あるいは情報を限定して伝えたりすることは、実際の現場でも起こりがちです。

以上のように、ミドルマネジャーがいかに四大経営資源をマネジメントするかは、会社全体にも大きな影響を与えるのです。

モノ・カネ・情報のマネジメント

モノのマネジメント例

生産管理

製品やサービスの生産以外に生産計画やスケジュールの策定、資材や在庫の管理、外注管理設備管理なども含まれる

販売・マーケティング

単なる販売活動だけでなく広告宣伝、製品開発、市場調査、価格設定、販売促進など多岐に及ぶ

カネのマネジメント例

予算をつくる

予算作成に必要な情報を集め、おおまかな見積もりを立てる。会社から承認を得られるよう、予算を洗練させる

予算を使う

プロジェクト等の進捗に従って適切に予算を消化していく。長期的なプロジェクトではキャッシュフローの管理も重要

情報のマネジメント例

情報収集

自部署だけではなく、社内のほかの部署や社内全体、社外・業界を取り巻く環境など、広い視野で情報を管理する

情報管理

社内外から得た情報を適切に管理するほか、社内向け、社外向けに応じて情報を加工し、周知・発表する

1-05

マネジャーの責任と権限

経営に欠かせない2つの要素

▼権限と同時に責任も発生する

マネジャーは**会社から権限を与えられていますが、同時に責任も負っています**。マネジャーとしての責任は、会社からマネジャーとして期待されている業務を遂行することにほかなりませんが、たとえば営業成績を高めるといった期待のなかにも、部下の育成や人材の配置など、さまざまな業務が内包されています。まさに経営的視点が必要となり、こういった期待を実現するために、マネジャーには権限が与えられています。

また、マネジャーは部下に「権限を委譲する」こともできます。この場合、権限と一緒に、責任も部下に押し付けられるわけではありません。たとえば、**権限を委譲した部下が大きなミスを犯した場合、その責任は基本的にマネジャーが負わなければなりません**。部下に権限を委譲したならば、その意思決定をむやみにマネジャーが覆すべきではありませんが、もし誤った意思決定をしている場合は、それを改めるべく助言したり、正しい意思決定ができるように誘導したりすることも、マネジャーの責任だからです。

権限は委譲しても責任は負う

会社からマネジャーとして権限を与えられる

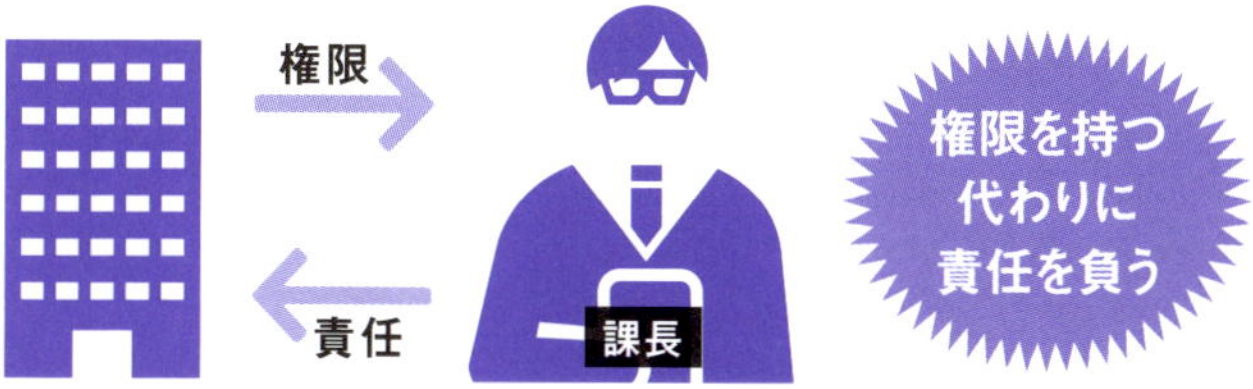

部下に権限を委譲した場合

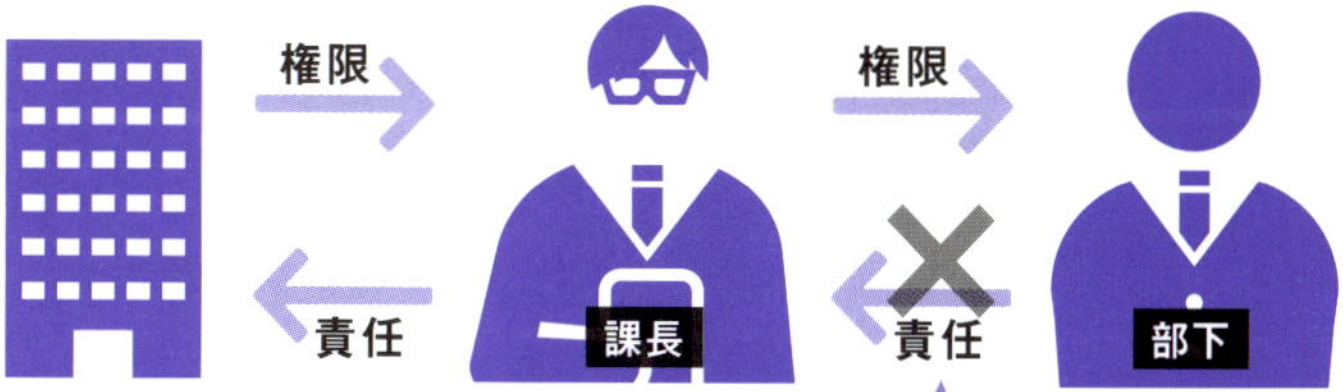

部下に仕事を任せても、責任を押し付けることはできない

権限委譲後もコミュニケーションが大事

仕事を任せた以上、むやみに口を出さないが報告を受けて軌道修正することは必要

1-06

意思決定はマネジャーの役割

部下を動かすアプローチとは?

▼実務は人に任せるのが基本

組織におけるマネジャーの役割とは、いったいなんでしょうか。メンバーにはなくて、リーダーだけに与えられた権限。それは、仕事を次のステップに進めるための意思決定にほかなりません。次のステップに進むために、実務作業にマネジャーが直接的に関与するのではなく、「次のステップに進む」ということを意思決定し、その作業を誰にやらせるのかを決めるのが、マネジャーの役割です。意思決定したことを実際に進めるのは、マネジャーとは別の人間なのです。

マネジャーは部下の報告を受けて、次のステップに進むために軌道修正が必要ならば、そこでまた意思決定をしなくてはなりません。ときには部下に任せておけず、自分で動きたくなることもあるでしょう。しかし、**本質的にはマネジャーは意思決定をすることが主たる任務です**。それゆえに、部下に本気になって動いてもらうために、どうアプローチするかが重要になるのです。そのひとつが、次のページから紹介するリーダーシップ行動です。

マネジャーの意思決定で仕事が動く

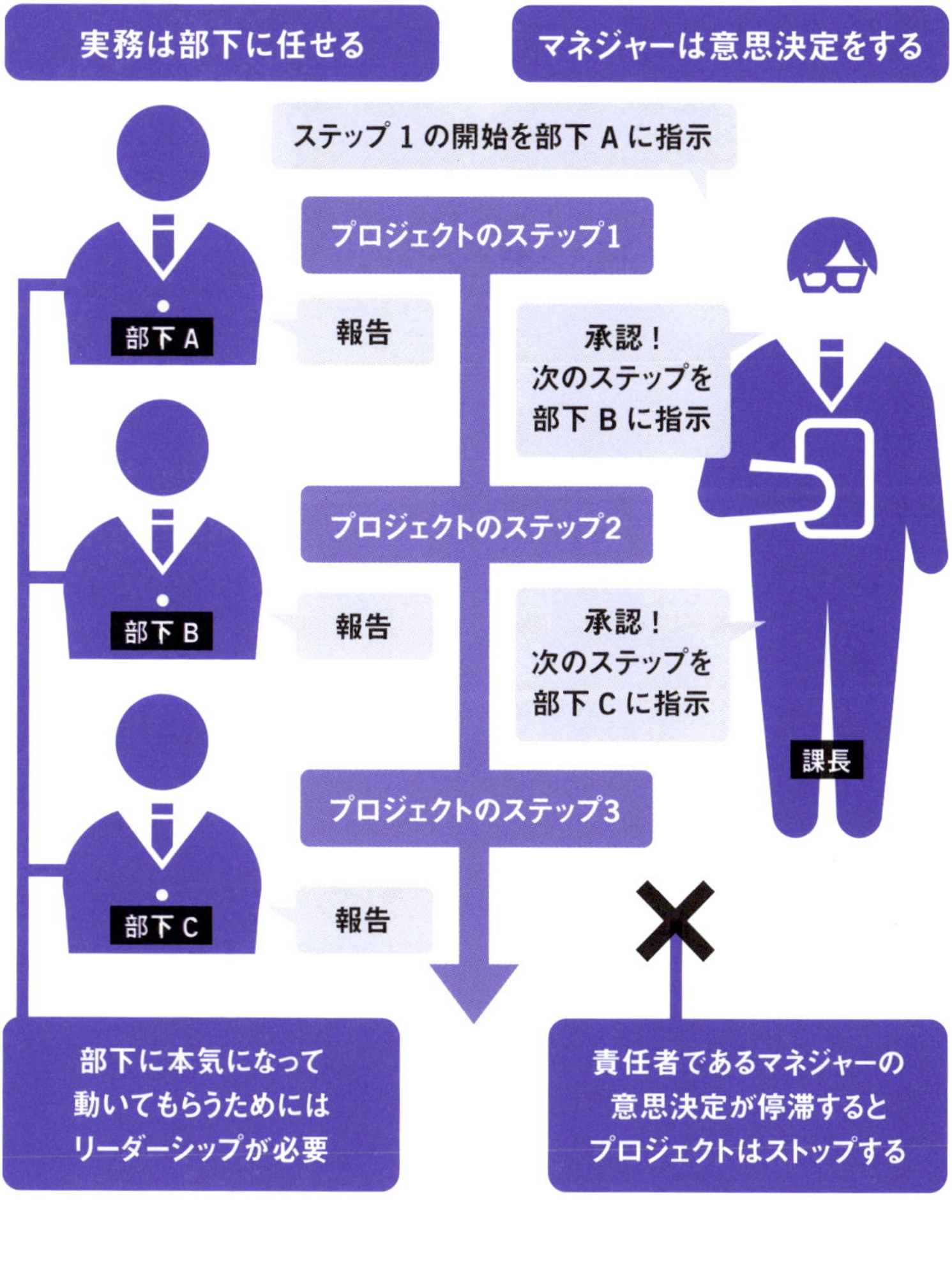
実務は部下に任せる
マネジャーは意思決定をする
ステップ 1 の開始を部下 A に指示
プロジェクトのステップ1
部下 A
報告
承認！
次のステップを
部下 B に指示
プロジェクトのステップ2
部下 B
報告
承認！
次のステップを
部下 C に指示
課長
プロジェクトのステップ3
部下 C
報告
部下に本気になって
動いてもらうためには
リーダーシップが必要
責任者であるマネジャーの
意思決定が停滞すると
プロジェクトはストップする

1-07

リーダーシップとはなにか

人を巻き込むマネジャーの必須能力

▼リーダーは他力本願な存在

リーダーシップがあるマネジャーとは、どのような人でしょうか。部下に命令して、自分の思うがままに動かそうとする人が良きリーダーではありません。リーダーシップとは、**人を巻き込むこと**です。リーダーひとりではなにもすることができないので、いかに部下に動いてもらうかが肝心です。リーダーの命令には従って当然という考え方では、組織として成果を出すことは難しいでしょう。マネジャーはまず**リーダーは基本的に、他力本願な存在であること**を肝に銘じておく必要があります。リーダーをリーダーたらしめるのはメンバーです。メンバーがリーダーのリーダーシップを受け入れようと思ってはじめて、リーダーがリーダーになれるのです。それを前提に、リーダーシップをわかりやすく定義するならば、「他人に影響を及ぼして、望ましい行動を起こさせる」ということになるでしょう。

またリーダーシップは部下だけでなく、上司にも発揮できます。成果をあげるマネジャーは、上司に進言や提案をし、承認を得るなどして仕事に巻き込み、影響力を行使しています。

リーダーシップは巻き込み行動

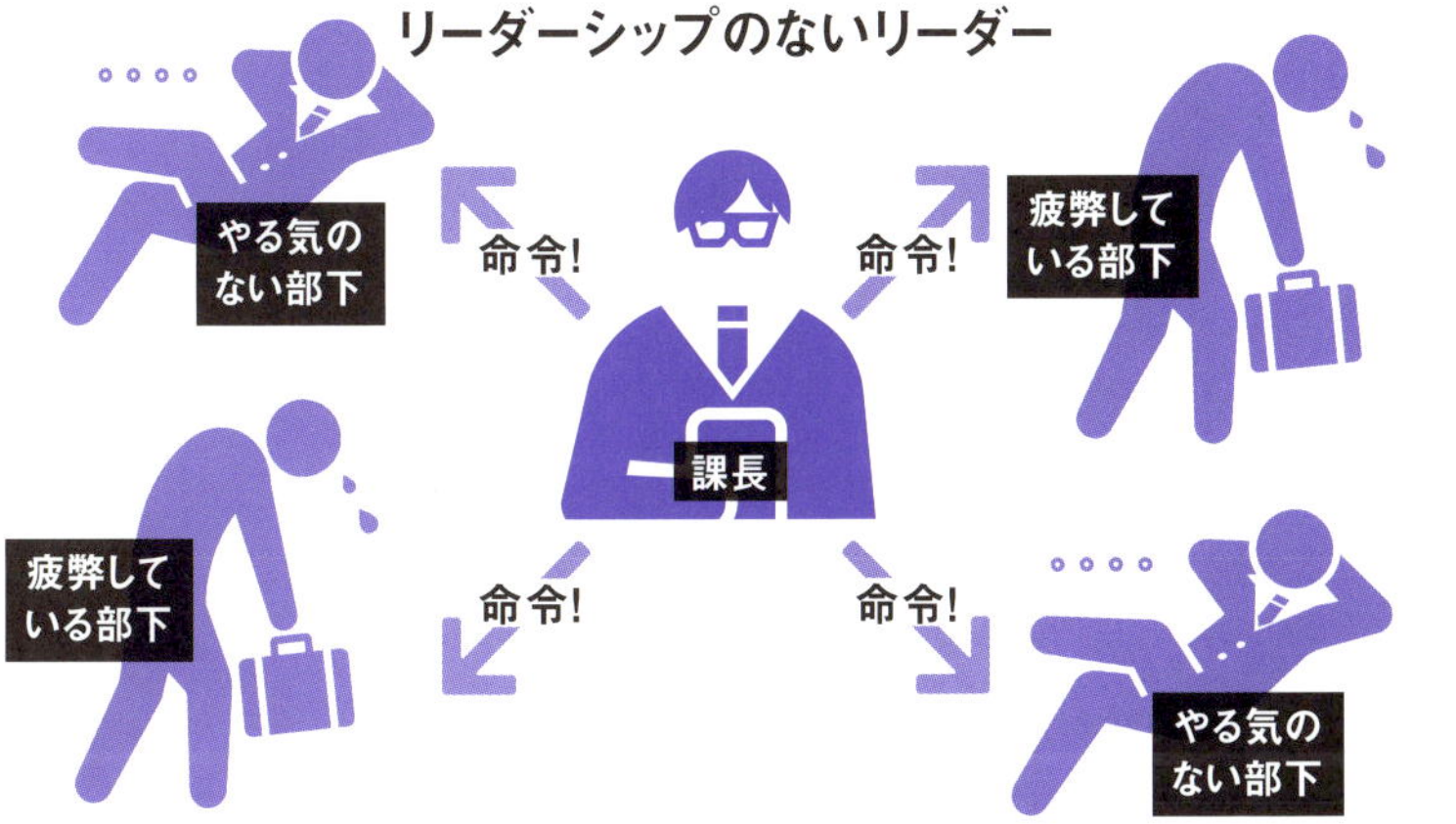

リーダーシップのないリーダー
やる気の
ない部下
命令!
命令!
疲弊して
いる部下
課長
疲弊して
いる部下
命令!
命令!
やる気の
ない部下

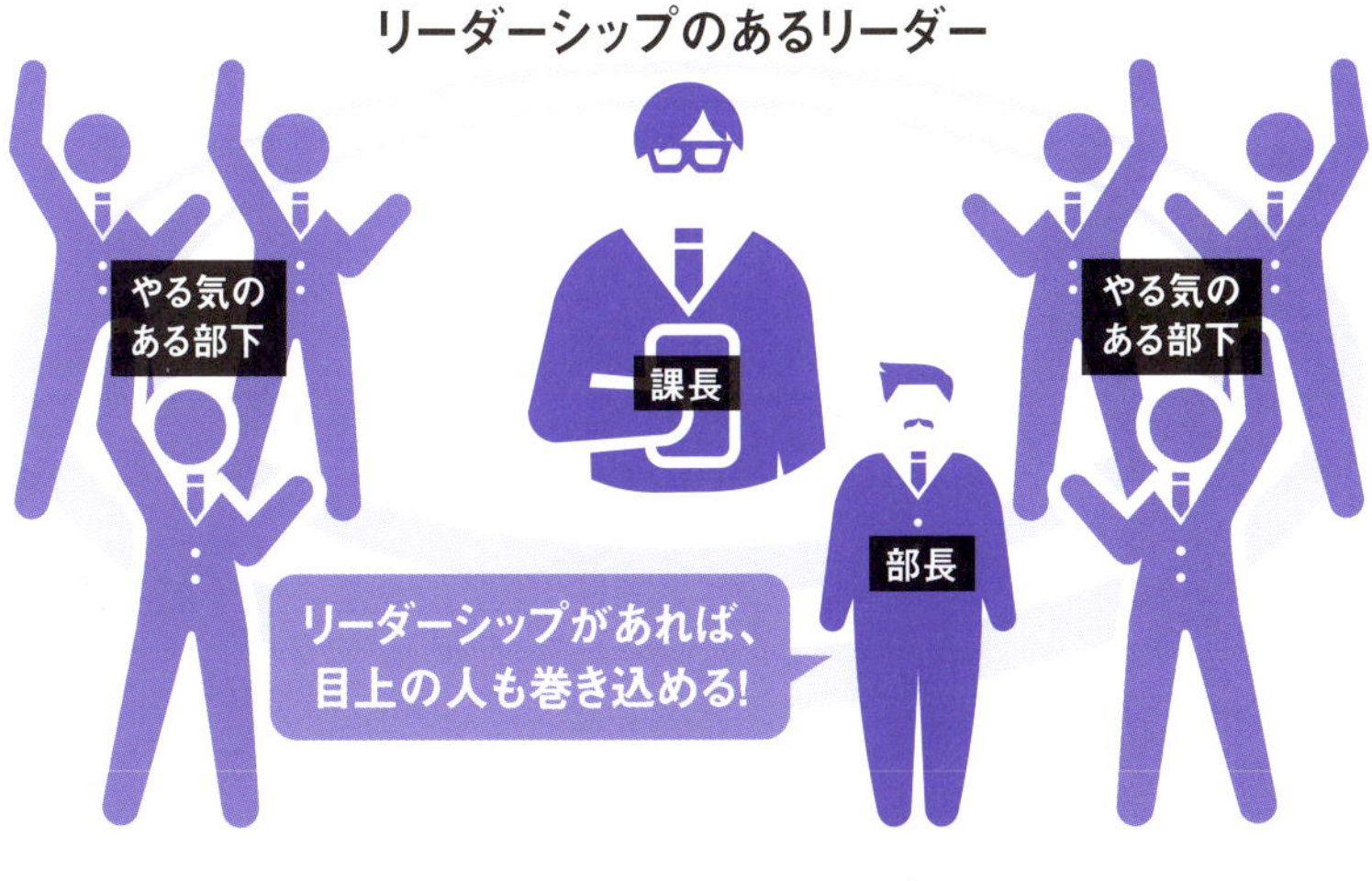

リーダーシップのあるリーダー
やる気の
ある部下
課長
やる気の
ある部下
部長
リーダーシップがあれば、
目上の人も巻き込める!

1-08

リーダーシップの源になる4要素

「正義・大義・合理」と「人間的魅力」がカギ

▼肩書きに頼っていては部下は動かない

リーダーがリーダーシップを発揮するには、メンバーの心の有り様が重要になってきます。なぜ、メンバーはリーダーの影響力を受け入れるのでしょうか。その源は、大きく**①組織が付与した公式的権限（とくに評価権）、②専門性の高さ、③正義・大義・合理、④人間的魅力**にまとめることができます。

①はあくまで役割に準拠した影響力にすぎず、「課長だから（とりあえず）いうことを聞いておく」程度の働きしかありません。②は技術面に優れた人、専門的な資格を持っている人のいうことには説得力があるので、ひとまず話は聞いてもらえるでしょう。ただ、①と②だけでは、一時的には効果があっても、影響力は長続きせず、また本気でコミットすることにもつながりません。一方、③は『プロジェクトX』に見られるような、心を動かすリーダーシップを指し、部下の本気でのコミットを引き出すことが可能です。そして④は、個人の性格特性にもよりますが、後天的に身につけることもできます。次項で詳しく見ていきましょう。

リーダーシップの源泉

4つの源泉

①組織が付与した公式的権限

会社から与えられた権限にすぎず、メンバーも「課長だからいうことを聞く」程度の対応に留まりがち

②専門性の高さ

専門家のいうことは尊重される傾向にあるが、〝範囲の限界（職務階層が上がると自分の専門外までマネジメントしなければならない）〟と、〝陳腐化〟の２つの限界がある

③正義・大義・合理

リーダーが前向きな気持ちを刺激するような大義名分を打ち出す。確固たる方向性を示すことでメンバーのやる気を引き出し、信頼感や安心感の醸成にもつながっていく

④人間的魅力

人から好かれたり、尊敬されたりするような特性。メンバーから信頼感や安心感を得られることが必要

③と④の持ち主は、メンバーの本気のコミットを引き出し、また①や②がなくても、人を惹きつけることができる

॥

本当の意味でのリーダーシップ!

1-09

リーダーに必要な資質
キーワードは「正直」「前向き」「ワクワク」「有能感」

▼地道な努力とコミュニケーションが大事

　リーダーとしての人間的魅力は、いかにメンバーから信頼を集めるかに左右されます。経営学者のクーゼスとポスナーは『信頼のリーダーシップ』のなかで、リーダーが信頼を集めるための4要素を挙げています。

①正直であること(honest)……ウソをつかない、オープンマインドである
②前向きであること(forward looking)……逆境でも前向きでいる
③ワクワクさせてくれること(inspiring)……明るい未来に連れて行ってくれる期待
④有能感があること(competent)……いざというときに頼りになる期待

　意外と当たり前のことのようですが、その当たり前を日々実行することが難しいのです。とくに平時は鷹揚《おうよう》に構えていても、ピンチや逆境になったときに、あたふたしてしまう人は少なくありません。④の有能感も、日々の研鑽《けんさん》の賜物です。**地道な努力とコミュニケーションを重ねていくことが、強固な信頼感へとつながっていきます。**

信頼感を集めるリーダーの要素

①正直であること(honest)

小さなウソでも、メンバーは見逃さない。オープンマインドを心がけ、部下との間に壁をつくらない

②前向きであること(forward looking)

組織が順調なときだけ威勢がいいのではなく、逆境になったときこそ先頭に立って道を切り開き、メンバーを鼓舞するような姿勢を示すことが大切。逆境こそ、信頼感を育てるチャンスともいえる

③ワクワクさせてくれること(inspiring)

ビジョンを示し、未来のありたい姿を示すことによってワクワク感を与える

④有能感があること(competent)

専門性はいざというときに頼りになりそうな要素。人脈の豊富さもとても重要

日々の研鑽で人間的な魅力は高めることができる!

1-10

人間関係と成果に着目した行動論

PM理論による4つのリーダー像

▼相手や状況によるリーダー像の使い分けが有効

成果をあげるリーダーは、どんな行動をとっているのでしょうか。リーダーの行動に関する研究は多数ありますが、社会心理学者の三隅二不二氏による「PM理論」が代表的です。PM理論では、リーダーの行動をPとMの2つの軸によって分類します。Pはパフォーマンスの頭文字で、この軸が強いリーダーは、仕事の成果を重視して部下に働きかけます。Mはメンテナンスの頭文字で、組織の維持を意味します。Mが強いリーダーは、部下の心の状態や職場の人間関係に気を配ります。左ページのように、**P軸とM軸の強弱によって、「PMタイプ」「Pタイプ」「Mタイプ」「pmタイプ」の4つのリーダー像に分類できます。**

どのタイプが優れたリーダーである、ということは一概にはいえません。一見するとPMタイプがもっとも優れたリーダーのように思えますが、たとえばメンバーの意気があがっていて熟練度も高い場合は、pmタイプのように見守り型のリーダーがマッチする場合もあり、人や状況を見極めて態度を使い分けることが大切です。

4つにタイプ分けできるPM理論

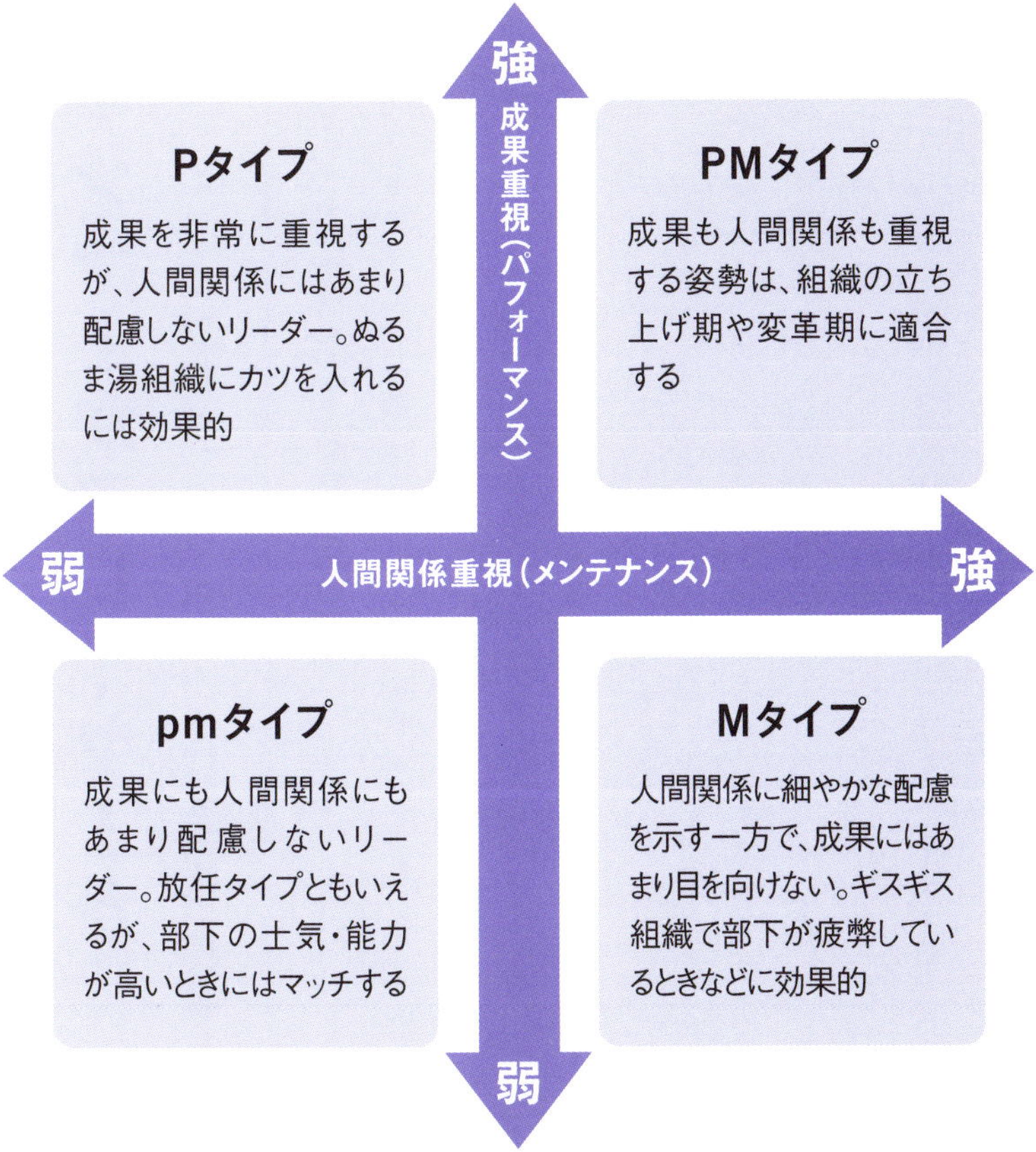
強
成果重視（パフォーマンス）
弱
Pタイプ
成果を非常に重視するが、人間関係にはあまり配慮しないリーダー。ぬるま湯組織にカツを入れるには効果的
PMタイプ
成果も人間関係も重視する姿勢は、組織の立ち上げ期や変革期に適合する
弱
人間関係重視（メンテナンス）
強
pmタイプ
成果にも人間関係にもあまり配慮しないリーダー。放任タイプともいえるが、部下の士気・能力が高いときにはマッチする
Mタイプ
人間関係に細やかな配慮を示す一方で、成果にはあまり目を向けない。ギスギス組織で部下が疲弊しているときなどに効果的

4つのタイプを適切に演じ分けられると、それぞれの「いいとこどり」ができる!

1-11

マネジャーかプレイヤーか

プレイングマネジャーは多重債務者という側面も

▼なぜマネジメントに専念できないのか

課長クラスのマネジャーは、そのほとんどがプレイングマネジャー的な存在ではないでしょうか。プレイングマネジャーは、マネジメントをしながらプレーもする存在ですが、ビジネスの現場ではプレーに重点が置かれがちです。これには日本企業の構造的な問題もあります。人が減り、処理すべき業務量が増大するなかで、自分もプレイヤーにならないと現場が回らないからです。

また会社側で、マネジャーにプレーを求めてくるケースもあります。たとえば、とくに気をつかわなければならない顧客には、マネジャー自らが直接的にコミュニケーションをとることを求められます。もちろんプレイングマネジャーにもメリットはあります。マネジャーが現場に出ることで、いつでも生の現場情報にふれられます。しかし、マネジメントをおろそかにして、プレーばかりをしていてはいけません。そもそも、**きちんとマネジメントができていれば、マネジャーはプレーをしなくてもよい**ということを意識するべきです。

マネジャーとプレイングマネジャー

マネジャーに専念する場合
予算策定
部下の教育
人事考課
採用
部署間の交渉
人材配置
プレイングマネジャーの場合
クレーム対応
予算策定
部下の教育
研修の準備
在庫管理
人事考課
採用
企画立案
外注先との交渉
部署間の交渉
クレーム対応
人材配置
プレイングマネジャーは多重債務者ともいえる状態に!

▼1000人分の価値の起点となるマネジャー

フランスの経営学者ファヨールは、優秀なプレイヤーよりも、マネジャーのほうが、会社にとっての価値はよほど高いといっています。**プレイヤーはどんなにがんばっても、1人分の価値しか出せません。しかしマネジャーは、100人、1000人分の価値を組織がつくり出すときの起点になり得ます。**

繰り返しますが、マネジャーが本来やるべきことは、マネジメントです。なにごとも完璧に遂行する……というのは理想ですが、マネジャーがすべてを抱えることで、部署全体のパフォーマンスが落ちてしまっては元も子もありません。部下に仕事を任せるときも、こちらから指示するだけではなく、相手の意見も求めて「やってみろ!」と一任する度量も必要です。いったん部下に任せても、様子を見ているうちについ余計な口を出したり、「俺ならこうする!」と思ってしまったりすることはありがちです。しかし、部下に任せて、結果を出させるということも、マネジャーに求められている成果のひとつです。

最初から徹底するのは難しいかもしれませんが、たとえばすべての業務のなかで、プレイヤーとして力を発揮するのは20%くらいに留めておき、残りの80%程度はマネジメント業務に専念する……といったような振り分けがうまくできれば、気持ちも切り替えやすいでしょう。

マネジメントに注力する効果

プレイヤーは
1人分の価値しか
出せない

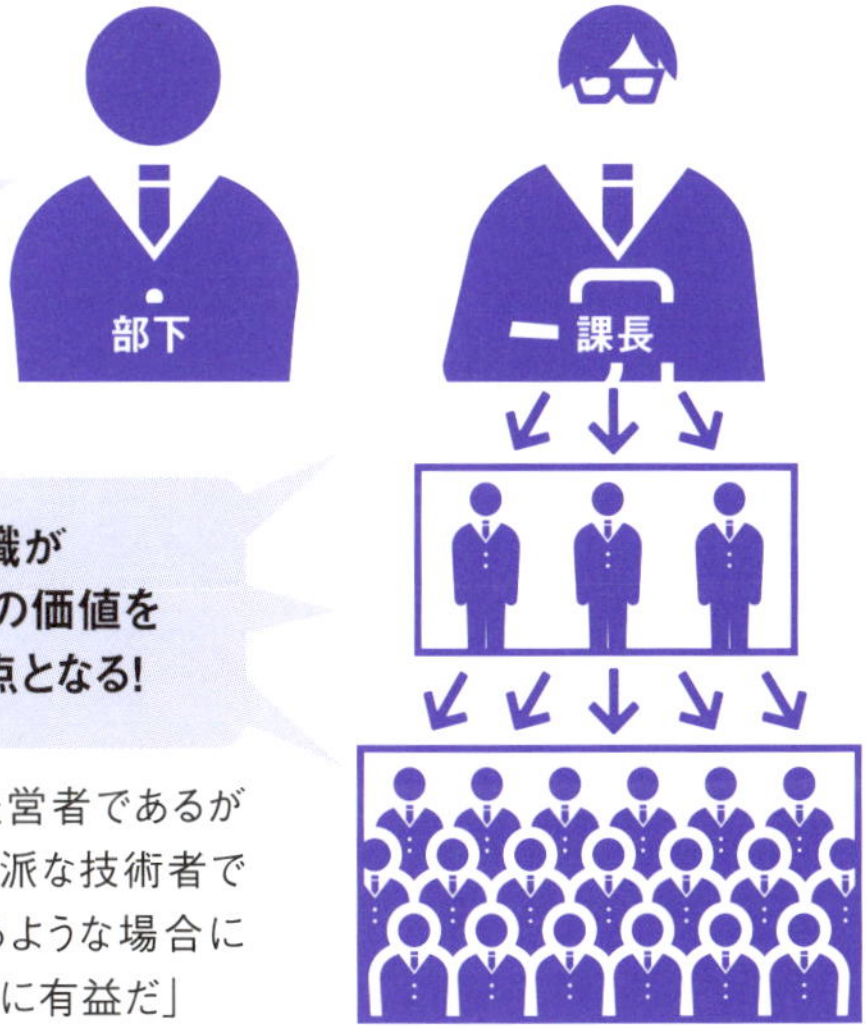

マネジャーは組織が
100 人、1000 人分の価値を
つくり出すときの起点となる!

ファヨールいわく「優秀な経営者であるが技術的には平凡な者は、立派な技術者であるが平凡な経営者であるような場合に比べて、一般的にはるかに有益だ」

プレイングマネジャーは自身の業務の振り分けが大事

プレイヤーとして働く　**マネジャーとして働く**

プレイングマネジャーは、プレイヤーとして働く割合を自身で決めておけば、気持ちの切り替えや仕事量のコントロールがしやすくなる

1-12 マネジャーの最重要資質とは？

特質・知識・経験で一番大事なのは？

▼心身の状態を整えるのも仕事のうち

ファヨールは「管理職に求められる特質・知識・経験」をいくつか挙げています。ここでいう管理職は、プロフェッショナルマネジャーを指します。**ファヨールが挙げた要素は、「①身体的特質」「②精神的特質」「③道徳的教育」「④一般的教養」「⑤特殊な知識」「⑥経験」の6つです。**詳しい説明は左ページの図にありますが、ここで注目してほしいのは①から⑥の順番です。ファヨールは①の身体的特質、つまり健康かどうかということを1番目に挙げています。一方、日本の企業では、逆に⑥や⑤がもっとも重視され、健康に気をつかうなどということは、一番後回しになるのではないでしょうか。

しかし、マネジャーは部署の責任を一身に背負っている以上、いつでも問題に対処できるよう、心身の状態を整えておくべきです。部下の目から見たマネジャーは、社員より後に出社し、夕方になるとさっさと帰る……という印象もあると思いますが、自分を追い込んでいると、不慮の事態に対応できません。マネジャーは休むのも仕事のうちなのです。

管理職に求められる特質・知識・経験

ファヨールはプロフェッショナルマネジャーに求められる特質・知識・経験として、次の6要素を挙げた

理想的な価値観

①身体的特質：健康であるか、活力を持っているか、手際はよいか

②精神的特質：物事を理解したり、学習したりする能力はあるか。判断力、精神力、適応力は備わっているか

③道徳的教育：気力は充実しているか、責任を前向きに引き受ける覚悟はあるか、創意や工夫ができるか、忠誠心はあるか

④一般的教養：やるべき業務に関する情報だけではなく、世の中のさまざまな問題についての知識を持っているか

⑤特殊な知識：技術に関する知識や、商業・財務・管理などに関する特有の知識を持っているか

⑥経験：業務上もたらされた知識や、さまざまな物事から引き出した経験を持っているか

日本企業の価値観

マネジメントは自らが健全であることが前提となるが、日本企業では「身体的特質」が後回しにされがち

コラム

仮面をつけかえるように理想のリーダーを演じる

42ページでPM理論を紹介しましたが、実際に皆さんのなかでも、自分はPMタイプだとか、Mタイプといったふうに、思いあたるところがあったのではないでしょうか。PMタイプは優れたリーダー像ですが、万能であるわけではありません。理想は、相手や状況に応じて、仮面をつけかえるように、そのシーンにあったリーダー像を演じることでしょう。このように状況にあわせて対応を変えられているリーダーは、全体の2割程度ともいわれています。

自分はうまく演じられるだろうか……と不安に思う人もいるかもしれませんが、性格心理学には「役割性格」という言葉があります。これは、もともとの性格特性にかかわらず、課長に昇進した人はマネジャーらしく振る舞い、子どもを産んだ女性は母親らしく振る舞う……といった能力がもともと人間に備わっていることを示唆しています。自分自身で、「いまはpmタイプで静観するべきだな」とか「ここはPタイプでハッパをかけるべきだ」といった具合に、仮面をつけかえることを意識すれば、意外と自然にそのとき必要とされているタイプを演じられるはずです。

第2章

お金とモノのマネジメント

2-01

予算管理の基本をチェックしよう

控えめでも大風呂敷でもダメ

▼予算の未達は大問題

会社は、自社をどう成長させるか事業計画を立て、それに応じて各部署に予算を振り分けます。その予算と実績を比較したり、事業の採算を分析したりすることで将来像を実現していくことを予算管理といいます。こういった予算管理の流れのなかで、ミドルマネジメントも現場の予算案を上にあげたり、部下から数値目標を吸い上げたりする必要が出てきます。

予算案を提出するときに、部署を取り巻く環境が厳しいからといって、控えめな数値を出していると取り合ってはもらえません。かといって、経営層が提示する数値を丸のみしていると、予算未達に終わってしまいます。**予算未達はマネジャーとしての評価を落とすだけではなく、会社の事業計画にも甚大な影響を与えることと心得ましょう**。しかも、予算未達はクセになります。未達でも気にならなくなったら、もうマネジャーは失格です。

問題は、いかに数値に説得力を持たせるかということです。単なる数値ではなく、マネジャーがきちんと数値の背景をつかんでいれば、説得力ある情報を組み込むことが可能です。

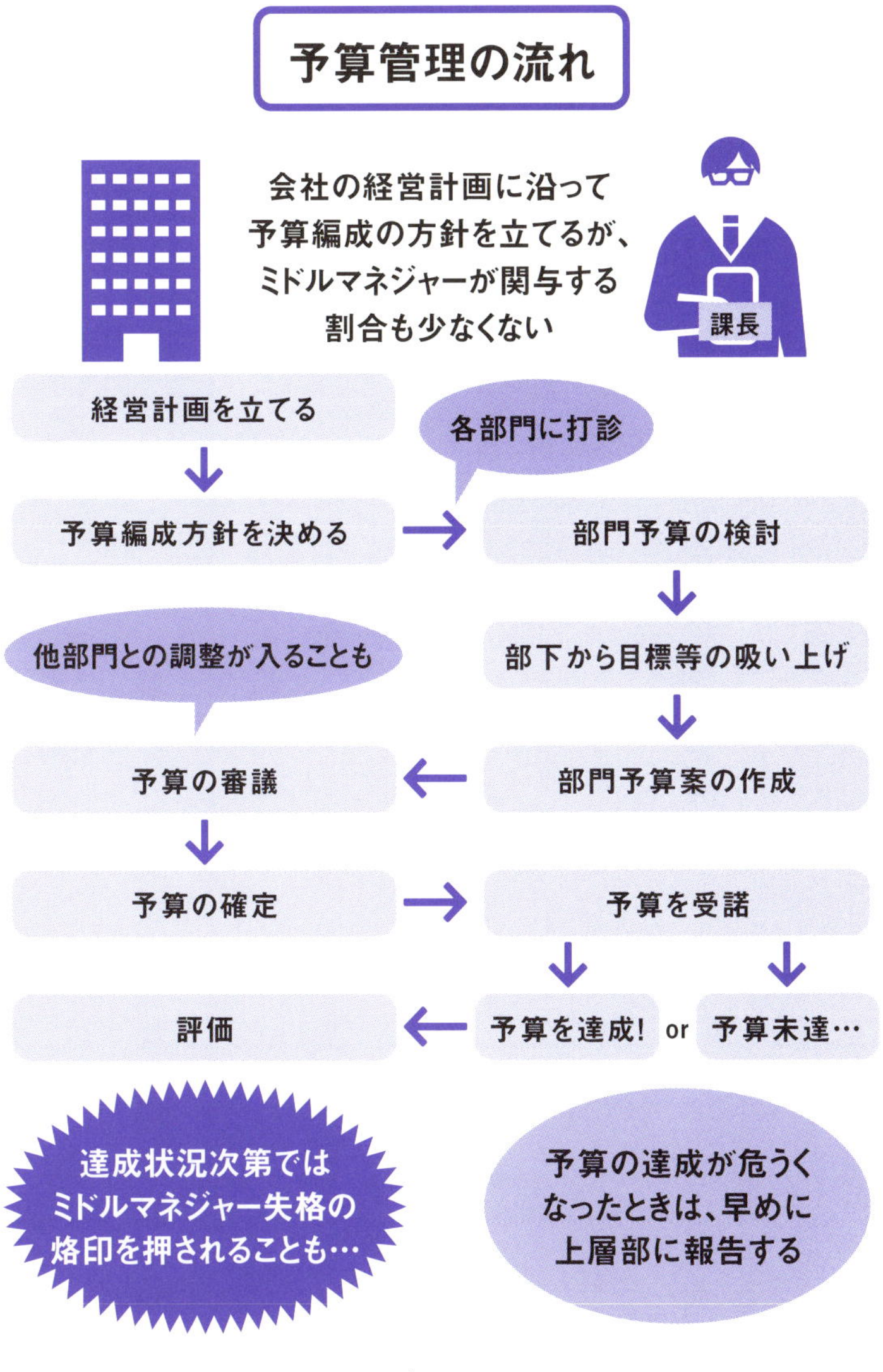
予算管理の流れ
会社の経営計画に沿って
予算編成の方針を立てるが、
ミドルマネジャーが関与する
割合も少なくない
課長
経営計画を立てる
各部門に打診
予算編成方針を決める
部門予算の検討
部下から目標等の吸い上げ
他部門との調整が入ることも
予算の審議
部門予算案の作成
予算の確定
予算を受諾
評価
予算を達成!
or
予算未達…
達成状況次第では
ミドルマネジャー失格の
烙印を押されることも…
予算の達成が危うく
なったときは、早めに
上層部に報告する

2-02

売上目標を設定しよう

具体的で実現可能な目標を立てる

▼経営層の期待と部下の意見をすり合わせる

マネジャーは自分の部署の目標や方針を立てるときに、当然ながら自分ひとりで進めることはできません。部下の業績や目標、今後の方針などを把握していないと、部署全体の計画は立てられないのです。もし一方的にマネジャーが目標や方針を立てたとしても、それは単なる押し付けで、部下を巻き込んだことになりません。まず部下の意見を吸い上げ、そこから現実的な目標や方針を立てることになるでしょう。これは売上目標を立てるときもまったく同様で、経営層から掛けられている期待を慮りながら、部下からあがってきた報告やレポートなどを考慮して、部署全体の目標をすり合わせていかなくてはなりません。

また、**売上目標は具体的で、実現可能である必要があります**。やみくもに「売上を30％あげろ！」と叱咤激励するだけでは、部下は何をやっていいのかわかりません。現実的に売上を30％高めるのが難しければ、アップ幅は20％程度に限定し、残り10％は既存顧客の離脱を減らしてカバーするといった現実味のある方針を立てるのもマネジャーの仕事です。

目標を立てるときのポイント

目標は押し付けるのではなく共有する

部下に目標を押し付ける
目標
・・・・
課長
やる気のない部下
部下は腑に落ちていない
部下と目標をすり合わせる
目標
課長
やる気のある部下
目標を部署全体で共有

具体的かつ現実味のある目標に落とし込む

●目標の分割
高すぎる目標
・・・・
やる気のない部下
分割した目標
やる気のある部下
やる前から気持ちが折れる
具体的で現実味を持てる
●目標の整理
売上の30%アップ!
・・・・
やる気のない部下
売上の20%アップ!
売上減を10%抑制!
やる気のある部下

2-03

コストを把握しよう

残業費や隙間時間も考慮に入れる

▼売上を高めるだけが利益アップの方法ではない

54ページで、無理な売上目標を防ぐ方法として売上減を抑える発想を紹介しましたが、マネジャーとしてはコストの低減も頭に入れておきたいものです。コストはケースによってさまざまな意味を持ちますが、基本的には事業を立ち上げたり、継続したりすることにかかる費用のことを指すと考えていいでしょう。

たとえば製造業ならコストのうち、製造原価が大きな比率になりますが、ヒトに関する費用は比較的マネジャーが管理しやすい項目です。ヒトのコストについては、**残業費やヒトが稼働していない隙間時間などは、コスト換算を忘れがちなので注意しなければなりません。**このあたりは後のページで取りあげる生産性管理にもかかわる問題ですが、人によって生産性のバラツキがある点も考慮に入れるべきでしょう。遅れを残業で取り戻すとなると、人件費が余分にかかるだけではなく、製造に必要な設備などを稼働させる費用も時間に応じて発生します。残業に頼らず、隙間時間を埋めるのがマネジャーの手腕です。

コストを抑えれば利益は高まる

売上
製造原価
販売費・一般管理費
利益
コスト
コストはマネジャーの手腕で低減できる
たとえば隙間時間をマネジメントすると…
休んでいる間にもコストは発生している!
隙間時間がある場合
生産性が低い!
仕事の遅れを残業でカバー
残業によるさらなるコストが発生!
隙間時間をマネジメントで解決!
隙間時間がない場合
生産性が高い!

2-04

予算を立ててみよう

利益から売上を逆算する

▼リスクも考慮に入れた予算を立てる

一口に予算を立てるといっても、プロジェクトや案件によって立て方はさまざまです。基本的には、上層部とのすり合わせのなかで決まった利益額をもとに、ヒト、モノ、時間にかかわるコストを見積もり、そこから予算として洗練させていく方法が一般的です。たとえば人件費においては、実際にプロジェクトに対し中心的にかかわる人以外にも、マーケティングや経理、IT部門など、さまざまな人の手を借りることになり、また社外のコンサルタントなどの業務委託費も考慮に入れる必要があります。オフィススペースやパソコン、各種製作機器などの不動産コストやハード面のコストも当然、見積もりに入ってきます。事務用品や出張費といったコストは忘れがちなので注意が必要です。自分で見積もりを立てる際、同様の予算を立てたことがある社内の習熟者や専門家のレクチャーを受けておけば安心です。

また、プロジェクトにはリスクがつきものです。スケジュールの遅延など、時間に関するコストも予算に大きく響いてきますので、**予備資金を考慮に入れた予算を立てましょう。**

ミドルマネジャーが予算を作成する手順

上層部とのすり合わせで利益額が決まる

↓ 丸のみではなく、現状に鑑みた主張もする

必要なコストを割り出す

↓

[主な費用]

人件費　原材料費　装置費　出張費　法務費

教育訓練費　マーケティング費　広告費

過去の費用状況をもとに算出するが、3期分程度にさかのぼってチェックすれば、コストの増減の流れをつかみやすい

利益とコストから、必要とされる売上や粗利を割り出す

↓ 社内の習熟者や専門家の意見も聞く

暫定値から予備資金なども加味して、予算を洗練させる

↓

プロジェクトにリスクはつきもの。予算をギリギリに設定するのではなく、1割程度はバッファーを取っておく

予想外の遅れ!
人員の欠員!
急な仕様変更!

月次予算などに展開する

2-05

キャッシュフローの基本を押さえよう

現金の流れをチェックする

▼キャッシュの回収は一番最後

キャッシュフローとは、文字通り現金（キャッシュ）の流れ（フロー）をあらわしたものです。キャッシュには普通預金や当座預金なども含みますが、会社の活動にはキャッシュの増減がつきもので、それは部署単位に細分化しても同じです。

キャッシュフローには大きく「営業キャッシュフロー」「投資キャッシュフロー」「財務キャッシュフロー」の3つがあります。たとえば、あなたがマネジメントする部署で、新サービスを販売するときは、まず予算を立て会社から資金を引き出すでしょう（財務キャッシュフロー）。このキャッシュをもとに、あなたの部署でサービスに必要なシステムや設備を整えます（投資キャッシュフロー）。ここでキャッシュは減りますが、営業活動において顧客にサービスを販売することでキャッシュを獲得し（営業キャッシュフロー）、最終的に会社の利益として残ります。こういったキャッシュフローを的確につかむことで、会計上は黒字なのに現金がない……といった事態を避けることができます。

部署単位でのキャッシュフロー例

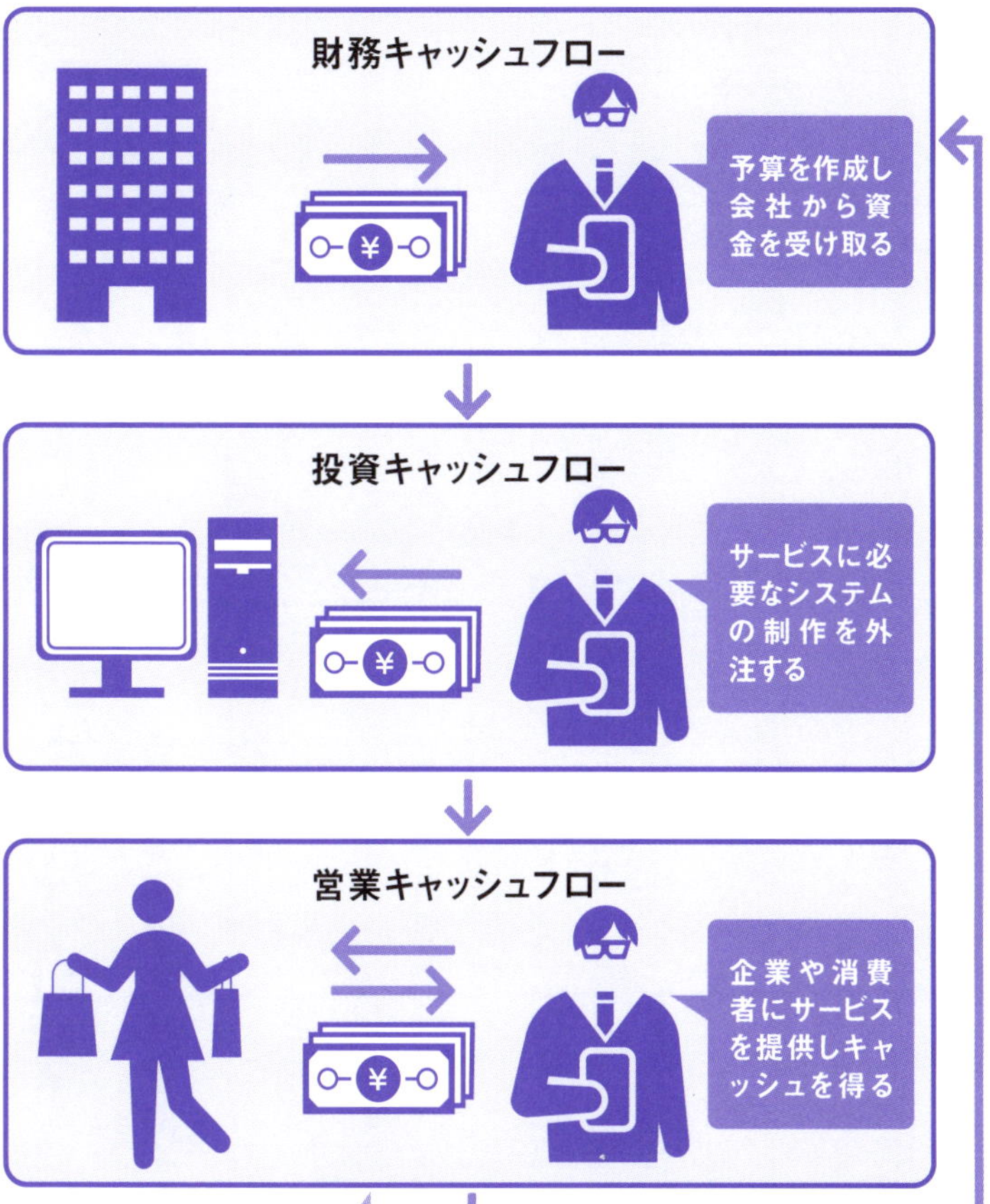

財務キャッシュフロー
予算を作成し会社から資金を受け取る
投資キャッシュフロー
サービスに必要なシステムの制作を外注する
営業キャッシュフロー
企業や消費者にサービスを提供しキャッシュを得る

キャッシュの回収は一番最後になるため、資金繰りに注意する

2-06

マネジメントに必要な会計知識

まずは財務3表を押さえる

▼基本は「損益計算書」「貸借対照表」「キャッシュフロー計算書」の3つ

会計が苦手なミドルマネジャーは、少なくありません。会計のすべてに精通する必要はないのですが、**「損益計算書」「貸借対照表」「キャッシュフロー計算書」と呼ばれる、いわゆる財務3表については、その読み方や使い方くらいは理解しておいたほうがいいでしょう。**

たとえば部署の業績を報告するとき、あるいは部下から報告を受けるときに、単に売上がいくらで、人件費がいくら……という形で数字を羅列しているだけでは非効率的です。損益計算書のルールにもとづいて数値を整理することで、収支が一目でわかりますし、問題点の把握も容易になります。

もちろん、予算を作成するときも、会計の知識を持っていると、目標としている利益を得るために、どのような営業をして、どうコストを抑えるか、といったことが数値として明確に見えてきます。財務3表の基本ルールを理解しておけば、損益計算書を自分の使いやすいようにカスタマイズするなど、マネジメントの大きな武器になります。

課長が覚えておくべき財務3表

決算書類のなかでも、財務3表はとくに重要

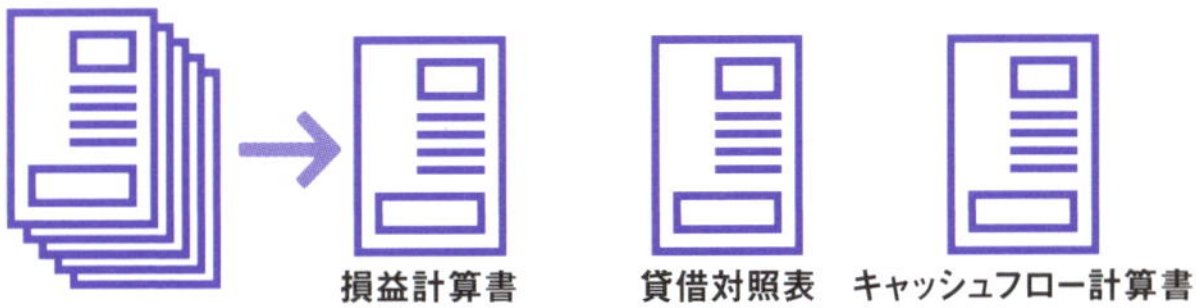

損益計算書

決められた期間に得ることができた利益を計算したもの。会社の業績が一目でわかるが、取引単位での損益をまとめるときにも、損益計算書の考え方は有用

貸借対照表

営業・投資・財務の3つの視点から、現金の増減をまとめたもの。資金がどう動いているかを知ることができ、現金の回収・支払い時期を把握するのにも役立つ

キャッシュフロー計算書

期末において、財産がどういう状態なのかをつかむことができる。新規取引先の決算書を読む際などに、資金の調達方法や投資先を把握しやすい

||

財務3表の知識があることで得られるメリット

・自社や取引先企業の業績や現状をつかむことができる

・より精緻な予算や正確なスケジュールを組める

・数字にまつわる報告がより効率的で具体的になる

2-07

モノの管理に必要な理念

テイラーの科学的管理法

▼モノのマネジメントはヒトのマネジメントに通ずる

モノをマネジメントするときは、「生産性」が大切だとよくいわれます。その源流にあるのが、アメリカの技術者で経営学者としても歴史的な功績を残したテイラーの「科学的管理法」です。科学的管理法では、熟練した作業者が1日でこなせる作業量を測定し、課業と呼ばれる1日の基準作業量を導き出します。そして、その仕事に向いた人材を選抜し、同じ作業量をこなせるように教育します。このような管理において、テイラーはマネジャーと作業者の役割を明確に分けました。つまり、**マネジャーは、適材適所に人材を配置し、また、熟練した作業者と同じような作業量をこなせるように教育・訓練するという役割です。**これを徹底することで、テイラーは「使用者の最大繁栄と同時に、従業員の最大繁栄ももたらすことができる」と考えたのです。

この科学的管理法からは、モノのマネジメントは本質的にヒトのマネジメントに通じ、また未熟な作業者もマネジメントによって成績を高められることが読み取れます。

テイラーの科学的管理法

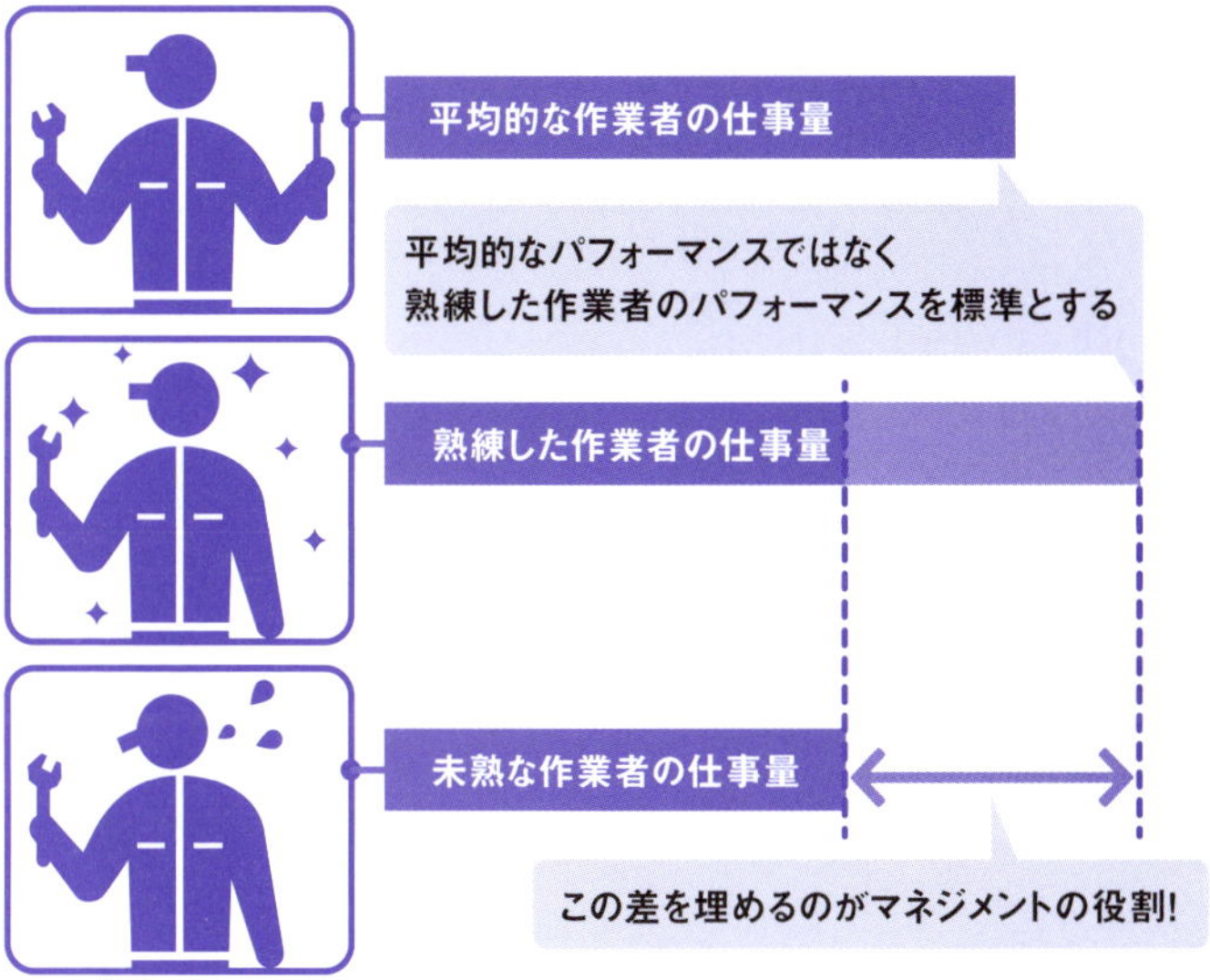
平均的な作業者の仕事量
平均的なパフォーマンスではなく
熟練した作業者のパフォーマンスを標準とする
熟練した作業者の仕事量
未熟な作業者の仕事量
この差を埋めるのがマネジメントの役割!

マネジメントで作業者のパフォーマンスを高める

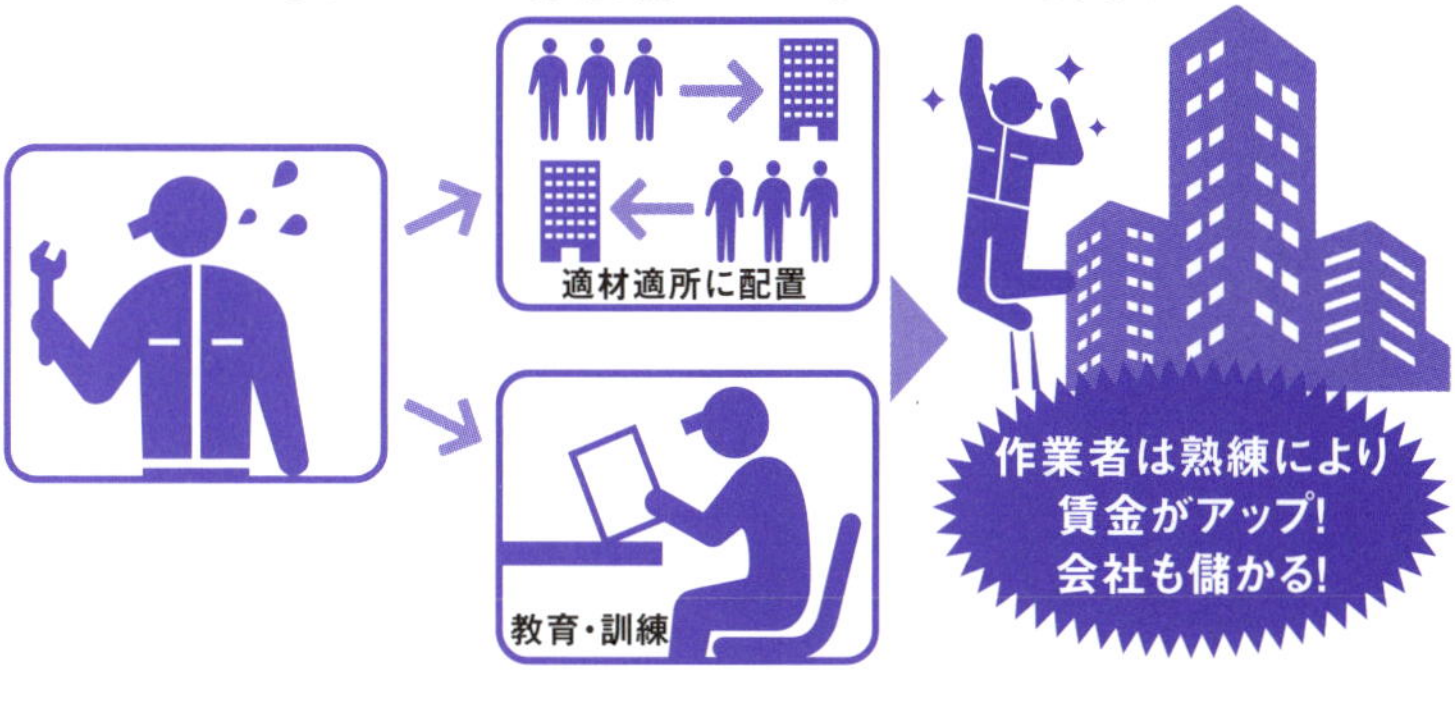
適材適所に配置
教育・訓練
作業者は熟練により
賃金がアップ!
会社も儲かる!

▼標準化によって生産性が劇的に高まる

テイラーは、もっともパフォーマンスがよい人の仕事を作業工程別に分解して、それぞれの工程にかかる時間を測定することで、標準的な作業量を割り出しました。モノのマネジメントでスケジュールを立てるときは、作業をする人の平均的な作業時間を重視してしまいがちですが、人材を育てたり、業績を高めたりするためには、平均化ではなく、標準化するという発想が大切です。

標準化は大きく「プロセスの標準化」「アウトプットの標準化」「メンバーの能力・スキル・知識の標準化」の3つに分類することができます。プロセスの標準化は仕事の手順を決めることで、アウトプットの標準化は仕事の範囲やフォーマットを決めることを指します。そして、もっとも大切なのがメンバーの能力・スキル・知識の標準化で、たとえば同じ仕事にかかわっている人たちの技術レベルに差があると、アウトプットをもっとも仕事のできない人に合わせざるを得ないシーンも出てきます。

このような観点からも、テイラーの科学的管理法は有効だといえますが、モノのマネジメントに限らず、たとえばホワイトカラー業務においても、知識量に差があると会話すら成り立ちません。そういった意味では、マネジャー自身も、ほかのマネジメント層との間で、標準化を図っていく姿勢が大切です。

人材育成や業績アップに欠かせない標準化

▶プロセスの標準化

個々人にその都度、指示を出すのではなく、プロセスを設定しておく

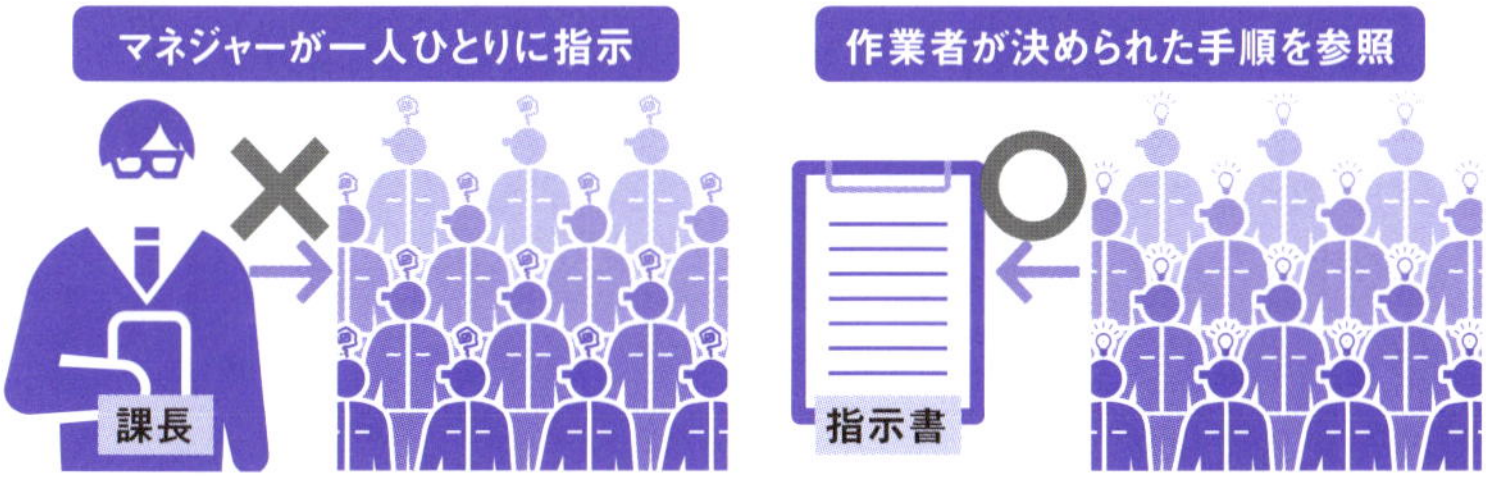
マネジャーが一人ひとりに指示
課長
作業者が決められた手順を参照
指示書

▶アウトプットの標準化

仕事の範囲やフォーマットを決めておくことで、無駄な作業がなくなる

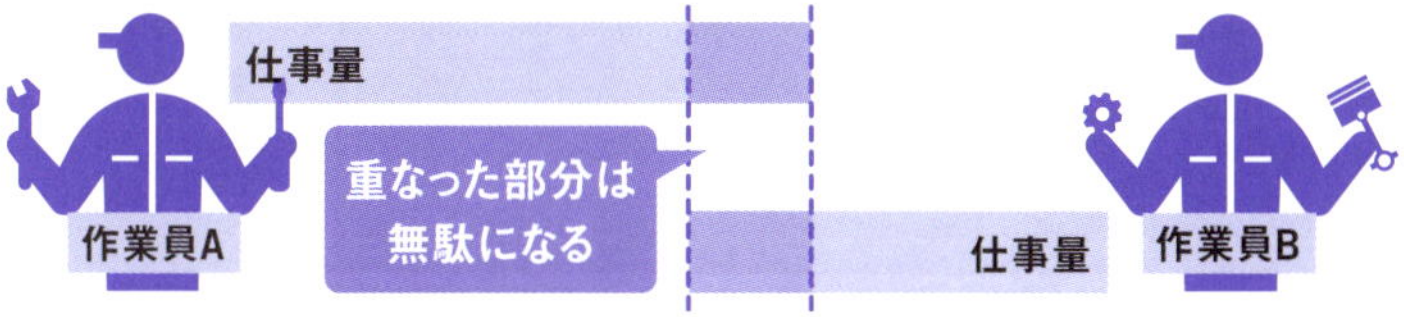
仕事量
作業員A
重なった部分は
無駄になる
仕事量
作業員B

▶メンバーの能力・スキル・知識の標準化

メンバーの力量を高いレベルに揃えることで、円滑に仕事ができる

レベルが揃わない場合
基本的なマネジメント知識
アリ
ナシ
レベルが揃っている場合
基本的なマネジメント知識
アリ

**基本的マネジメント知識が共通言語となり、
コミュニケーションがスムーズに!**

2-08

5Sを徹底しよう

「整理」「整頓」「清掃」「清潔」「しつけ」の効能

▼ムダ・ムリ・ムラをなくして円滑な業務を実現する

モノのマネジメントで、ぜひ覚えておいてほしいのが「5S」です。**5Sとは、整理、整頓、清掃、清潔、しつけの頭文字から命名されました。5Sを徹底することで、職場のムダ、ムリ、ムラを可視化することができます。**

たとえば整理は、単に不要なモノを廃棄するという考え方もありますが、もう少し思考を拡大すれば、意味のない仕事を整理するという発想にもつながります。整頓は、モノを置く場所を決めて作業の能率を高める効果もありますが、64ページで紹介したテイラーの科学的管理法のように、仕事にかかる時間を分析する際にも必須となります。清掃も、単に掃除をするのではなく、設備の点検やメンテナンスを適時おこなうという意味合いがあります。清潔は、職場を清潔に保つという維持管理の発想から、整理、整頓、清掃を標準化することを指します。最後のしつけは、標準化したことを遵守し、習慣化にまでもっていきます。しつけができていると、ほかのSも継続していくことができるのです。

5Sの概要と効果

5Sとは… **整理** **整頓** **清掃** **清潔** **しつけ**

整理
・不要なモノと必要なモノを分け、不要品は廃棄する
・価値のない仕事や無駄な作業を整理する

整頓
・モノを置く場所を決めて作業の能率を高める
・標準的な作業時間を割り出すための基準となる状態をつくる

清掃
・職場を美しく掃除する
・設備の点検やメンテナンスをおこなう

清潔
・職場を衛生的に保ち、働く人の品性や品格を高める
・整理、整頓、清潔の実行を標準化する

しつけ
・ルールや規律を遵守する
・標準化されたほかのSを習慣にする

↓

**5つのSを徹底することで、
職場のムダ、ムリ、ムラが可視化され
効率的で円滑な業務が実現する!**

コラム

ミドルマネジャーは まず管理会計を押さえる

マネジャーになったからには会計の知識くらいは必要だと、書店で会計に関する専門書を探してみたことのある人も多いと思います。ただ、ページを開くと頭が痛くなりそうな専門用語が並び、読む気がなくなってしまった……という人もいるでしょう。

会計は大きく「財務会計」と「管理会計」に大別できますが、ミドルマネジャーが押さえておきたいのは管理会計です。管理会計とは、予算を立てたり、取引のシミュレーションをしたり、実際の取引でのお金の流れを記録したりするときに使います。

一方、財務会計は投資家や債権者といった利害関係者に会社の経営状態を開示するために使います。決算書に代表されるように、決まったルールにもとづいて書類がつくられ、それらを読み取るにはやや専門的な知識も必要です。ただ、実際にミドルマネジャーに必須なのは、本文中でも指摘したように、とりあえず財務３表の知識程度と考えて問題ないでしょう。

書店で専門書を探すときも、ミドルマネジャーは管理会計に重きを置いた本を選べば、実用性が高いはずです。

第３章

部下の動かし方

3-01

モチベーションを管理しよう

目標を与えるだけではダメ

▼マネジャーによる働きかけが大事

マネジャーにとって、部下のモチベーションを管理することは重要な仕事のひとつです。どんなに部下に能力があっても、モチベーションが低い、つまりやる気のない状態だと力を発揮できないからです。モチベーションとは「動機付け」という意味であり、目標に向かっていく力になります。ただ目標があるだけでは、モチベーションは高まりません。目標とはその人の外部に存在するものですが、モチベーションを高めるためには、その人の内部に、目標を達成したいという願望や欲求を生じさせる必要があります。つまりマネジャーには、**部下に目標を与えるだけではなく、その内面に秘めた願望や欲求を把握したり、活性化させたり、あるいは変化させたりする働きかけが求められているのです。**

たとえば売上を倍増させるという目標があるとして、部下の内面には「成果をあげて褒められたい」「自分の能力を高めたい」などさまざまな願望や欲求があります。こういったモチベーション源泉をうまく刺激することで、目標に向かっていく力が生まれます。

モチベーションを高めてパフォーマンスを底上げする

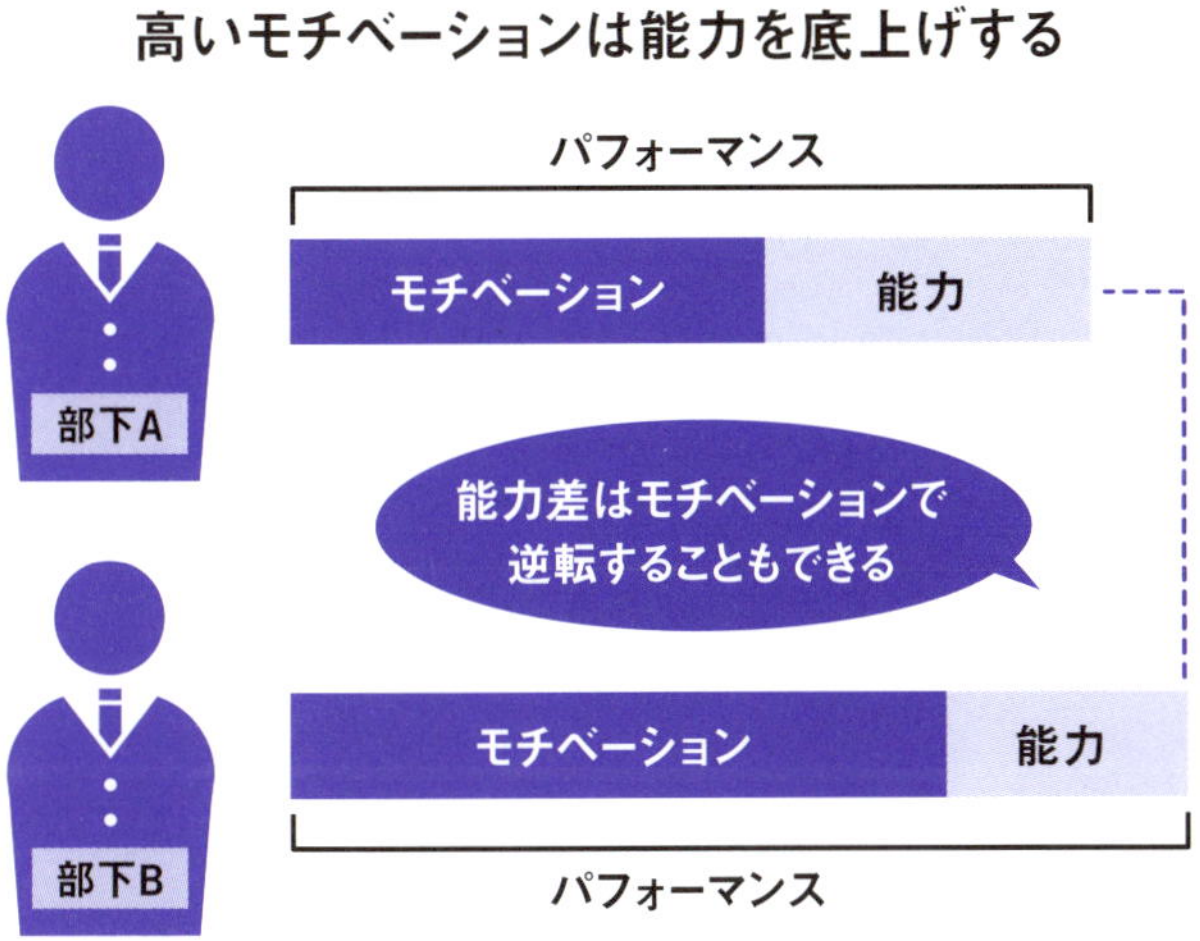
高いモチベーションは能力を底上げする
パフォーマンス
モチベーション
能力
部下A
能力差はモチベーションで逆転することもできる
モチベーション
能力
部下B
パフォーマンス

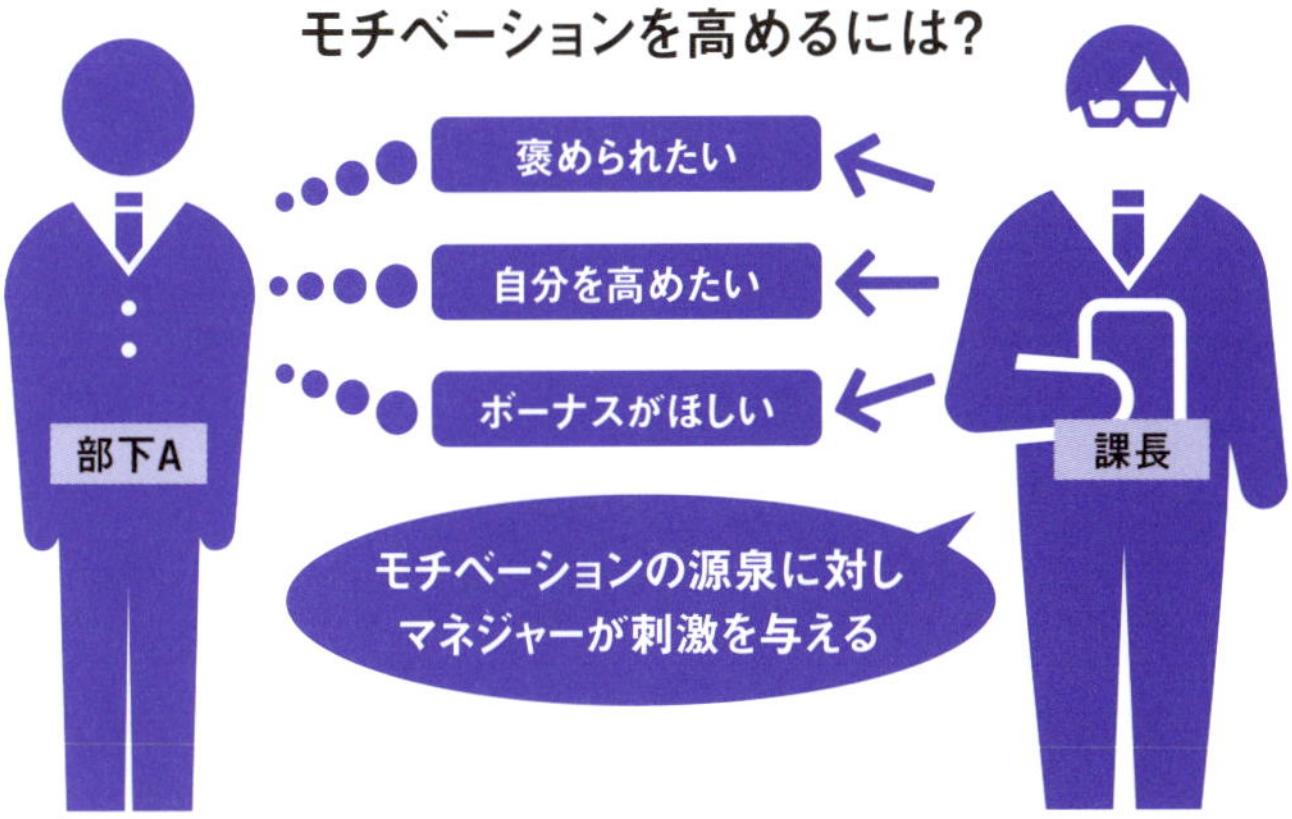
モチベーションを高めるには?
褒められたい
自分を高めたい
ボーナスがほしい
部下A
課長
モチベーションの源泉に対しマネジャーが刺激を与える

モラールによってパフォーマンスが高まる

どうすれば労働者のやる気が高まり、作業効率が高まるのか……ということは、古くからさまざまなアプローチで研究されています。たとえば64ページで紹介したテイラーの科学的管理法では、標準化された作業量をこなした労働者には高い賃金を支払っていました。労働者にとっては、決められた作業量をこなすことが目標になり、それを成し遂げるための内的な要因は金銭的欲求ということになります。いわゆる外発的動機付けのひとつで、社会心理学者のエドガー・シャインはお金で動機付く人間の側面を経済人モデルと呼びました。動機付けの研究において長らく有力な考え方になっていましたが、後年、**経済的な動機付けではない、社会人モデルという考え方が発見されました。**

ハーバード大学の教授だったメイヨーらの研究では「人間は功利的である。したがって、経済的な刺激を効率よく与えれば生産性も高まる」という経済人モデル的な仮説をもとに、工場で働く女性工員のパフォーマンスをさまざまな条件で測定しました。賃金や休憩時間を改善すると仮説通りパフォーマンスは高まりましたが、意外なことに条件を戻しても低下しなかったのです。メイヨーはパフォーマンスが高まったのは作業条件のせいではなく、「実験メンバーに選ばれた栄誉」により優越感や責任感が芽生え、予想以上のがんばりを見せたと結論付けました。集団に対する連帯感や、集団のなかでの自分の役目に対する責任感を持っている状態をモラールといいますが、女性工員の内面にもそれが生じていたのです。

▼モチベーションの源泉はさまざま

社会人モデルは、会社のなかでの人間関係を深めたり、同僚と仲良く付き合ったり、仕事ぶりを認められたり……といった社会的に満たされたいという私たちの思いが仕事に与える影響をよくあらわしています。また、会社のなかでよりよいポジションにつきたいという欲求も当然あり、出世だけさせて給料をあげなかった場合でもモチベーションが高まったという研究もあります。

このほか、自律的な満足に焦点をあてたモデルもあります。これは自己実現人モデルと呼ばれ、仕事を通して自己実現を達成しようとするものです。自分の仕事そのものに価値を見出しているような場合を指し、内発的動機付けのひとつと考えられます。

このように、モチベーションの源泉を探るモデルは多種多様ですが、どれかひとつだけの動機付け要因しかないような人はいません。個々人の性格によっても変わってきますし、状況によっても人の願望や欲求は違ってきます。若いころはお金がなくて、とにかく報酬が高ければ、どんな仕事でもがんばれるという状態にあっても、経済的に充足してくると、今度は影響力を求めたり、名誉を求めたり、あるいは自己実現を求めたりします。**人間はそのときどきで変化し、願望や欲求も移り変わっていくため、マネジメントする側には、重層的な視点が必要になります。**

3-02

やる気をコミットメントにまで高める

モチベーションより持続性がある

▼モチベーションからコミットメントに

コミットメントも、モチベーションと同じく動機付けを指す言葉です。ただ、モチベーションとコミットメントでは、動機付けの対象となる範囲がやや異なります。モチベーションはひとつの作業単位のやる気に留まるのに対し、コミットメントは仕事全般への関わり方としてあらわれます。

たとえば、ある人事部採用チームの社員が会社説明会用のパンフレット作成を任されたとして、その仕事がおもしろく没頭しているときが、「モチベーションが高まっている」状態です。ただ、作業自体はいずれ終わるため、モチベーションも短期間で途切れるでしょう。一方コミットメントは、パンフレット作成だけに留まらず、たとえば会社説明会で説明を担ったり、学生の面接をしたりと採用全般にかかわるようになり、採用の仕事が好きで力を入れたいと自ら感じる状態をもって「コミットした」と表現します。**単にモチベーションを高めるのではなく、コミットメントにまで持っていくのもマネジャーの手腕です。**

モチベーションをコミットメントに持っていく

モチベーションとコミットメントの違い

	モチベーション	コミットメント
適用範囲	個々の作業レベル	仕事の大きなかたまり
持続性	短期的に留まる	長期的に継続する

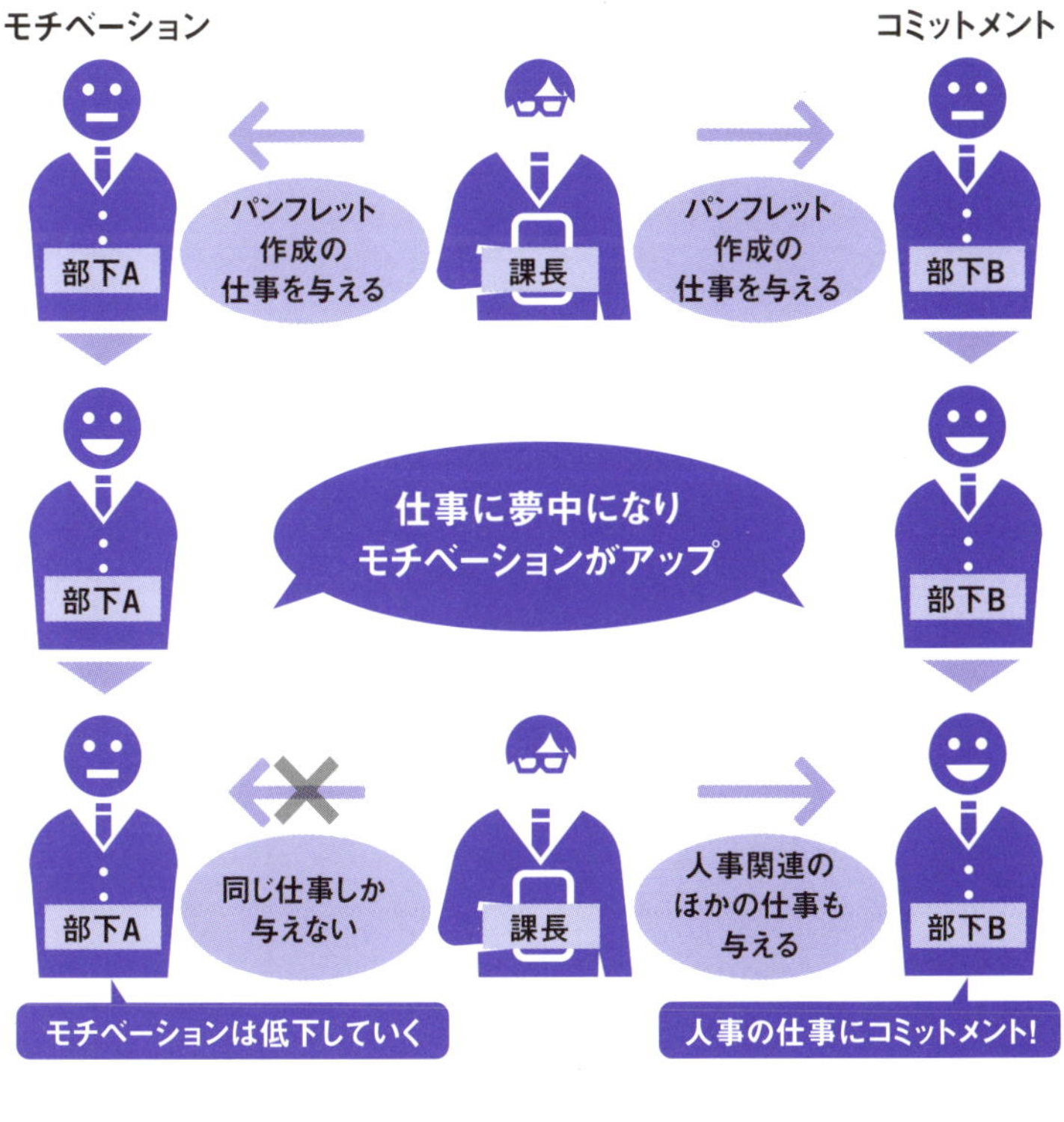
モチベーション
コミットメント
部下A
パンフレット作成の仕事を与える
課長
パンフレット作成の仕事を与える
部下B
部下A
仕事に夢中になりモチベーションがアップ
部下B
部下A
同じ仕事しか与えない
課長
人事関連のほかの仕事も与える
部下B
モチベーションは低下していく
人事の仕事にコミットメント!

3-03

コミットメントを引き出そう

カッツェンバッグの5要素

▼すぐに真似できる方法も多い

マネジャーがコミットメントを引き出す手段としては、アメリカの経営学者カッツェンバッグが考案した方法が参考になります。カッツェンバッグは次のような5つの方法を挙げています。

①プロセスと尺度の明確化……成果に結びつく方法論や、評価する尺度が明確にされる
②認知および賞賛……自分の仕事が価値あることと認められ、褒められる
③個人による成長実感……仕事を通して成長できていると感じる
④起業家精神……自分がつくった仕事だと思えば愛着がわく
⑤MVP……ミッション、バリュー、プライドを持たせること

①や②は、マネジャーの直接的な働きかけで実現することができます。③や④は個人の感受性にもよりますが、そのような実感を持てる仕事をマネジャーが割り振ったり、誘導したりすることが大切です。⑤のMVPは80ページで詳しく説明します。

カッツェンバッグが考案した コミットメントを引き出す手法

ミドルマネジメントが意識したいアプローチ

①プロセスと尺度の明確化

仕事の範囲を明確にしないと、部下は自分が求められていることがわからない。仕事の流れ、評価基準が明確であれば、部下も方向性を定めつつ、自信を持って仕事に取り組める

②認知および賞賛

自分の仕事が意義あるもので、価値があると褒められたら誰だってうれしい。反対に、どうでもいい仕事だといわれたらやる気がなくなる。マネジャーは部下の仕事の価値を認める必要がある

③個人による成長実感

この仕事をしていても、自分は成長しないと思えば、人は一生懸命にはなれない。成長できると感じる、あるいは成長していると実感できるような仕事の与え方をすることが大切

④起業家精神

部下に「この仕事は自分が責任を持ってする」という自発性や責任感を植え付けるのもマネジャーの大切な仕事。企画の立案から仕事にかかわらせるなど、起業家精神を刺激したい

⑤MVP

5つの手法のなかでも、もっとも強力で根源的な部分に訴えかけるマネジメント。使命感、価値観、誇りに訴えかけることで、多少の苦難では折れないコミットメントを引き出せる

もっとも強力な手法!

▼強力にコミットメントを引き出すMVP

カッツェンバッグの5つの方法のなかでもMVPはとくに強力です。**MVPはミッション、バリュー、プライド、つまり使命感や価値観、誇りを持つことが、コミットメントに直結することを意味しています。**興味深い事例を紹介しましょう。話は半世紀以上も前にさかのぼります。1959年、伊勢湾台風が発生し、4697名の死者と401名の行方不明者を出す大惨事となりました。この台風がきっかけで、富士山頂に台風を予測するレーダードームを建設する計画が持ち上がります。計画を主導したのは後に新田次郎のペンネームで小説家として活躍することになる気象庁の藤原寛人氏。彼は「伊勢湾台風の悲劇を繰り返すな」と訴え続け、次第に周囲を巻き込んでいきました。建設を担ったのは大成建設で、現場監督は当時29歳だった伊藤庄助氏。過酷な現場ゆえに若さを買われての抜擢《ばってき》でしたが、伊藤氏は「伊勢湾台風を繰り返すな」とビジョンに共感し、プロジェクトにコミットしたといいます。

しかし富士山頂での建設は苦難を極め、作業員は次々に倒れます。伊藤氏は下山しようとしている作業員一人ひとりに「男は一生に一度でいいから、子孫に自慢できるような仕事をするべきだ」と説得。このリーダーの一言で、富士山頂での建設という途方もない仕事が、等身大の仕事として実感できるようになったのです。出世や金銭の話ではなく、まさにミッションやバリュー、プライドに訴えかけた言葉といえます。このように仕事に対し、使命感や価値観、誇りを与えることができれば、強固なコミットメントを引き出せるのです。

困難で危険な仕事でも
MVPが芽生えればやり抜ける!

MVP(ミッション、バリュー、プライド)
=
使命感や価値観、誇りを持つことが、コミットメントに直結する

富士山にレーダードームを建設した事例では…

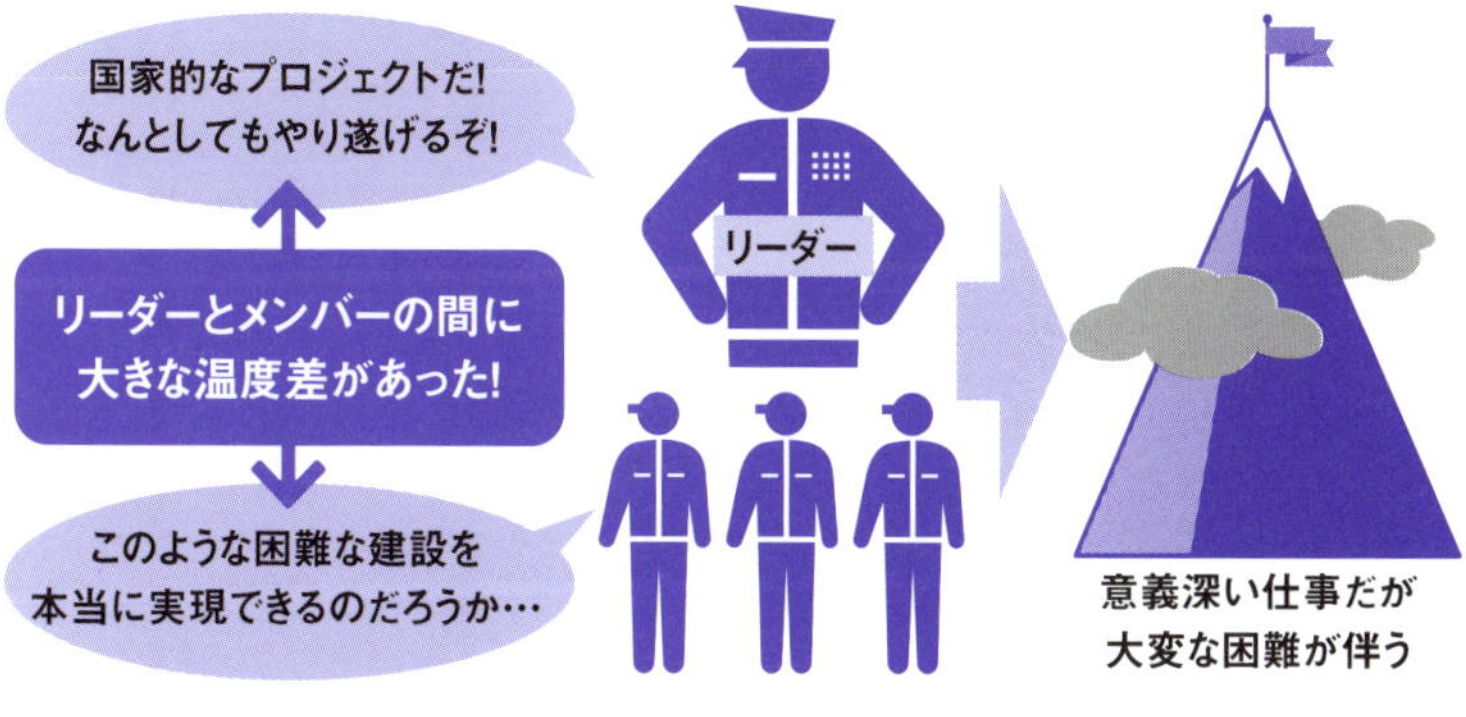
国家的なプロジェクトだ!
なんとしてもやり遂げるぞ!
リーダーとメンバーの間に
大きな温度差があった!
このような困難な建設を
本当に実現できるのだろうか…
リーダー
意義深い仕事だが
大変な困難が伴う

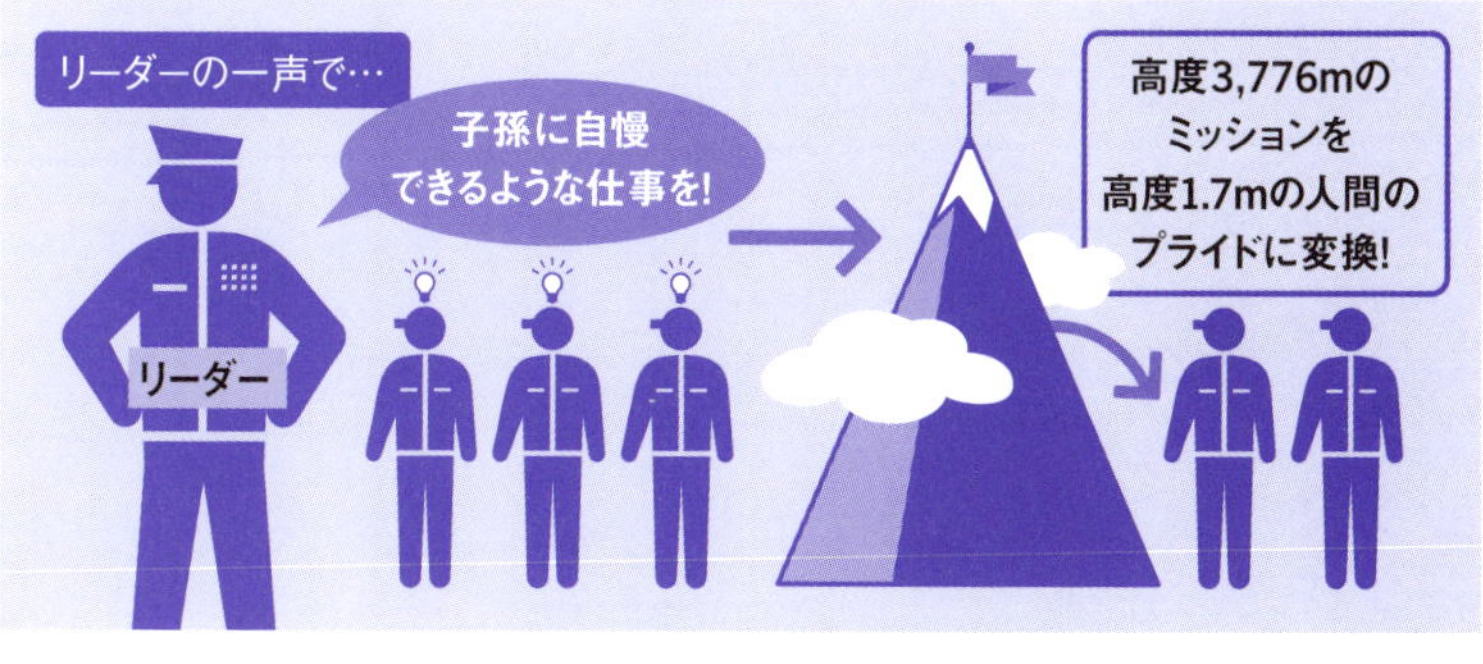
リーダーの一声で…
子孫に自慢
できるような仕事を!
リーダー
高度3,776mの
ミッションを
高度1.7mの人間の
プライドに変換!

3-04

内発的動機付けと外発的動機付け

マネジャーはどちらを重視するべき？

▼内部から湧き出るか、外部から働きかけられるか

コミットメントやモチベーションといった動機付けは、先のページで紹介した富士山頂レーダードーム建設プロジェクトのように内面から湧き出てくるような動機付けと、報酬や罰といった外部からアプローチされる動機付けに大別できます。

前者は、**見た目にはとくに報酬は与えられていないのに、仕事そのものから満足感や楽しさ、喜びを感じ取り、熱中して取り組んでいるような状態を指し、これを「内発的動機付け」といいます。**

一方、**外部からの報酬や罰による動機付けを「外発的動機付け」といいます。**たとえば成果をあげた人を昇進や昇級などによって厚遇することで、ほかの人も「自分も成果をあげよう」という気にさせることができます。また、期待していたパフォーマンスをあげられない人を降格させる、不祥事を起こした人には罰を与えるといった形で、ネガティブな動機付けをする場合もあります。

内発的動機付けと外発的動機付け

内発的動機付けと外発的動機付けの違い

	内発的動機付け	外発的動機付け
動機付けの要因	**仕事で得られる満足感や喜びから動機付けられる**	**報酬や罰によって動機付けられる**
持続性	**長期的に継続する**	**短期的に留まる**

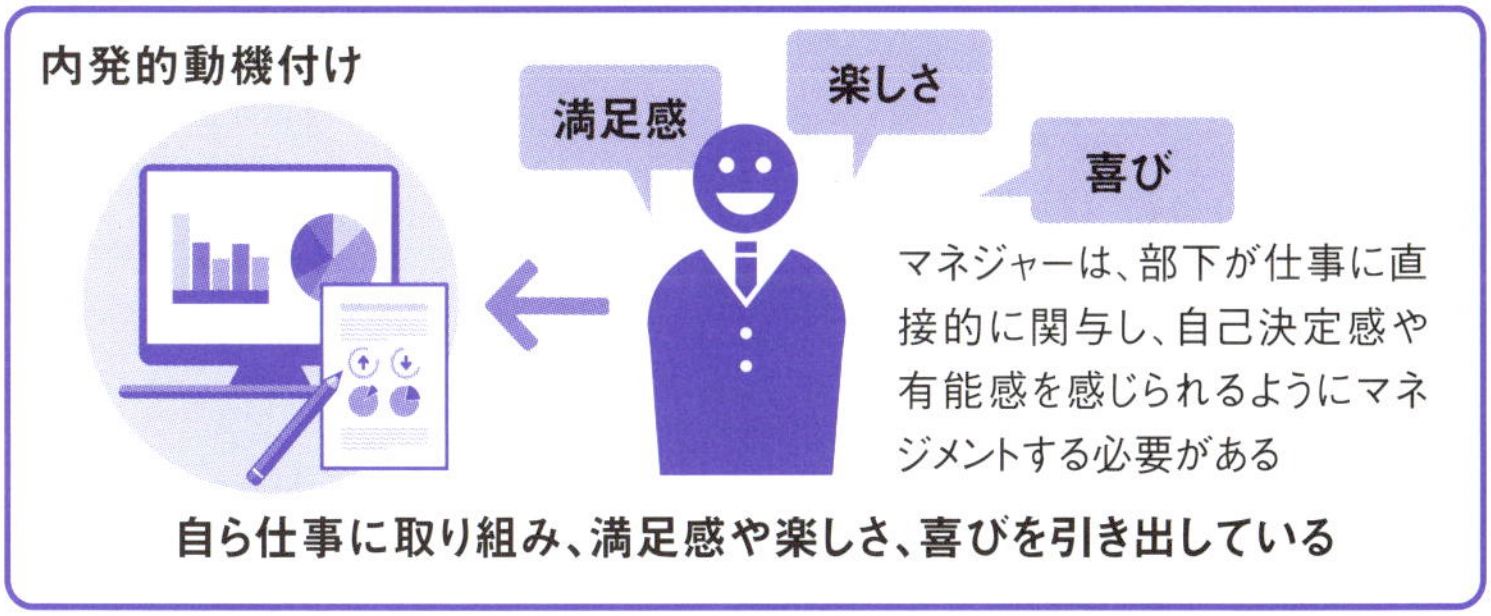
内発的動機付け
満足感
楽しさ
喜び
マネジャーは、部下が仕事に直接的に関与し、自己決定感や有能感を感じられるようにマネジメントする必要がある
自ら仕事に取り組み、満足感や楽しさ、喜びを引き出している

外発的動機付け
昇進
昇給
叱責
課長
報酬や罰によって
仕事に取り組んでいて、
満足感や楽しさ、喜びはない

▼大事にしたいのは内発的動機付け

外発的動機付けは、短期的にはやる気を高めることができても、長期的に効果を持続させることは難しい傾向にあります。たとえば仕事で成果をあげてボーナスをもらうと、そのときはうれしいでしょう。しかし、次に同じような仕事に成功したときに、同じ額のボーナスだと、少し物足りなく感じるものです。罰にしても、同じ罰は何度か受けると慣れてしまいます。つまり、外発的動機付けを持続させるには、報酬も罰もエスカレートさせていく必要があるのですが、現実的にそれが無理なのは誰の目にも明らかです。

短期的ではなく、永続的な動機付けに結びつくのは、やはり内発的動機付けです。仕事をいかに楽しめるか、自分を成長させるものと実感できるか……マネジャーには、そんな内発的動機付けも引き出すような働きかけが求められます。たとえば、能力的には未熟でも、意欲が高い部下に対しては、最初は作業内容を細かく指示し、適切なフォローをすることで、仕事ができるようになり面白味に目覚めるかもしれません。

左ページの表のように、**状況によってリーダーシップを使い分けることで、内発的動機付けを引き出したり、あるいは相手がすでに持っている内発的動機付けを損なわずに済むでしょう。**また、ときにはマネジャーから賞賛を受けたり、昇進や昇給という見返りがあったりと、外発的動機付けも組み合わせると効果的です。

状況対応型リーダーシップ

部下の成熟度によって指導する方法も変える必要がある

部下の能力の高低、および意欲の高低によって、マネジャーは「支援型」「コーチ型」「委任型」「指示型」のいずれかのリーダーシップをとるのが有効。

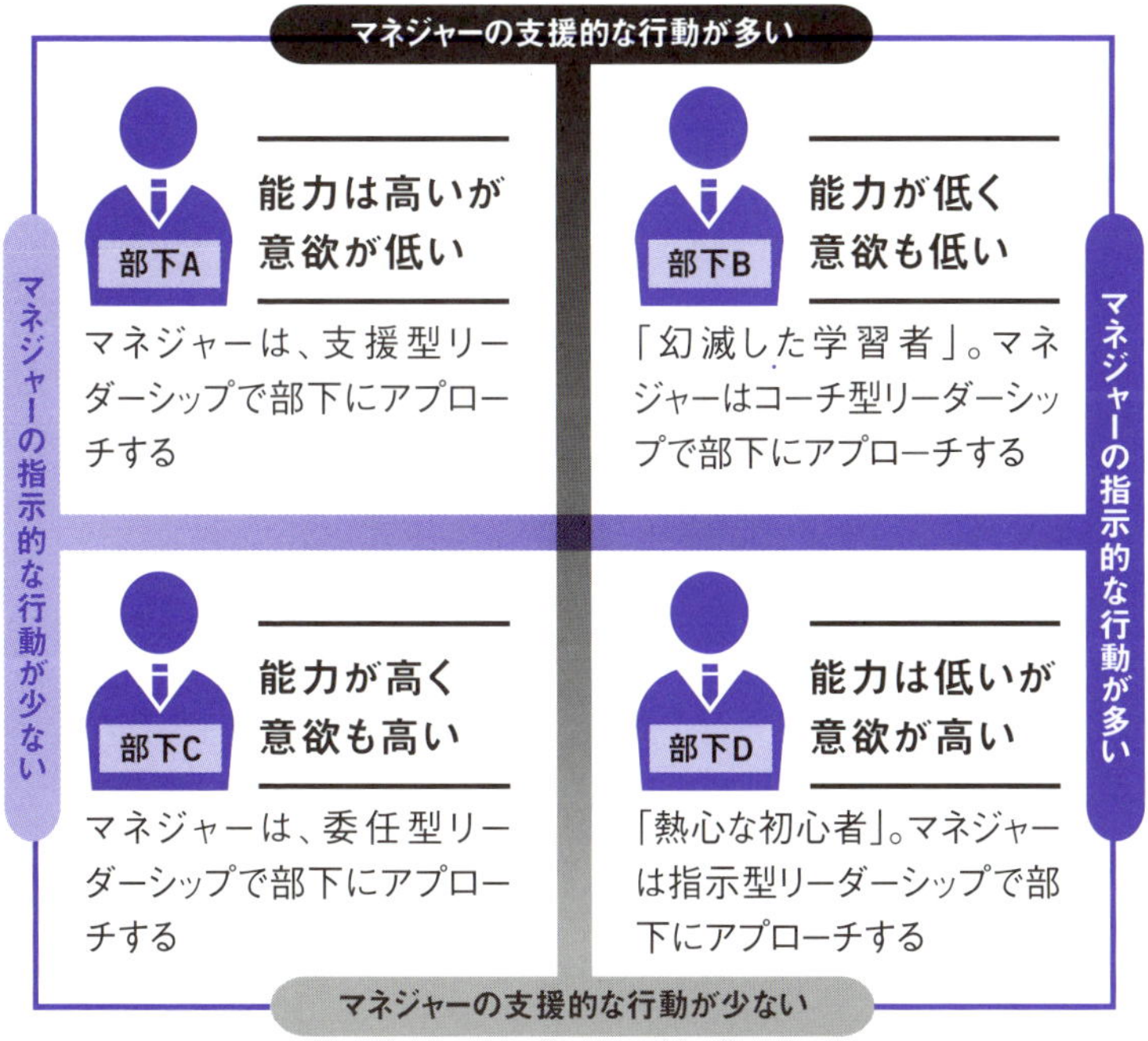
マネジャーの支援的な行動が多い
マネジャーの支援的な行動が少ない
マネジャーの指示的な行動が少ない
マネジャーの指示的な行動が多い
部下A
能力は高いが意欲が低い
マネジャーは、支援型リーダーシップで部下にアプローチする
部下B
能力が低く意欲も低い
「幻滅した学習者」。マネジャーはコーチ型リーダーシップで部下にアプローチする
部下C
能力が高く意欲も高い
マネジャーは、委任型リーダーシップで部下にアプローチする
部下D
能力は低いが意欲が高い
「熱心な初心者」。マネジャーは指示型リーダーシップで部下にアプローチする

支援型…陰ながらフォローする	コーチ型…手取り足取り指導する
委任型…やりたいようにさせる	指示型…具体的に指示する

※ケン・ブランチャード『リーダーシップ論』より作成

3-05

成果主義の負の側面に注意しよう

やる気が減退するアンダーマイニング効果

▼むやみに報酬を与えると逆効果になる

成果をあげた人は待遇があがる一方で、総賃金の抑制とも揶揄《やゆ》された成果主義。実際に内発的動機付けができている場合は、邪魔になることすらあります。心理学の実験でも、学生に面白いパズルで遊ばせたあと、お金を与えると、パズルに対する興味を失う「アンダーマイニング効果」が明らかになっています。**「パズルが面白いからもっと遊びたい」という内発的動機付けが、「報酬をもらえるからパズルで遊ぶ」という外発的動機付けに置き換わってしまったのです。**仕事も同じで、やり甲斐を持って取り組んでいる人に、むやみに賞賛やボーナスを与えると、報酬をもらわないと仕事をしたくなくなる可能性があります。

また、成果主義はパフォーマンスによって評価されますが、これは「平均より上」の人のモチベーションを高めるために、下の人をつくるという側面があります。**本来の成果主義では、全員のパフォーマンスが高ければ、全員が高い評価をもらえないとおかしいわけですから、評価の順位によってやる気を引き出す方法には注意しなくてはいけません。**

外的な報酬が内発的動機付けを損なう

内発的動機付けの研究者として有名なデシは、大学生に面白いパズルで遊ばせたあと、外的な報酬を与えるか、与えないかで内発的動機付けに影響があることを明らかにした。

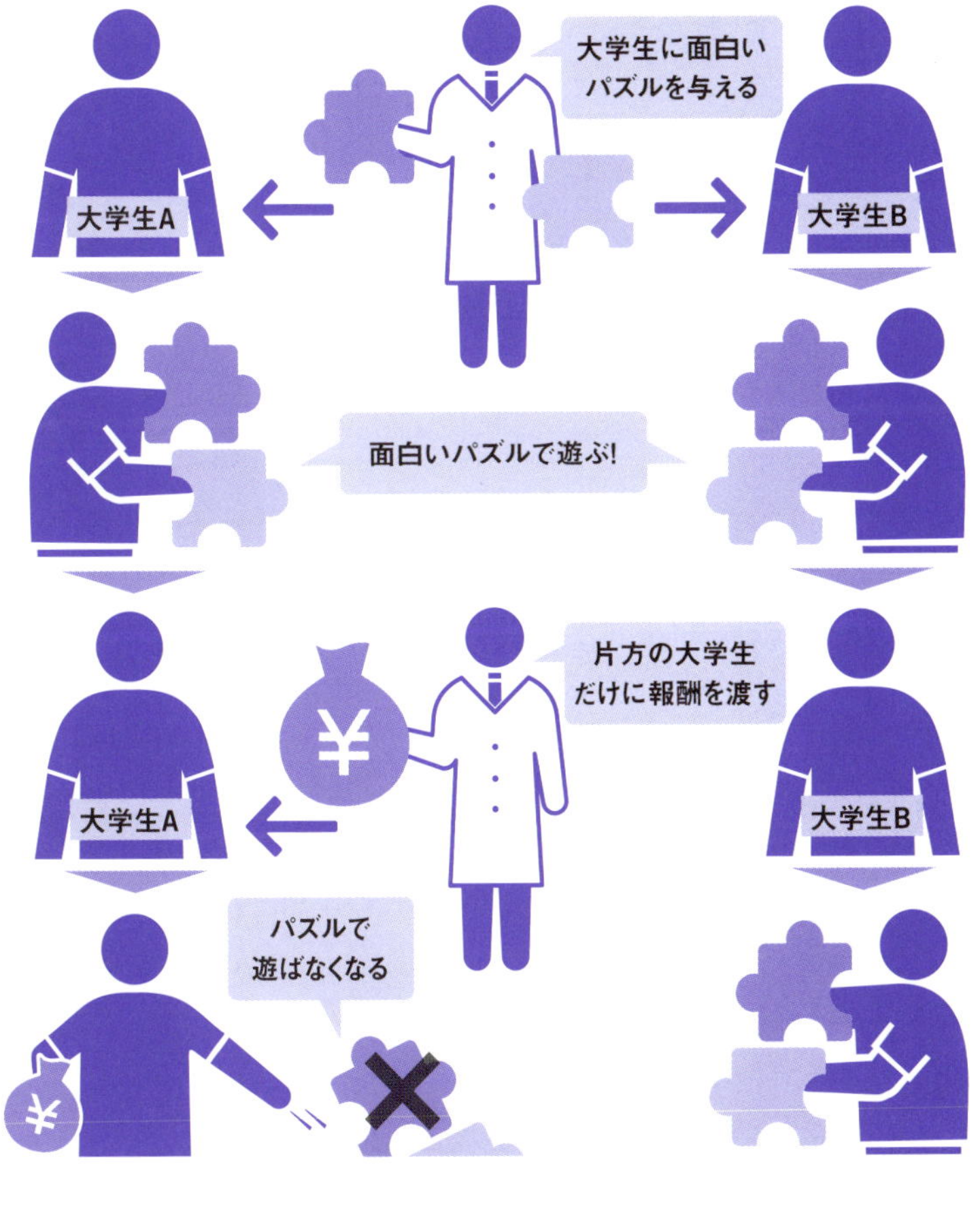
大学生に面白いパズルを与える
大学生A
大学生B
面白いパズルで遊ぶ!
片方の大学生だけに報酬を渡す
¥
大学生A
大学生B
パズルで遊ばなくなる
¥

3-06

やる気を高めるマネジャーの言葉

たった一言がメンバーの認知を変える

▼タイミングを見計らった声かけが重要

部下のやる気を高めるには、マネジャーがどんな言葉をかけるかも重要です。厳しい局面にあっても、**マネジャーの言葉ひとつで、メンバーの認知ががらりと変わる**例は枚挙に暇がありません。

たとえばソニーがトランジスタラジオを売り込むべくヨーロッパに進出した際、当初はどんなに営業活動をしてもまったく売れず、メンバーも疲弊し切っていました。そこで当時のソニーのヨーロッパ支配人が、「仕事を辛いと思わず、これをゲームにしちゃおうじゃないか」と声をかけたところ、「なんとしても成果をあげなくてはいけない」という認知が、「ゲームだから楽しむことが大事で、成果にしばられる必要はない」とメンバーの認知が変わったのです。そして「ゲームだからなんでもあり」という常識はずれともいえる大胆な販売作戦をとり、結果的にソニーのラジオはヨーロッパで大きな成果をあげることができたのです。このような認知を変える強力な言葉を、どこで発するかが肝心です。

マネジャーの発する言葉が部下の認知を180度変える

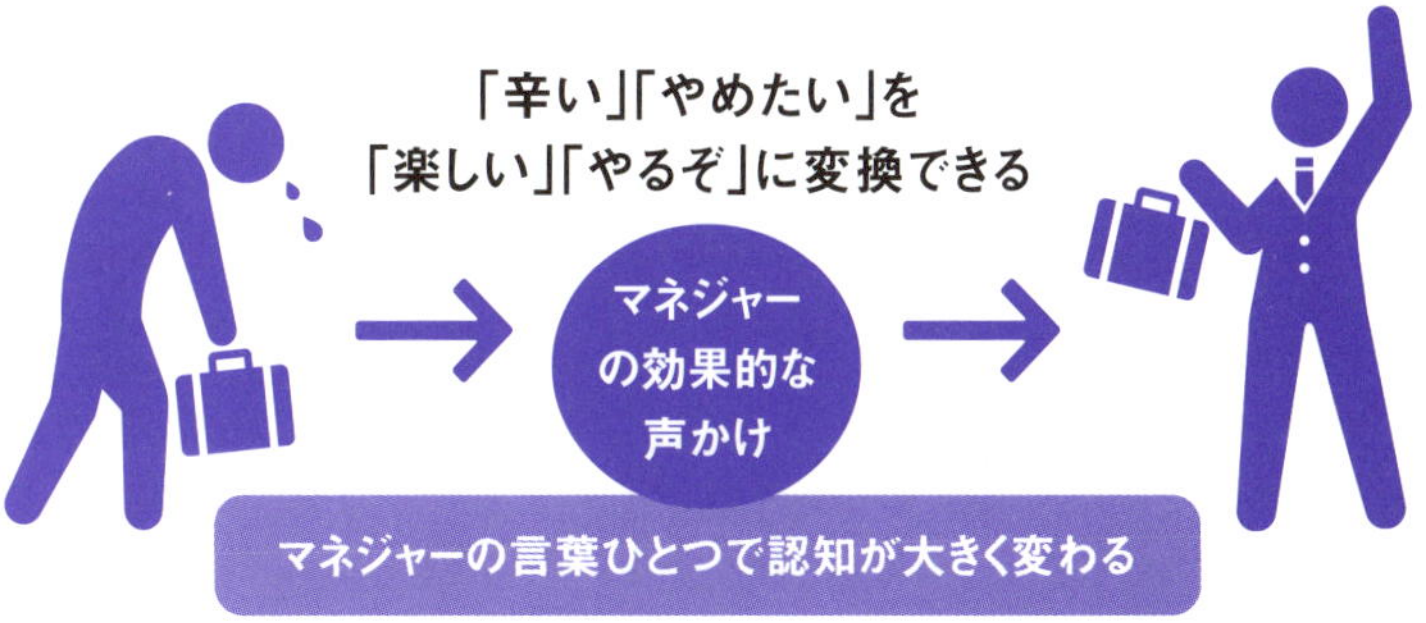
「辛い」「やめたい」を
「楽しい」「やるぞ」に変換できる
マネジャーの効果的な声かけ
マネジャーの言葉ひとつで認知が大きく変わる

ソニーのトランジスタラジオのヨーロッパ展開では…

なんとしてもラジオを売らなくてはならない
成果があがらなくては大変なことになる
課長
ゲームだと思って、もっと楽しもう!
ゲームだから、成果なんか気にしなくていい
ゲームだから、なんでもありだ!

大胆な販売作戦をとることができ、結果的に成果があがる

3-07

効果的なストレッチ目標とは？

ギリギリこなせるレベルに設定する

▼目標は高すぎても低すぎてもダメ

部下のやる気を刺激するには、目標の立て方も重要です。たとえば低すぎる目標を立てると、部下は「適当にやっていればこなせる」と感じるため、やる気が全然高まらないでしょう。かといって、高すぎる目標を与えても、「こんなのこなせるわけがない」と最初から心が折れてしまいます。では、適度な目標ではどうでしょうか。これも、「普通にやっていれば問題ない」と思うため、士気が高まるところまではいかないでしょう。

もっとも効果的なのは、**部下がなんとかこなせるギリギリの高いレベルの目標を与える**ことで、これをストレッチ目標といいます。がんばり次第では達成できそうな目標を提示することで、部下は「やってやるぞ！」という気分になり、仕事への集中力が高まります。また、目標を達成したときの成長度にも期待が持てるでしょう。さらに、目標を達成するべく、これまでの仕事のやり方を見直して、より効率的な仕事の手順の発見にもつながるかもしれません。いかに達成可能で高い目標を与えるかは、マネジャーの日ごろの観察がものをいいます。

ストレッチ目標のポイント

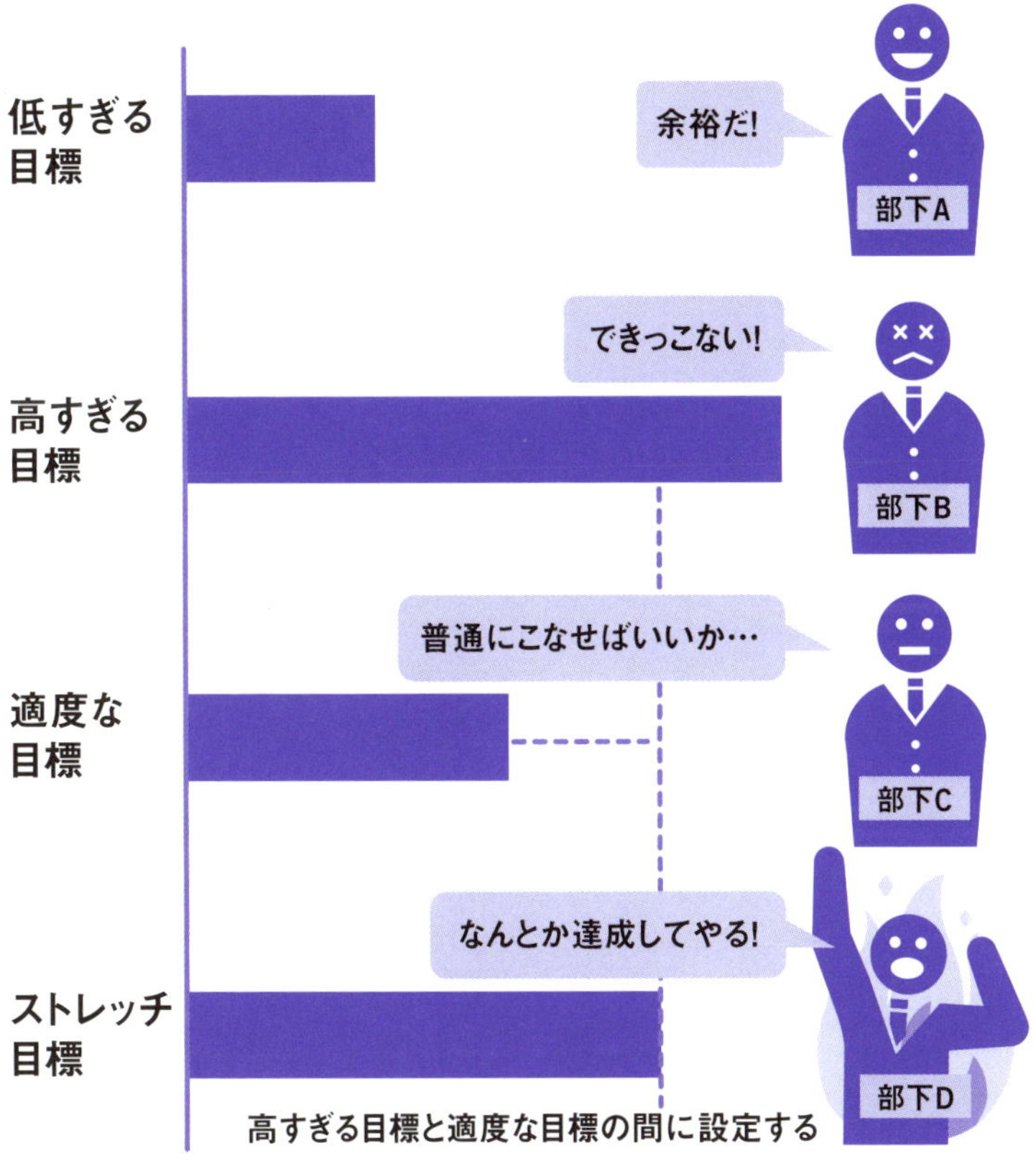

低すぎる目標
余裕だ!
部下A
できっこない!
高すぎる目標
部下B
普通にこなせばいいか…
適度な目標
部下C
なんとか達成してやる!
ストレッチ目標
部下D
高すぎる目標と適度な目標の間に設定する

適度なストレッチ目標を立てるには…

・前期の実績などから、期末の成績を予想し、それより少し高く目標を設定する

・部下の能力を見極めて、適切な負荷がかかるような目標を設定する

3-08

戦略的ＯＪＴを実施しよう

ＯＪＴとＯＦＦ－ＪＴの基本

▼伝統的なＯＪＴだけでは不十分

企業において、人材育成の柱になるのがＯＪＴです。ＯＪＴとはオン・ザ・ジョブ・トレーニングの略で、仕事を通じて職務に必要な知識や技術を学びます。そしてＯＪＴで足りない部分を、研修や講座などのＯＦＦ－ＪＴで補完するというのが一般的な考え方でしょう。かつては日本のミドルマネジメントは先進国でも優秀で、ＯＪＴの賜物ともいわれていました。しかしバブル崩壊後は、現場に仕事をさせながら人を育てていく余裕が失われていき、組織のフラット化もあってＯＪＴが十分に機能していないケースも少なくありません。また、ＯＦＦ－ＪＴの投資額も、日本はＯＥＣＤ参加国のなかで最下層にあります。

人を育てるといっても、旧態依然の方法論では効果は薄く、とりわけ**伝統的なＯＪＴでは、とにかく仕事を与えておけば部下は育つ……という発想になりがちで、成長スピードが遅いという問題がありました。**そこで最近では、部下の育成にふさわしい仕事を吟味して与える戦略的ＯＪＴが注目されています。

OJTとOFF-JT

●伝統的なOJT　　**●戦略的OJT**

部下が先輩の後ろ姿から学ぶ

部下の育成にふさわしい仕事を与える

OJTを補完するOFF-JT

講習　研修　講演　eラーニング

OFF-JTのメリット

・日ごろの業務では得られない知識や技術を学ぶことができる
・OJTや日ごろの業務で学んだことを振り返ることができる
・会社側にとっても同じレベルの社員を同時に教育できるため効率的

効果的にOJTとOFF-JTを運営するには?

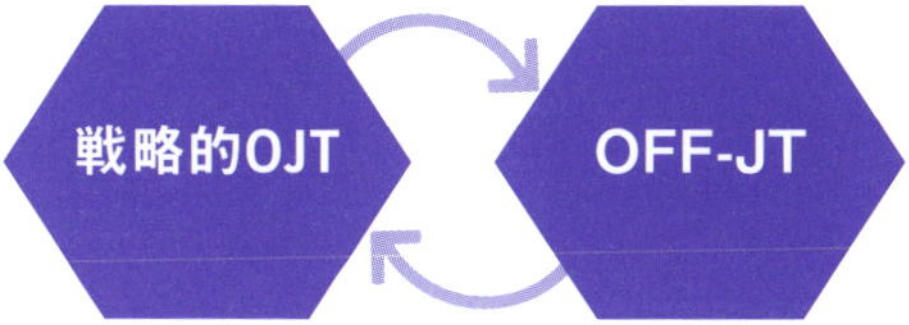

伝統的OJTではなく、戦略的OJTを活用し、OFF-JTも単なるOJTの補完ではなく、戦略的OJTと相互に作用するようなプログラムを組む

▼戦略的ＯＪＴは日ごろの観察がものをいう

戦略的ＯＪＴのポイントは、育成する相手にとって少しハードルの高い仕事を意図的に割り振って、高い成長を期待するというところにあります。つまり、誰に、なにをさせるかということが肝心になりますが、その人の成長に最適な仕事が都合よく降ってくるわけではないため、日ごろから部下の目標や課題をマネジャーがしっかり把握しておき、最適な仕事と状況が整えば、躊躇なく仕事を与えられるように準備しておくことが大切です。

また、いったん仕事を与えたあとも、マネジャーがやる気を引き出しつつ、折を見てフォローし、ＯＪＴの最後には内省を促すといったように、積極的にかかわらなくてはいけません。漫然とＯＪＴを実行していては、部下にとってどのような効果があったのかがわかりづらく、また次のＯＪＴにもうまくつながっていきません。

戦略的ＯＪＴをうまく回していくには、**日ごろから部下一人ひとりの育成カルテをつけておき、本人とも相談しながら、毎年どのような目標を立て、どんな課題があるのかを記録していくという方法がおすすめです。**何年も同じ目標をあげてくるような部下は、成長力が乏しいことが一目瞭然ですし、成長している部下には、どのような仕事を与えればより伸びるのかをイメージしやすくなるでしょう。

真剣に人材を育成しようというのならば、マネジャーのほうでもこのような努力をするべきです。

戦略的OJTの手順と育成カルテ

戦略的OJTを成功させる4つのステップ

①成長にふさわしい仕事を与える
その部下にふさわしい仕事を検討するためには、日ごろから育成カルテをつくっておくのが有効

②相手のやる気を引き出す
基本的にストレッチ目標を与えることになるため、いかにやる気を引き出すかが肝心

③ OJT中はフォローに気を配る
折を見て「調子はどうだ」と声をかけるなど、部下に対して期待していることを態度で示したい

④OJTの最後には内省を促す
部下と一緒に仕事を振り返り、たとえ好結果が出なくても、成長実感を与えるようにする

次回のOJTにつながっていく!

OJTとOFF-JTの組み合わせでカルテを作成する

	スキル テクニック	知識	Way・価値 行動規範	パッション 夢や志
OJT				
OFF-JT				

上記のように、OJTとOFF-JTに分けて、部下一人ひとりの成長を促したいことを「スキル/テクニック」「知識」「Way/価値/行動規範」「パッション/夢や志」に分類し、カルテに書き出して整理する

3-09

あえて難しい仕事を与えてみよう

修羅場が人を成長させる

▼背伸びさせることも必要

戦略的OJTでは、修羅場体験を意図的につくり出すことも有効です。新しい製品を開発したり、既存のプロジェクトを大きく改革したりするときに、育てたいメンバーを放り込むのです。**修羅場は集中力をぎりぎりまで高めたり、大きく感情が動かされたりと、通常の業務では味わえない経験をもたらしてくれます。**このようなジョブ・アサインメントの視点から、あえて少し能力不足の人を起用する勇気も必要です。

たとえば左図のように、能力に凹凸のある3人の部下がいたとします。部下Aは能力不足なので、簡単な仕事ばかり与える。安定感のある部下Bには、同じ仕事をルーティン的に与える。部下Cは隙が多いため、補佐的な業務に限定する。こんなことでは、結局どの部下も育ちません。たとえば部下Aに仕事を任せる代わりに自分がフォローする、部下Bはリーダーとして部下Cを動かしてもらう、部下Cは部下Bのもと主体的に実務にかかわってもらう……といったように、マネジャーの差配次第で、チーム力を高めていくことも可能です。

成長を促すジョブ・アサインメント

部下のスキルに応じてマネジメントする

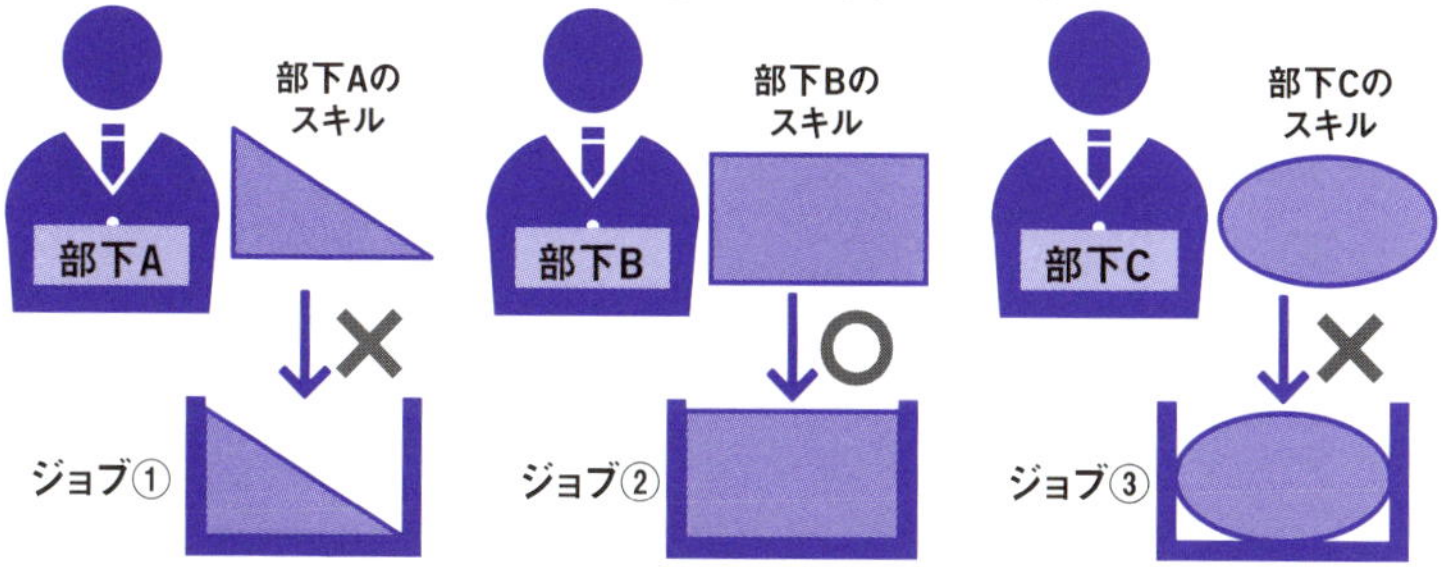
部下Aのスキル
部下A
ジョブ①
部下Bのスキル
部下B
ジョブ②
部下Cのスキル
部下C
ジョブ③

ジョブにぴったりハマらない部下AとCをどうマネジメントするか？

部下A

ジョブ①を与えるが、明確に能力が欠けている部分があるので、そこを伸ばすように指導する。指導の方向性は1つに絞る

部下B

ジョブ②と③を任せる代わりに、部下Cを使ってもいいと指示する。実際のジョブは部下Cがこなすが、部下BはOJTを実施する立場から学ぶことができる

部下C

Bというデキる先輩が見守っているため、安心して主体的にジョブ②と③に取り組むことができる

それぞれに仕事を任せる

＝

マネジャーが認めることで、部下のやる気はアップする

3-10

人材育成は守・破・離を基本としよう

まずは型にはめるところからはじめる

▼ビジネスパーソンは「守・破・離」を繰り返して成長する

人材育成にはさまざまな方法がありますが、基本はまず型にはめることからはじめます。それには、仕事に必要なスキルや知識が身につくような型を用意する必要があります。**最初に型にはめるという育成法は、武道や華道でいうところの「守・破・離」に通ずるものがあります。**守・破・離の「守」が型にはめる期間に該当しますが、次に「破」という段階に進めます。破の段階は、守で型を身につけた人が、後輩を指導することを通じて育つことを意味します。人にものを教える、説明するということは、実地で学んできたことを復習することでもあり、自分の知識の穴を埋めることにつながります。そして最後の「離」では、自分自身のオリジナルの方法論をつくりあげていきます。

こうした守・破・離を通してプレイヤーとして本当に力をつけたあとは、ミドルマネジャーとしての守・破・離がはじまります。その後もビジネスパーソンは部署の異動や昇格をするたびに、守・破・離を繰り返して成長していくのです。

守・破・離を繰り返して成長していく

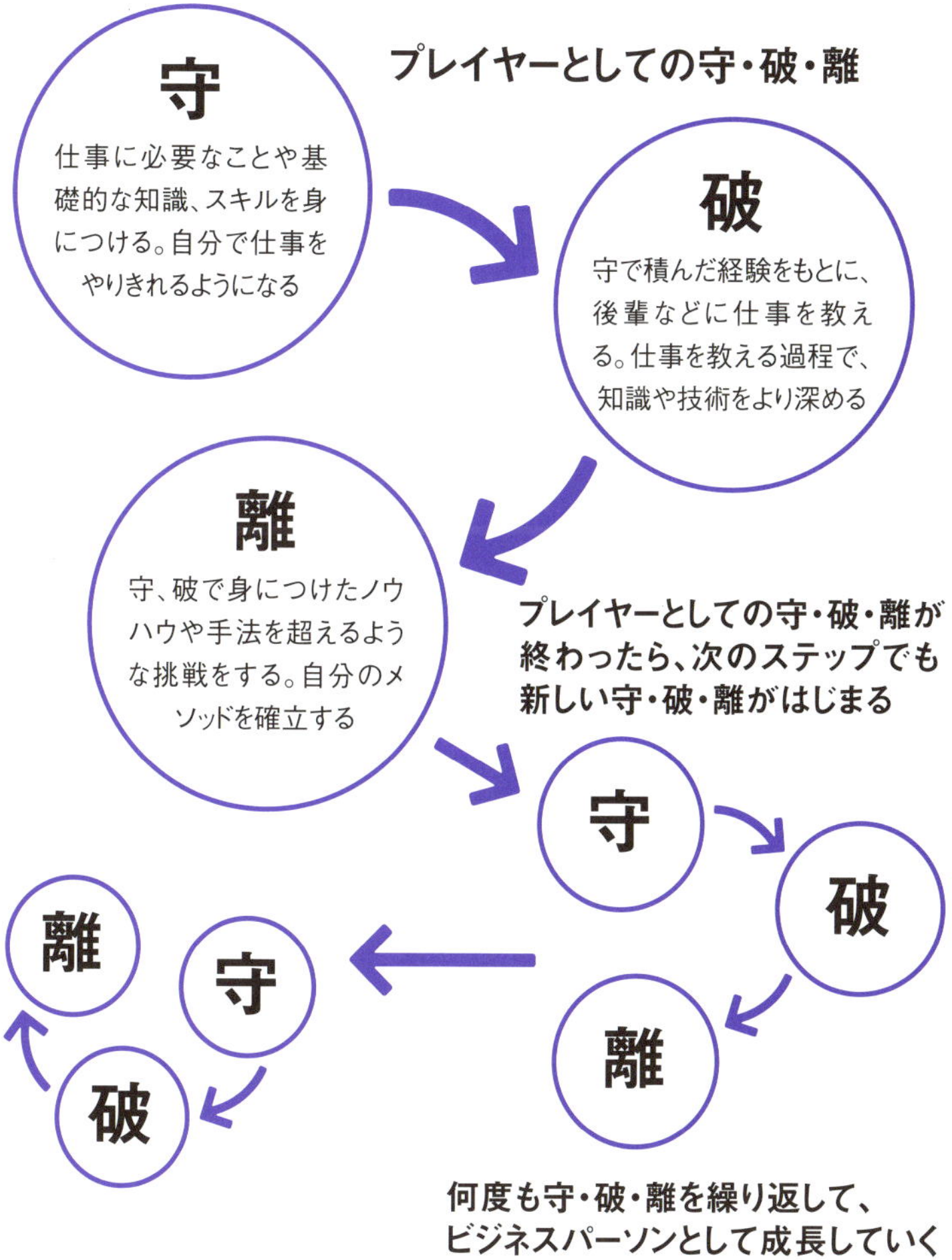
プレイヤーとしての守・破・離
守
仕事に必要なことや基礎的な知識、スキルを身につける。自分で仕事をやりきれるようになる
破
守で積んだ経験をもとに、後輩などに仕事を教える。仕事を教える過程で、知識や技術をより深める
離
守、破で身につけたノウハウや手法を超えるような挑戦をする。自分のメソッドを確立する
プレイヤーとしての守・破・離が終わったら、次のステップでも新しい守・破・離がはじまる
守
破
離
守
破
離
何度も守・破・離を繰り返して、ビジネスパーソンとして成長していく

3-11

部下には常に期待をかけよう

能力を伸ばすピグマリオン効果

▼マネジャーがどう扱うかで部下の将来が変わる

人間、だれかに期待されていると、やる気が湧いてきますし、努力もできるものです。マネジャーが本気で期待していれば、部下にも思いが伝わります。それを証明するピグマリオン効果という心理学の研究を紹介しましょう。この研究ではアメリカの小学校で、無作為に生徒を振り分けた2つのクラスをつくり、片方のクラスの担任には「特殊なテストをパスした潜在能力の高い生徒を選りすぐった」とウソを伝えました。もう片方のクラスの担任には、「普通の子どもです」としか伝えません。どちらのクラスの生徒も学力は同じなのですが、ウソを教えられた先生のクラスは、不思議なことに成績が大きく伸びました。先生は子どもたちに高い期待をかけ、それを感じ取った子どもたちが勉強をがんばったのです。

会社でも、**マネジャーが部下にどのような期待をかけるか、また、どのように扱うかによって、その成績や将来性が大きく変わってきます。**そう考えると、マネジャーは部下の将来を変えるほどの責任があるといえるでしょう。

ピグマリオン効果のメカニズム

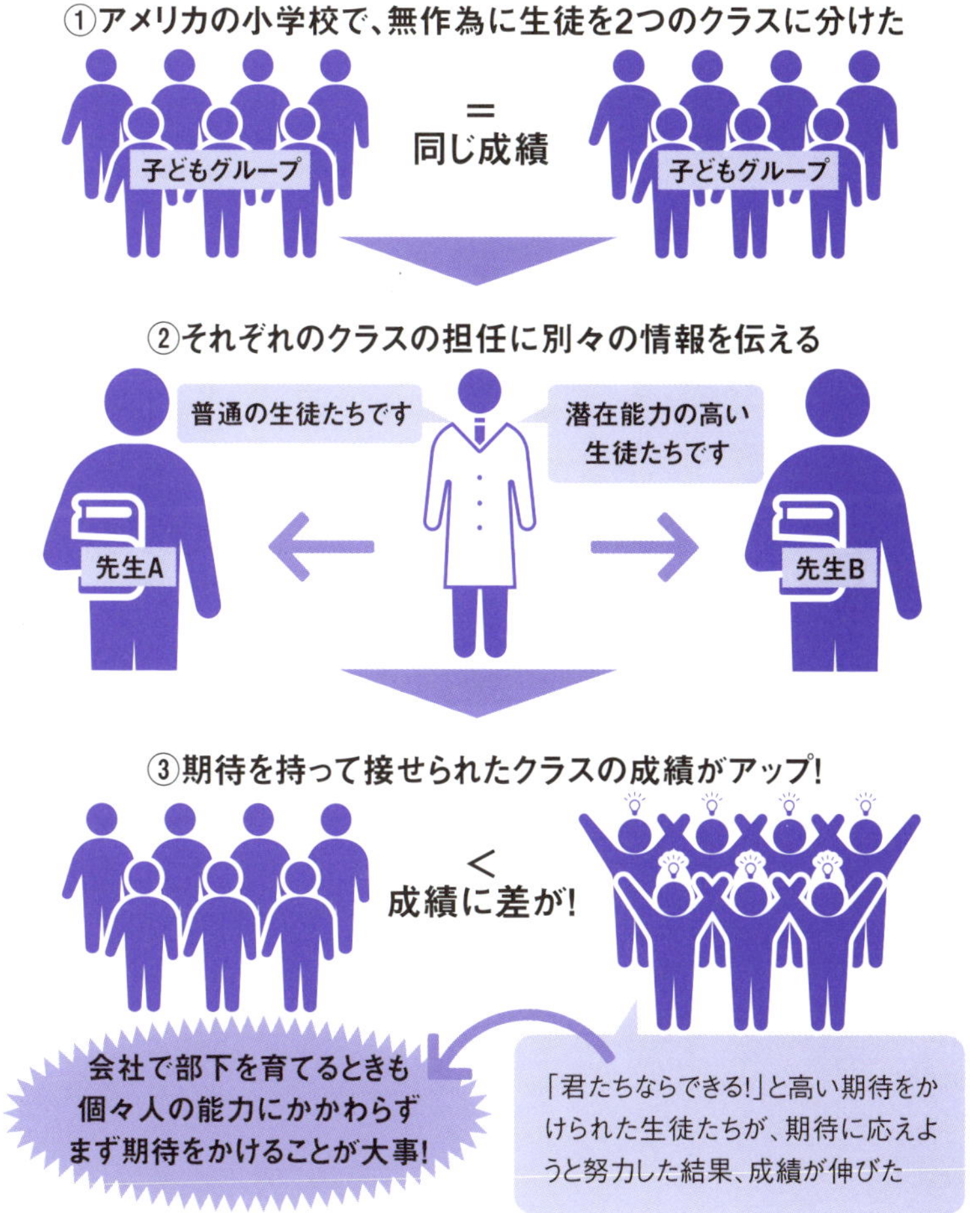
①アメリカの小学校で、無作為に生徒を2つのクラスに分けた
子どもグループ
=
同じ成績
子どもグループ
②それぞれのクラスの担任に別々の情報を伝える
普通の生徒たちです
潜在能力の高い生徒たちです
先生A
先生B
③期待を持って接せられたクラスの成績がアップ!
<
成績に差が!

会社で部下を育てるときも個々人の能力にかかわらずまず期待をかけることが大事!

「君たちならできる!」と高い期待をかけられた生徒たちが、期待に応えようと努力した結果、成績が伸びた

▼8種類のキャリアアンカーから部下の心情を探る

期待をかけるといっても、間違った方向で期待をかけると逆効果になります。**能力や力量、動機や価値観に沿っていない期待は、むしろやる気を減退させる結果になることもある**のです。アメリカの心理学者エドガー・シャインは、どうしても犠牲にしたくない、本当の自分をあらわすようなコンピタンス（能力・力量）や動機、価値観を「キャリアアンカー」と名付けました。キャリアアンカーは、次のように全部で8種類に分類できます。

①専門・職能別コンピタンス……ある部門の専門家になりたいと望む
②全般管理コンピタンス……組織の責任あるポジションで働きたいと望む
③自律と独立……自主性を重んじ、独立することを望む
④保障・安定……身分が保障されていて、同じ組織に属し続けることを望む
⑤起業家的創造性……新しいことに挑戦することを望む
⑥奉仕・社会貢献……社会のために役立ったり、他人の手助けをしたりすることを望む
⑦純粋な挑戦……難しい課題に取り組むことを望む
⑧生活様式……自分が理想とするワークライフバランスの実現を望む

全般管理コンピタンスを持つマネジャーが、部下も自分と同じだろうと責任あるポジションに引き上げたところ、その部下は専門・職能別コンピタンスで専門家志向が強く、現場に留まっていたいと思っていた……ということはありがちなので注意したいものです。

8種類のキャリアアンカー

8種類のキャリアアンカーと部下が抱いている思い

キャリアアンカーの種類	部下の抱いている思い
専門・職能別コンピタンス	専門家になりたい!　スキルを磨きたい!
全般管理コンピタンス	組織の責任あるポジションで働きたい!
自律と独立	自主的に行動したい!　いつかは独立を!
保障・安定	同じ組織で長く働きたい!
起業家的創造性	新しい事業にチャレンジしたい!
奉仕・社会貢献	社会の役に立ちたい!　誰かを手助けしたい!
純粋な挑戦	いつも新しい課題にチャレンジしていたい!
生活様式	仕事もプライベートも充実させたい!

部下は多様な思いを抱いており、やる気の源泉も異なる

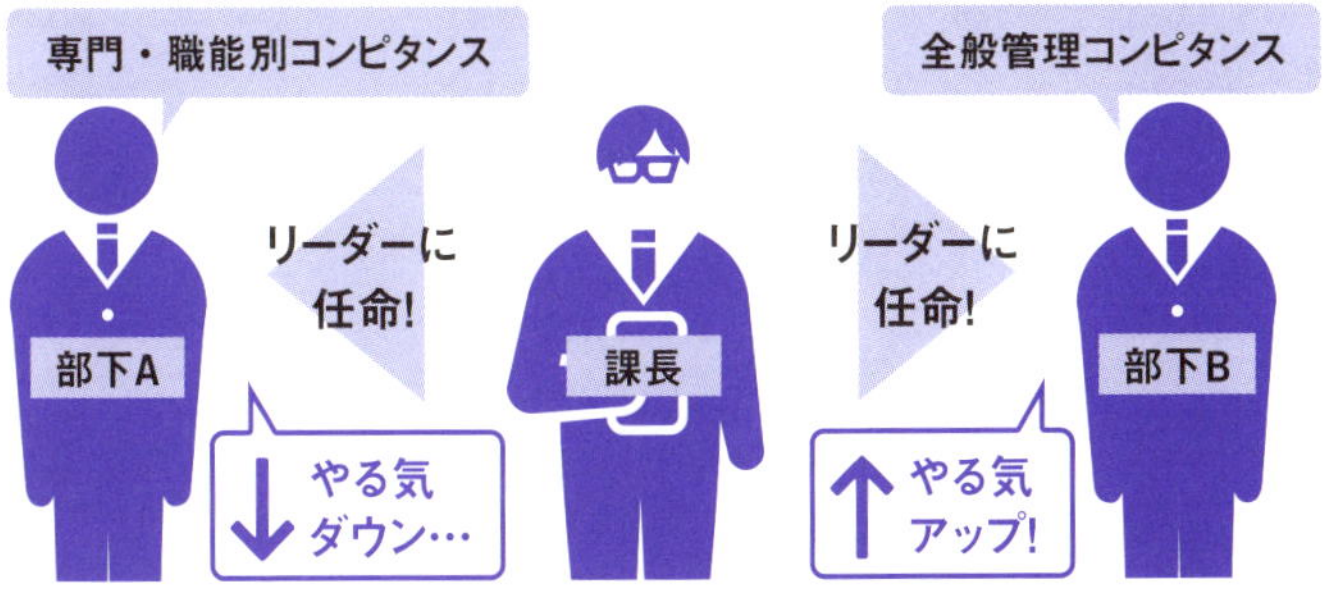

専門・職能別コンピタンス
全般管理コンピタンス
部下A
課長
部下B
リーダーに任命!
リーダーに任命!
やる気ダウン…
やる気アップ!

キャリアアンカーにあった対応が大事!

3-12

部下は具体的かつ速やかに褒めよう

褒め上手のマネジャーになるには？

▼褒めるタイミングにも注意する

部下を褒めるのが苦手……という人はいないでしょうか。**部下に期待を示したり、賞賛したりすることは、その内容やタイミング次第で効果が大きく変わる**ため、注意深く実行する必要があります。

まず期待や賞賛は、具体的でなければなりません。単に「君には期待しているよ」というのではなく、「君は日ごろから○○について、よく勉強していたからな。君ならできるはずだ！」といった具合に、いつも部下の行動を見ていることを示すと効果的です。褒めるときも、その内容に日ごろの観察を盛り込み、たとえ成果が出なかったときも、「君が残業してつくった企画書は、また別の機会で活かすことができると思う」とプロセスを評価することで、部下を褒めてやる気を高めることが可能です。また、賞賛の気持ちを示したいときは、すぐに褒めることを心がけてください。気分が高揚しているときに褒められると、うれしさは倍増します。ほかの人たちがいるところで褒めると、さらに効果が高まるでしょう。

部下の褒め方

●具体的に褒める

よくやった!
課長
部下
毎日残業して、データをまとめた甲斐があったな!
課長
部下

●褒めるタイミングに注意する

テンションが高いうちに褒める
課長
部下
忘れたころに褒めても効果は望めない
課長
部下

●ほかのメンバーの前で褒める

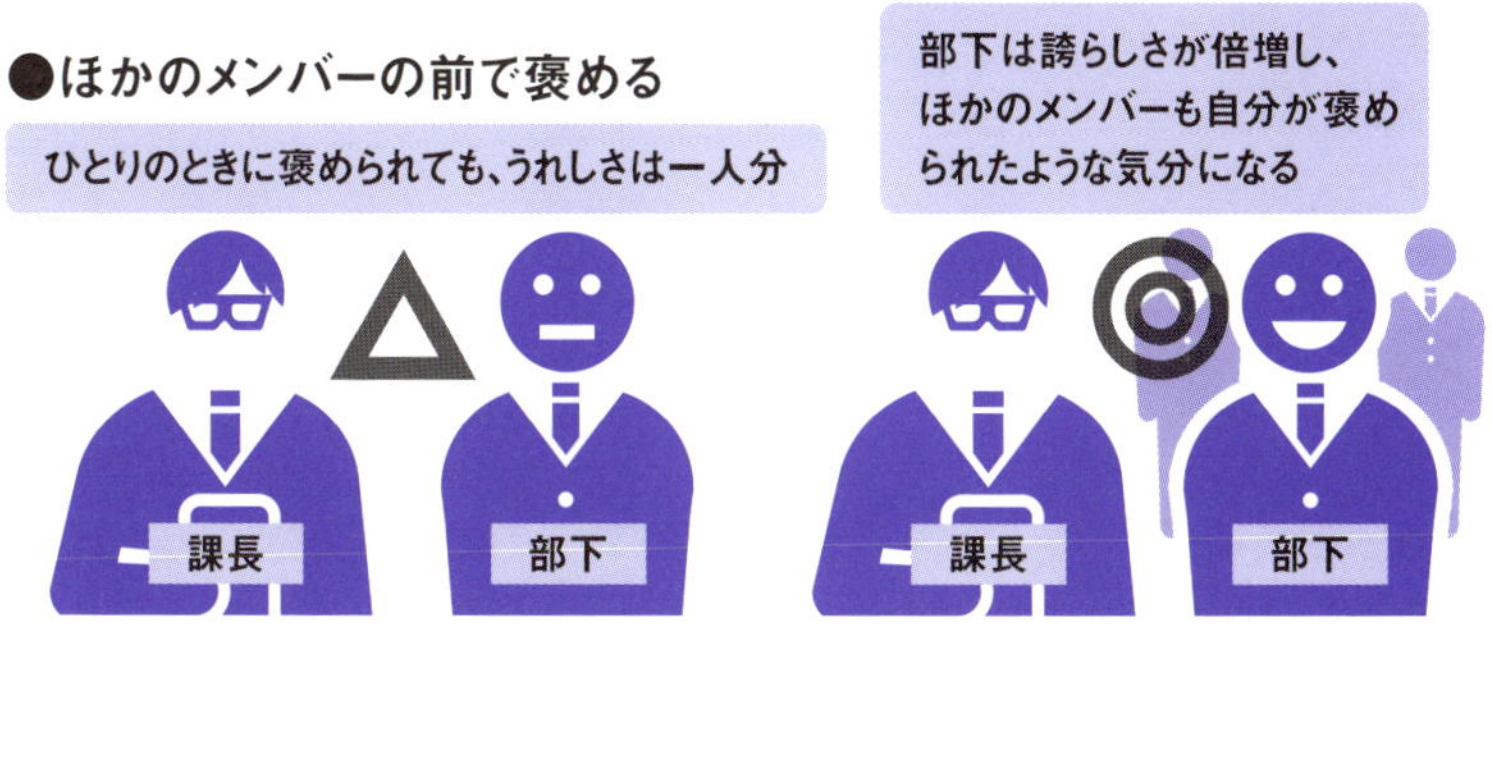
ひとりのときに褒められても、うれしさは一人分
課長
部下
部下は誇らしさが倍増し、ほかのメンバーも自分が褒められたような気分になる
課長
部下

3-13

部下に仕事を任せてみよう

権限委譲の効果と注意点

▼どんな権限を与えるかを明確にすることが大事

部下のやる気を高める非常に効果的な手段として「権限委譲」があります。第1章でマネジャーにはさまざまな権限が与えられていると書きましたが、その一部を部下に譲るのです。権限を委譲された部下は、これまでの仕事ぶりが認められたという喜びとともに、**自分が決定権を持つことで、仕事に対するコントロール感や、自分にはものごとを成し遂げる力があることを実感する自己効力感を得ることができる**でしょう。

また、任せられた仕事に対して、「自分が責任を持って成し遂げなくてはいけない」という責任感も生まれるはずです。

ただし、権限委譲は適切におこなわないと、逆効果になることもあります。たとえば部下の能力以上の権限を与えたり、逆に仕事を遂行するための権限が不足していたりすることは少なくありません。部下にどのような権限を与えるかを明確にし、過不足がないか、しっかり検討することが大切です。

権限委譲のメリットと注意点

権限委譲のメリット

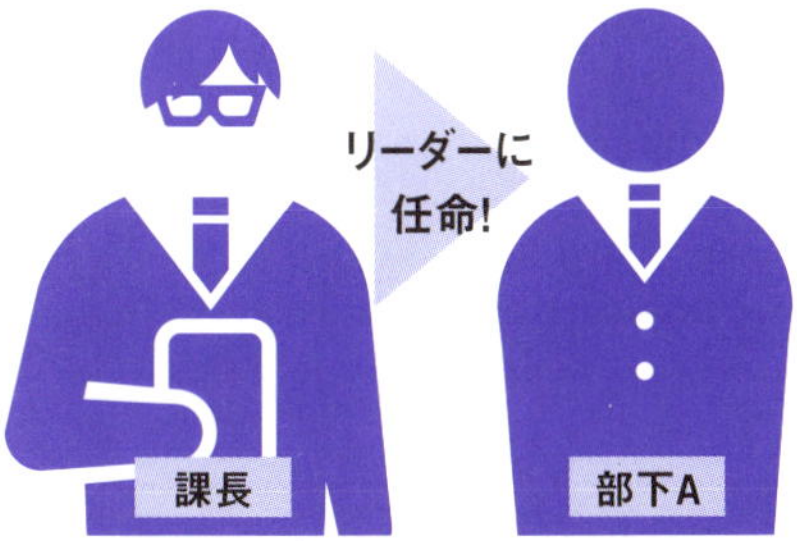
リーダーに
任命!
課長
部下A

↑ やる気アップ!

権限委譲によるメリット

- 仕事ぶりが認められたと思える
- コントロール感を得られる
- 自己効力感を得られる
- 「自分がやり遂げる」という責任感が芽生える

マネジャーにとっても、権限委譲によるメリットはある!
プレイヤーとしての業務を部下に任せることで、マネジメントに集中できる

権限委譲がマイナスになることも…

不適切な権限委譲は逆効果になる!
やる気の
ない部下
範囲が明確
でない権限
中途半端
な権限
課長
能力以上
の権限
単なる
丸投げ
疲弊して
いる部下
↓ やる気ダウン
↓ やる気ダウン

どのような権限を与えるかを明確にし、与える権限に過不足がないか、しっかり検討することが大切!

3-14

コンフリクトを解消しよう

対立や衝突をマネジメントする5つのアプローチ

▼理想は「協力」を惜しまない姿勢

会社には、さまざまな価値観を持つ人がいて、性格も人により異なります。同じ部署、違う部署にかかわらず、利害関係による対立や衝突も起こり得ます。これをコンフリクトといいますが、解消方法としては次の5つのアプローチが考えられます。

①回避……対立を表立った問題にしない
②競争……自分が得をするように相手を屈服させる
③和解……自分が得をすることを諦めて相手に譲る
④妥協……対立している相手と互いに譲り合えるような接点を探る
⑤協力……対立している相手と力を合わせて問題を解消する

①～④のいずれの方法でも、自分か、対立相手かのどちらかに不満は残るでしょう。**理想はやはり⑤で、互いに手を取り合うことで、当初よりも利得が大きくなることもあります。**現実的には、状況に応じて①から⑤までを使い分けることになります。

コンフリクトを解消する手段

コンフリクトを解消する手段には、「自己主張が強いか、弱いか」および「協力的な姿勢が多いか、少ないか」によって、5つのパターンに分類できる

自己主張が強い
競争
負けたほうに遺恨が残る
協力
双方の利得を高める
協力的な姿勢が少ない
妥協
本質的な解決にならない
協力的な姿勢が多い
回避
問題解決から目を背ける
和解
自分が不利益を被る
自己主張が弱い

コンフリクト解消のカギは…

理想のコンフリクト解消法は「協力」

- ・積極的にコミュニケーションをとる
- ・相手の置かれた立場を理解する
- ・自分の置かれている立場を理解してもらう

3-15

コーチングを効果的に実行しよう

名コーチになるための条件とは？

▼コーチングとティーチングの違い

「コーチング」というと、手取り足取り丁寧に指導するような印象を持っている人もいるかと思いますが、あえて具体的な指示やアドバイスをしないのが、よいコーチになるためのポイントです。もちろん、まだ経験の少ない社員には、仕事の手順をひとつずつ教え込む必要がありますが、それは「ティーチング」といって、コーチングとは区別されます。

ティーチングの場合は、はじめから最適な解を教えることも多いですが、コーチングは相手に自分で考えさせて能力を引き出すという狙いがあるため、教える側はあくまでサポートに徹します。コーチングのスキルの多くは、会話を主体としたコミュニケーションにありますが、**とくに話を聞く姿勢と、相手に質問する姿勢は大事です。**たとえば話を聞くときは、途中で話を遮ったりせず、相づちや頷きなども交えて、相手の話にしっかり耳を傾けます。質問をするときも、YESやNOで返事をできる「閉ざされた質問」ではなく、相手の考えや意見を引き出すような「開かれた質問」をすることが大事です。

コーチングのポイント

ティーチングとコーチングの違い

●ティーチング

主に経験の浅い社員が対象
仕事の基礎知識などを教えることを主眼とする

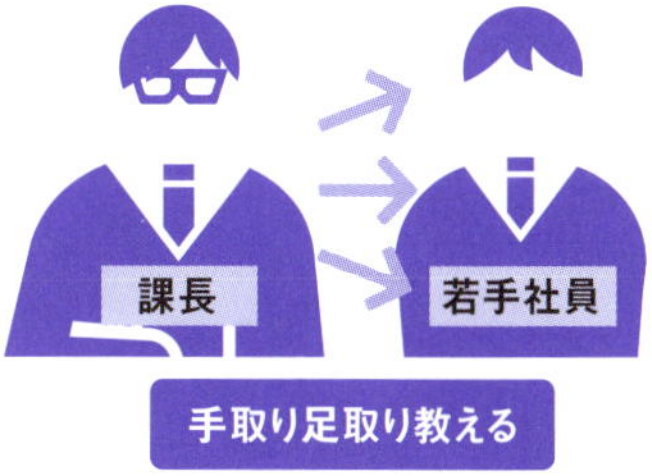
課長
若手社員
手取り足取り教える

●コーチング

主に中堅以上の社員が対象
相手の能力を引き出すことを主眼とする

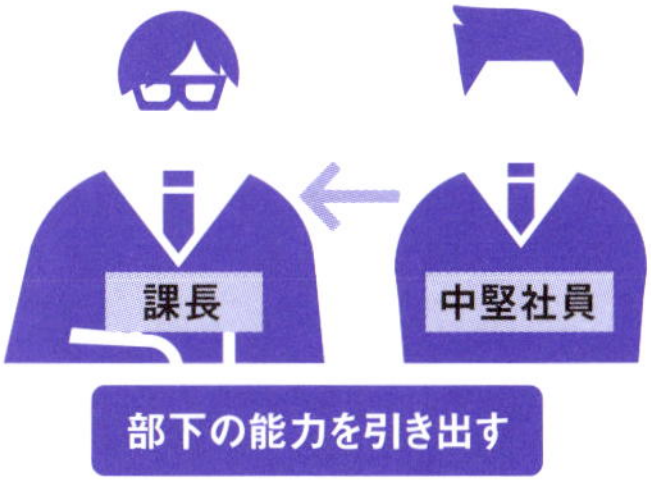
課長
中堅社員
部下の能力を引き出す

コーチングによるコミュニケーションのコツ

●話を聞くときは……

それはダメだ!

相手を言下に否定したり、話を途中で遮ったりしない

ふむふむ!

相手の話に頷いたり、身を乗り出したりと、傾聴（耳を傾けること）する姿勢を意識する

●話をするときは……

こうしなさい!

相手に考えさせることが重要であるため、具体的なアドバイスや指示は避ける

君はどう思う?

YESやNOで答えられる質問ではなく、相手が自ら考えて答えを導き出すような質問をする

3-16

ポジティブな叱り方を心がけよう

ネガティブ感情を防ぐ3つのポイント

▼叱ったあとは明るい雰囲気で締める

部下を叱るのが苦手というマネジャーは、とても多いようです。叱るという行為自体にネガティブな感情を持つ人も多いと思いますが、叱ることがポジティブな効果を生むことも少なくありません。いや、むしろ嫌な思いをしてまで叱るからには、ポジティブな効果がなければいけないのです。

部下を叱る場合、必ず気をつけたいポイントが3つあります。**1つめは感情的にならないこと。2つめは相手の人格を攻撃しないこと。3つめは人前で叱らないことです。**ほかにも、叱り方に具体性が欠けていたり、頭ごなしに相手を否定したりすることも注意点として挙げられますが、とりわけこの3つについては、知らず知らずにやってしまいがちなミスなので、叱る側も冷静になって考えを整理しておかなくてはなりません。叱るのはあくまで建設的な意味でおこないます。怒る、とは違います。そして叱ったあとは、相手への期待を口にするなど、明るい雰囲気で場をおさめられるようにしましょう。

部下を叱るときのポイント

部下を叱るときの3つの注意点

①感情をぶつける
バカモノ!
②人前で叱らない
ざわざわ…
③人格を攻撃しない
君はいつもダメだな!

悪い叱り方と良い叱り方の違い

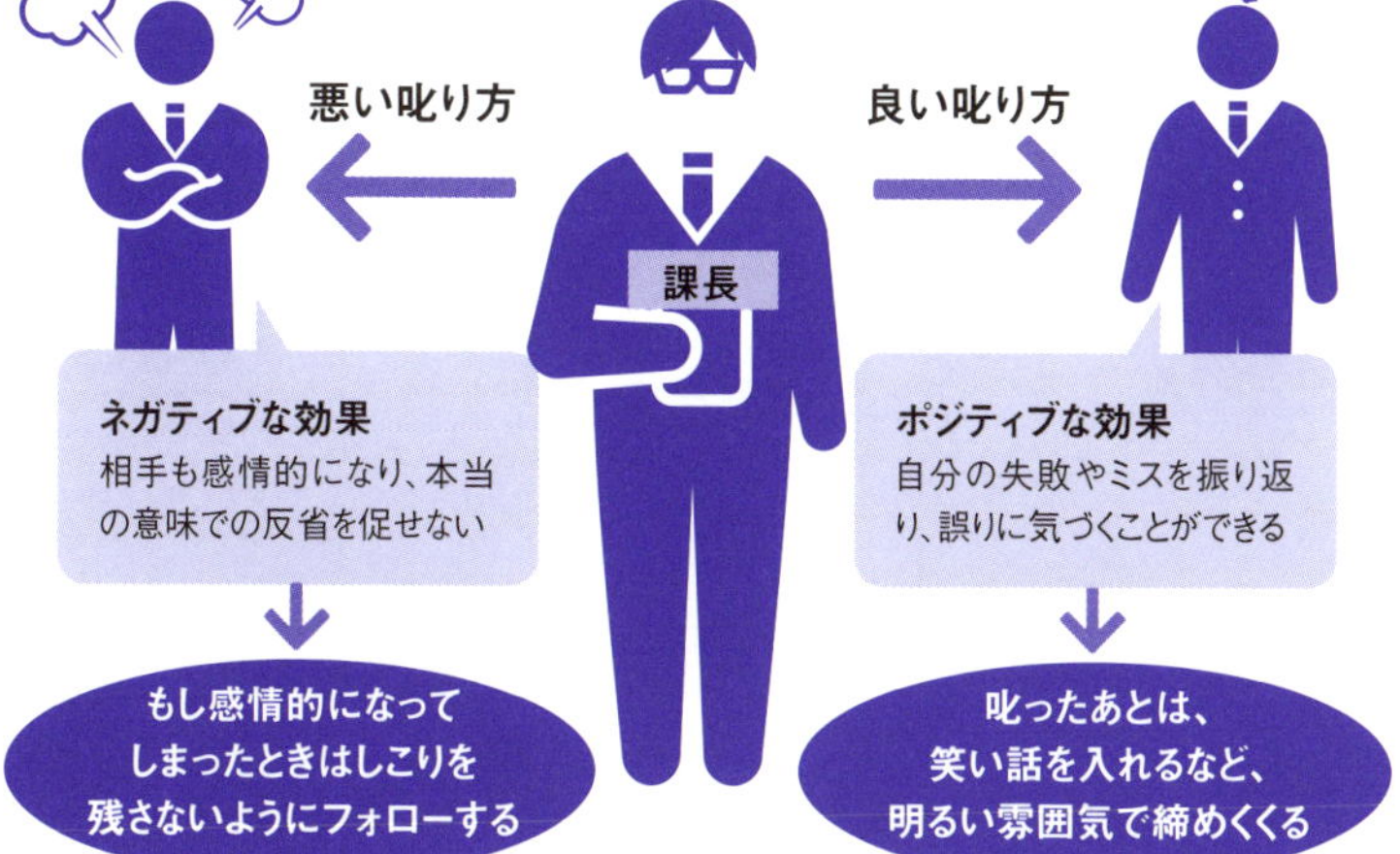

悪い叱り方
良い叱り方
課長
ネガティブな効果
相手も感情的になり、本当の意味での反省を促せない
もし感情的になってしまったときはしこりを残さないようにフォローする
ポジティブな効果
自分の失敗やミスを振り返り、誤りに気づくことができる
叱ったあとは、笑い話を入れるなど、明るい雰囲気で締めくくる

3-17

困った部下への対処法

大きく3つのタイプがある

▼マネジャーだけでは対処できない場合も……

一口に困った部下といっても、いろいろなタイプがいます。それぞれ対処法も異なりますので、大きく3つに分けて考えると、問題を整理しやすいでしょう。

まず、**セクハラやモラハラをしたり、経費を水増ししたり、部品を盗んだりと反社会的な行動をする**場合です。この場合は、マネジャーだけの判断で対処することは難しいので、会社のしかるべき部署に報告をして判断をあおぐべきでしょう。

次は、**仕事をきちんとしなかったり、自分勝手だったりする問題社員**への対処です。この場合は、なぜそういう状態になっているのか、原因を探ることが大切です。原因を探る際は、相手に問題があるのか、環境に問題があるのかを考えます。現象だけではなく、その根底にあるものを探ることで、おのずと解決法が見えてくるでしょう。

最後に**能力不足の社員**への対処ですが、能力的にこなせる仕事を与えたり、少しずつでも能力が伸びるように教育したりと、マネジメントの力で地道に対応していきましょう。

問題のある部下への対処法

セクハラ、モラハラ、反社会的な行動をする社員

問題社員
自分ひとりで対処するのは避ける
課長
法務部や人事部に報告して、対処をあおぐ
会社

仕事をきちんとできない、自分勝手なことをする問題社員

まず原因が部下にあるのか、環境にあるのかを検討する

原因が部下にある場合

問題がどこにあるのか
部下と一緒に考える

原因が環境にある場合

問題を取り除けるように
環境を変える

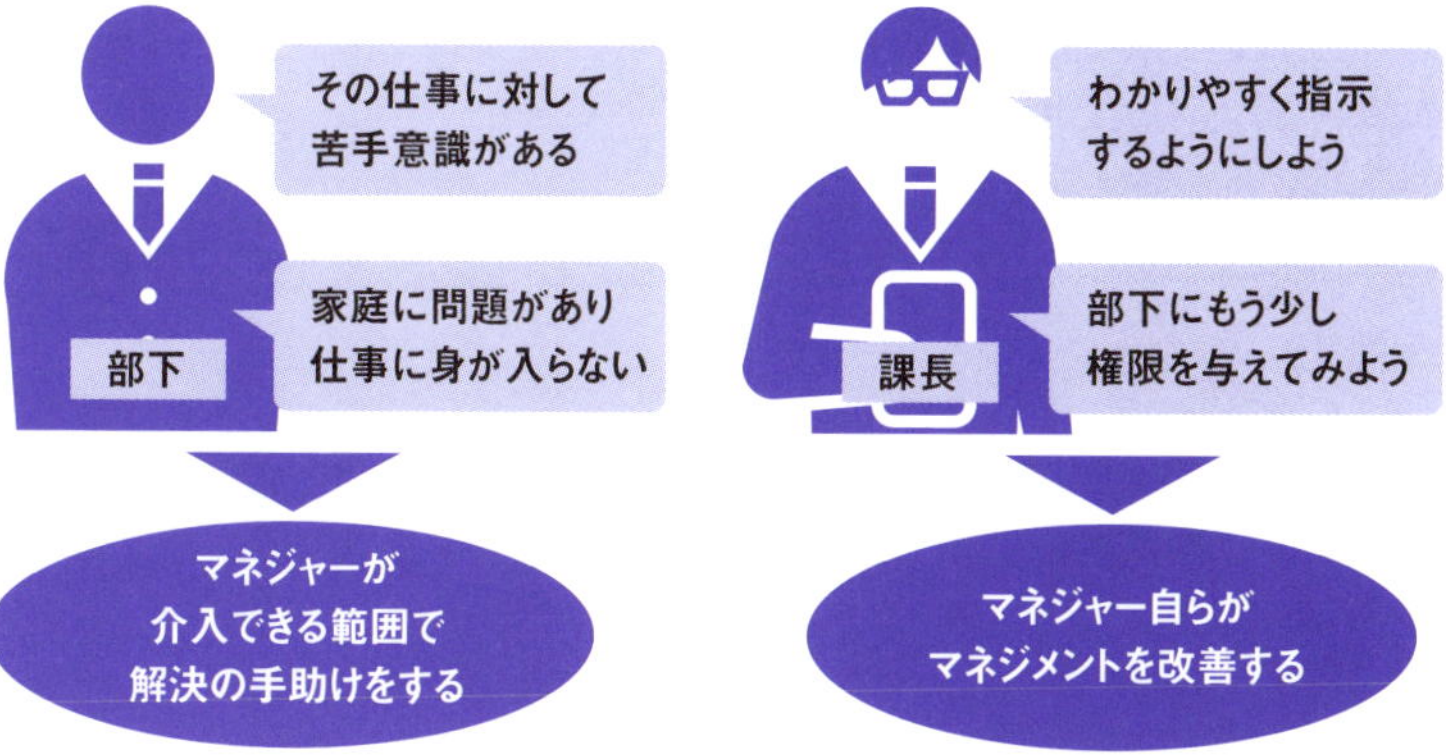
その仕事に対して
苦手意識がある
家庭に問題があり
仕事に身が入らない
部下
わかりやすく指示
するようにしよう
部下にもう少し
権限を与えてみよう
課長

マネジャーが
介入できる範囲で
解決の手助けをする

マネジャー自らが
マネジメントを改善する

3-18

部下のフリーライダー化を防ごう

マネジャーのミスが原因になることも多い

▼フリーライダーは真面目な社員のやる気も落とす

部下がみんな真摯《しんし》に仕事に取り組んでくれればいいのですが、自分では積極的に動かず、ほかの社員の努力や善意にタダ乗りしているだけの「フリーライダー」と呼ばれる社員も少なからず存在します。**自分が楽をするだけではなく、ほかの社員のモチベーションも低下させるフリーライダー**をつくらないために、マネジャーはどうすればいいのでしょうか。

注意したいのは、部下への仕事の配分を誤らないことです。とくにエース級の部下がいて、短いスパンで結果が求められるような仕事がある場合、ひとりの部下にばかり仕事が集中しがちです。仕事が集中した部下は、だんだん疲弊していくでしょうし、なぜ自分だけが大変なんだ……という気持ちにもなるでしょう。一方で、マネジャーから仕事を振られない部下も、自分は認められていない、がんばっても評価されない……という気持ちから、積極的に仕事に取り組まず、フリーライダー化してしまいます。このように**マネジャー自身の誤りからフリーライダーが出現する**場合もあることを覚えておきましょう。

フリーライダーになる要因と対処法

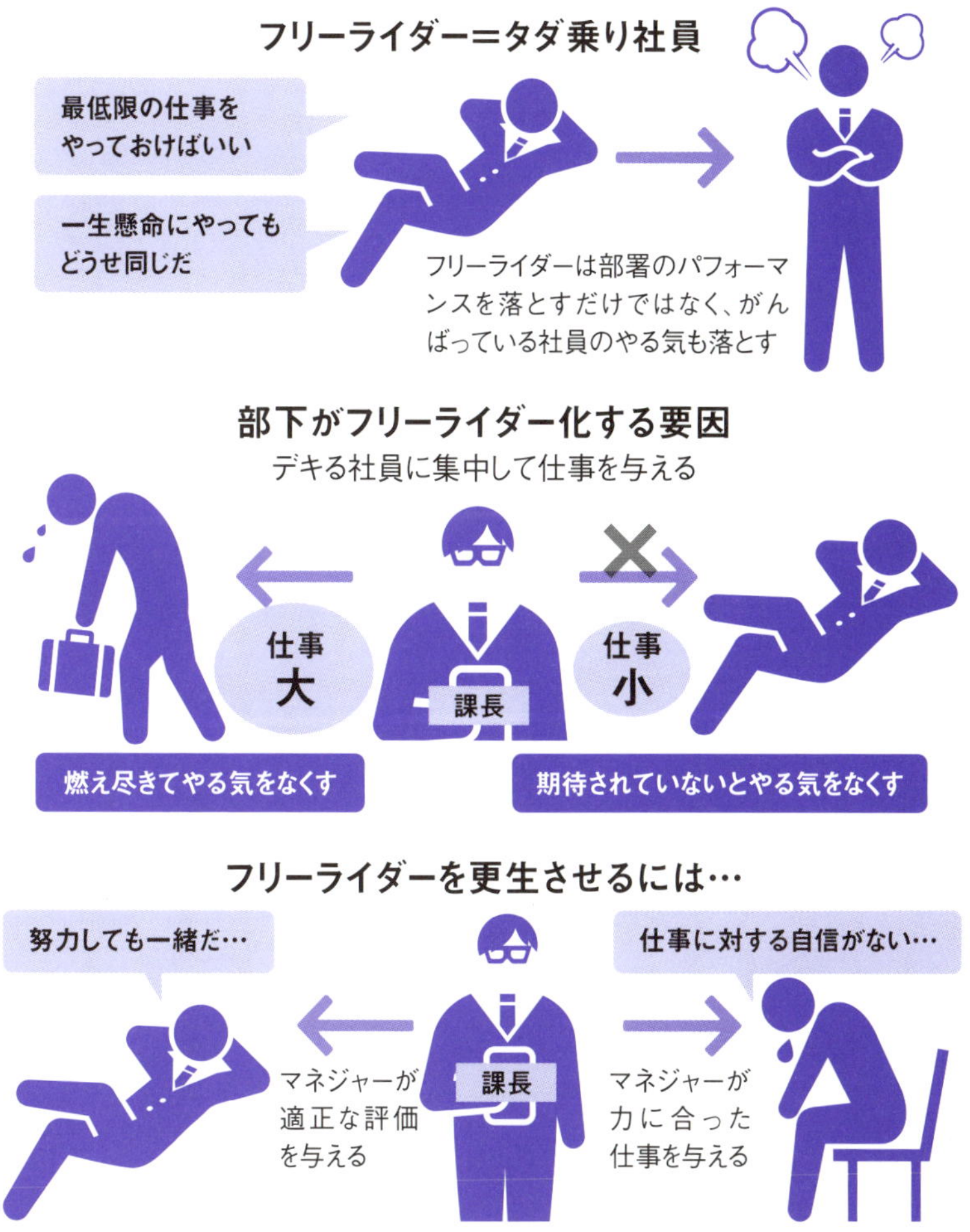
フリーライダー＝タダ乗り社員
最低限の仕事をやっておけばいい
一生懸命にやってもどうせ同じだ
フリーライダーは部署のパフォーマンスを落とすだけではなく、がんばっている社員のやる気も落とす
部下がフリーライダー化する要因
デキる社員に集中して仕事を与える
仕事大
課長
仕事小
燃え尽きてやる気をなくす
期待されていないとやる気をなくす
フリーライダーを更生させるには…
努力しても一緒だ…
仕事に対する自信がない…
マネジャーが適正な評価を与える
課長
マネジャーが力に合った仕事を与える

3-19

年上の部下には上手に接しよう

反抗的な年上部下があらわれたら?

▼年長者に対する敬意は忘れない

年上の部下がいる、あるいは年下の上司がいる……というシチュエーションも、昨今では珍しくなくなってきました。ミドルマネジャーは、とくに年上の部下に対して、どう接したらいいのか迷ってしまうことも多いのではないでしょうか。

一口に年上の部下といっても、きちんと上司を立てて、自分の職務を全うしてくれる人もいれば、なにかにつけて反抗したり、スタンドプレーをしたりする人もいます。前者の場合は、相手にはまったく問題がないので、あなたのほうが変にへりくだったり、遠慮したりしないことが大事です。年上だからと特別視する必要はありませんが、年長者に対する敬意は払うなど、常識的な対応を心がけましょう。

後者の場合は一筋縄ではいきませんが、目に余るようだと、下手に出ていないで、しっかり話をする必要があります。その場合も、**高圧的に対処せず、言葉を選んで注意することが大切です。**ルール違反については、きちんと指摘して改めさせるようにしましょう。

年上の部下へのアプローチ

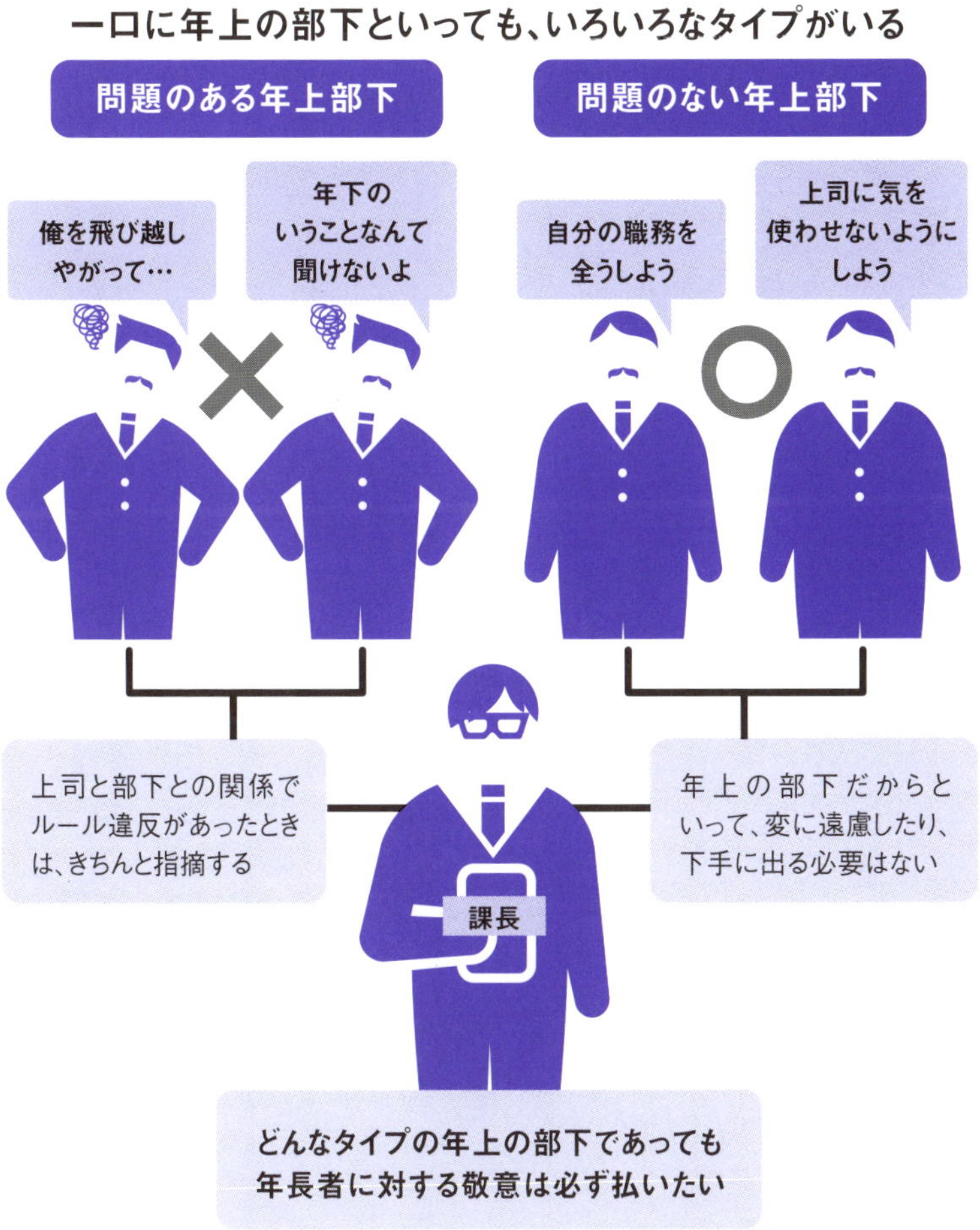
一口に年上の部下といっても、いろいろなタイプがいる
問題のある年上部下
問題のない年上部下
俺を飛び越しやがって…
年下のいうことなんて聞けないよ
自分の職務を全うしよう
上司に気を使わせないようにしよう
上司と部下との関係でルール違反があったときは、きちんと指摘する
年上の部下だからといって、変に遠慮したり、下手に出る必要はない
課長
どんなタイプの年上の部下であっても年長者に対する敬意は必ず払いたい

3-20

苦手な相手ともうまく付き合おう

避けていては関係が悪化する

▼まずは「あいさつ」からはじめる

苦手な相手だからといって、避けてばかりいては、関係が改善されないどころか、悪化することもあります。心理学に「ストローク」という概念がありますが、これは他者からの刺激を意味し、また人間は生来的にストロークを欲しているといわれています。**人間関係においては、無視が一番いけない**のです。

ストロークには、相手の価値を肯定するストロークと、否定的なストロークがあります。また、一口に肯定的といっても、無条件で肯定するのか、条件付きで肯定するのか、といった違いがあります。無条件で肯定するというと、非常に難しいような気がしますが、たとえば**毎朝のあいさつも、相手を無条件で肯定したことになります。**意外とあいさつができていないマネジャーは少なくありません。また、条件付きの肯定は結果を出したときの褒め言葉、条件付きの否定は問題があったときの注意が例えとして挙げられます。これらは適切に使えば効果的なストロークになりますが、無条件の否定だけは避けなくてはいけません。

部下との関係を深めるストローク

相手を無条件で
肯定するストローク
課長
おはよう!
元気か?
部下
相手を条件付きで
肯定するストローク
課長
この前の企画はよかったよ
部下
相手を条件付きで
否定するストローク
課長
ここを直せばよくなる!
部下
相手を無条件で
否定するストローク
課長
だからお前はダメなんだ!
部下

相手を無条件で否定するストロークは絶対に避ける!

相手に注意を与えるときは、感情的にならず、今後どのような点を変えれば改善されるかを建設的に話す。感情的になったり、否定の表現に前向きさがなくなったりすると、無条件で否定するストロークになってしまう

3-21

部下と円滑に接する秘訣とは？

アサーティブな言動を心がける

▼自分の主張をしつつ相手にも配慮する

問題のある部下や年上の部下と接するときに、なんとなく身構えてしまい、コミュニケーションがギクシャクすることはありがちです。「なめられてはいけない」と必要以上に自分の意見を強く主張したり、反対に、関係を悪化させないために相手を過度に立てたりしているマネジャーも少なからずいると思います。そんな場合は、アサーション（対人行動における主張や表明）におけるアサーティブな言動を意識してみてください。アサーションは次の3つに分類できます。

①アグレッシブ……自分の主張ばかりを優先し、部下を屈服させるようなやり方
②ノンアサーティブ……自分は折れて、部下の主張を優先するようなやり方
③アサーティブ……自分のことを考えつつ、部下にも配慮するようなやり方

アサーティブは、単に波風を立てないことを目的としたコミュニケーションではなく、自分の主張はしっかりしながらも、相手の立場を尊重するというところがカギになります。

アサーションを意識したコミュニケーション

アサーションは3つに分類できる

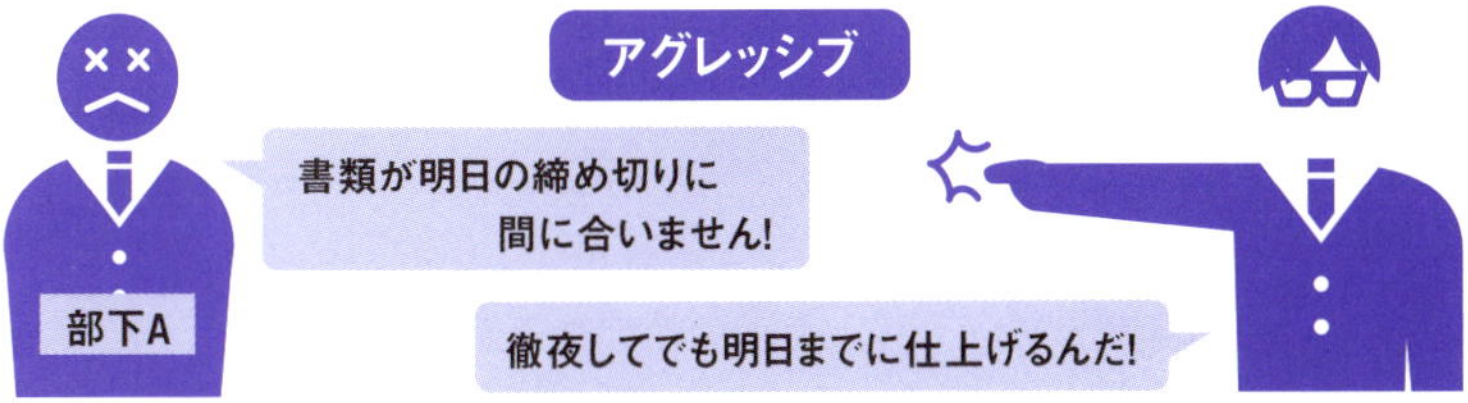
アグレッシブ
書類が明日の締め切りに
間に合いません!
部下A
徹夜してでも明日までに仕上げるんだ!

自分の要求を強く押し付けるため、パワーハラスメントに発展することも…

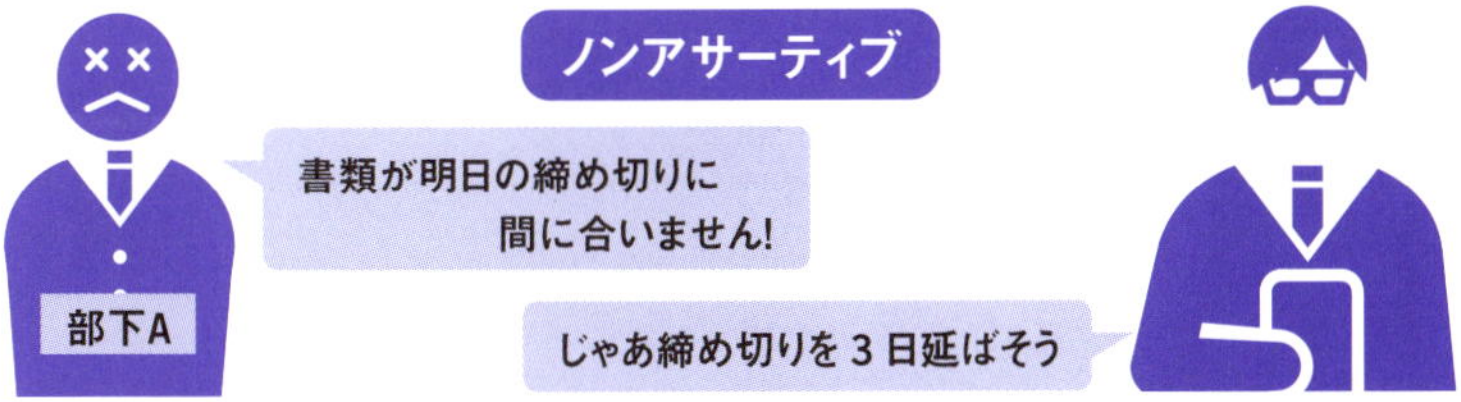
ノンアサーティブ
書類が明日の締め切りに
間に合いません!
部下A
じゃあ締め切りを 3 日延ばそう

相手の要求を受け入れすぎるため成果が上がらず、管理能力に疑問を持たれることも…

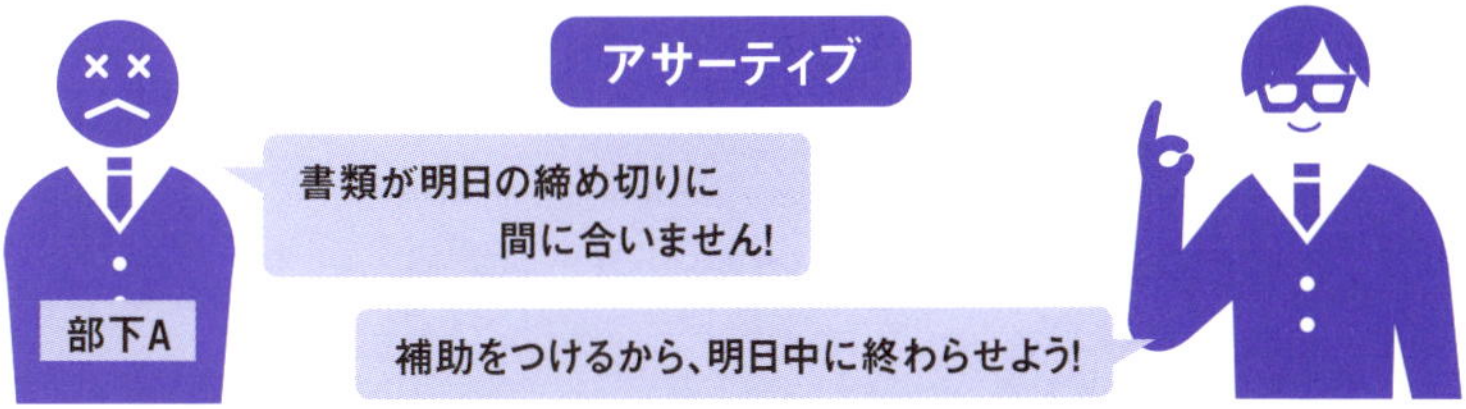
アサーティブ
書類が明日の締め切りに
間に合いません!
部下A
補助をつけるから、明日中に終わらせよう!

相手の立場と状況に鑑みた上で、自分の主張を実現できる対処をするため丸くおさまる

マネジャーは常にアサーティブな行動を心がける

コラム

凡人をマネジメントすれば天才をしのぐ成果を出せる

88ページで部下のやる気を引き出すリーダーの言葉を紹介しましたが、もうひとつユニークな事例を紹介しましょう。ホンダの3代目社長で、CVCCエンジンの開発リーダーを担った久米是志氏の言葉です。

ホンダといえば創業者の本田宗一郎氏のカリスマ的な能力で業績を高めてきたイメージがありますが、こと低公害のCVCCエンジンの開発にあたっては、空冷エンジンにこだわる本田氏はあまり乗り気ではなかったといいます。そんななか、久米氏は「この仕事はオヤジと違うやり方でないとできない。凡人かもしれないが、1つのことをずっと深く見ている人たち、それを全部組み合わせて1つのものを完成させていくしかない」とメンバーに明言し、「自分たちが主役だ！」と士気を高めて結果を残したのです。凡人でもたくさん集まって仕事に力を尽くせば、大きな成果を成し遂げられる。そんな理念から、ホンダの開発手法「ドピー方式」が生まれました。ドピーとは、白雪姫に出てくるぼんやりした小人のことで、いわば凡人です。天才ではなく凡人の集まりでも、マネジャーの手腕いかんでは、天才をしのぐ成果をあげられるのです。

第４章

成果を出すチーム運営のコツ

4-01

チームとしての目標設定をしよう

部下を巻き込んだ合意形成

▼目的や目標を明確にする

マネジャーに就任した、あるいはプロジェクトのマネジメントを任されたときは、まず体制づくりや役割分担に取りかかることになりますが、その前に、ぜひ部下との間で、目的や目標を共有しておきたいものです。目的や目標があいまいなまま人員を動かすと、部下はどうしても「仕事をやらされている」という感覚になるからです。また、目先の作業だけをこなす雰囲気になり、全体のゴールを見渡すこともできません。

目標はマネジャーだけで決めるのではなく、その過程に部下を巻き込むことが大事です。「とにかく目先の仕事をがんばっていこう」という場当たり的な進行ではなく、目的なり目標なりをきちんと示しておくことで、部下の理解も早まり、自分で考えて動けるようになります。また、部署やプロジェクトのキックオフ時には、どんな運営方針を持っているのかも明確にしておけば、部下は安心できるでしょう。これらについて部下との間で合意形成がとれれば、体制づくりや役割分担もスムーズに進みます。

全員で目的・目標を共有することが大事

**マネジャー就任当初やプロジェクト発足当初には
チームや部署の目的・目標を明らかにする!**

プロジェクト発足!
目的や目標を共有しないと…
目的や目標を共有すると…
みんながんばってくれ!
課長
部下
とりあえず目先の仕事をやるか…
この仕事の目的はこうだ。目標は…
課長
部下
なるほど! ゴールがイメージできたぞ!
部下との間で目的や目標を共有できていれば、
体制づくりや役割分担においても合意形成をとりやすい
これは自分たちの仕事だ! 全員で目標を達成するぞ!
課長
部下
部下
部下

4-02

チームを動かす仕組みをつくろう

マネジメントに注力できる環境を整備する

▼状況によって環境を変える

ミドルマネジャーがチームを円滑に運営できるかどうかは、いかにチーム内で役割分担できるかにかかっています。究極的には、マネジャーはプレーを一切せずに、マネジメントに専念するに越したことはありません。しかし、昨今のミドルマネジャーを取り巻く状況を見ると、それも難しいでしょう。ただ、**できるだけプレーを減らすという考え方はいつも意識しておくべきで、自分のほうがうまくできる仕事であっても、部下に任せるという思い切りは必要です。**できればサブリーダーのようなポジションを設けるなどして自分の負担を減らし、本業のマネジメントに時間を割けるようにしましょう。

そのうえで、部下の役割分担を決めます。チームができた当初や、緊急・重要な案件の場合は、部下のスキルや経験、志向性などを見て、最適な役割を与えます。ただし、その業務が向いているからといって同じような役割ばかり与えていては、成長することができません。あえて苦手な仕事も振ってみるなど、状況に応じて役割を変えることが大切です。

状況によって役割分担を考える

まず自分がマネジメントの仕事を十分できる体制をつくる

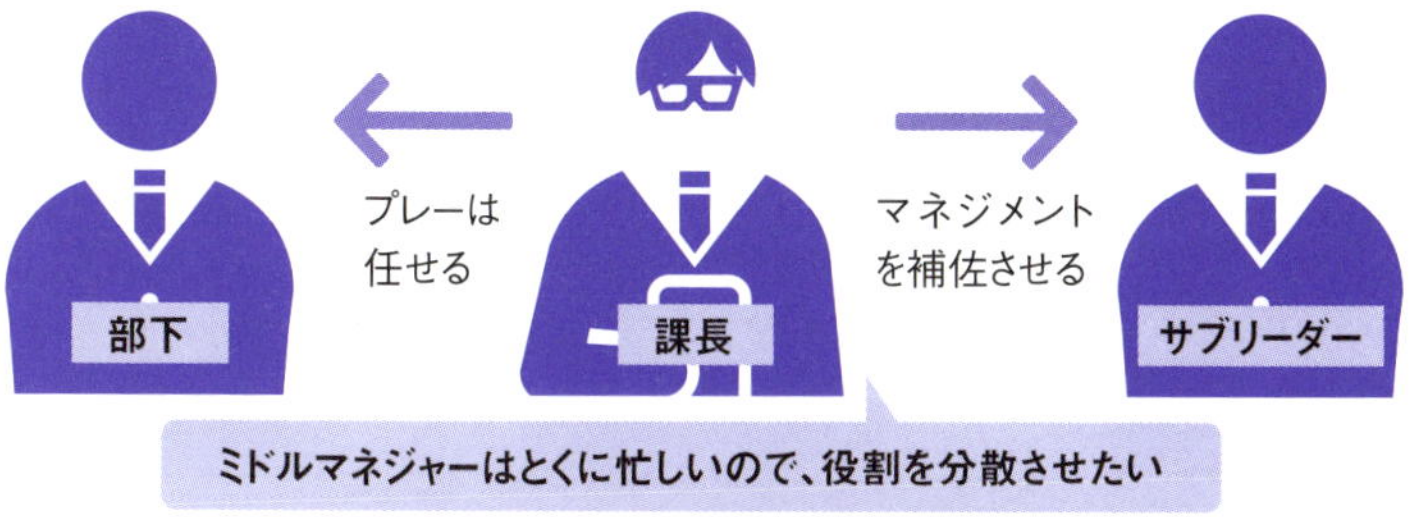
部下
プレーは
任せる
課長
マネジメント
を補佐させる
サブリーダー
ミドルマネジャーはとくに忙しいので、役割を分散させたい

部下の役割分担を考える

チームができた当初/緊急・重要案件

部下のスキル、経験、志向性を見て、最適な役割を割り振る

課長
得意な
仕事
部下
任せてください!
仕事の能率や
正確性を重視する

余裕があるとき/部下を成長させたいとき

さまざまな経験をさせるため、あえて苦手な役割も振ってみる

課長
苦手な
仕事
あまりやりたくないなぁ…
この経験が
あとで生きてくる!

4-03

集団で意思決定するときの注意点

危険な同調行動に気を配る

▼同調行動は集団のメリットを損なう

本章の最初に、部下との間で合意形成をとることが大切……と書きましたが、集団での意思決定は、ゆがみが生じることが多々あります。たとえば、会議でマネジャーの意見に周囲が引っ張られたり、多数派の意見にみんなが飲み込まれたりすることは起こりがちです。

ある心理学の実験では、誰もが間違わないような簡単な問題でも、わざと間違った答えをいうサクラを混ぜておくと、サクラの答えに引っ張られて正答率が下がってしまうことがわかっています。これを同調行動といいますが、その心理プロセスは3つに分類できます。まず、他人からバカにされないために、多数の意見に合わせる「屈従」。他人と同じ意見を持っていたいと思う「同一化」。そして、同調を続けているうちに、価値観が一致してしまう「内面化」です。内面化の段階までいってしまうと、これはもう洗脳といってもいいかもしれません。**表面上は仕事が進みやすいようなイメージもありますが、集団であることのメリットはこの時点で大部分が失われています。**

同調行動のプロセス

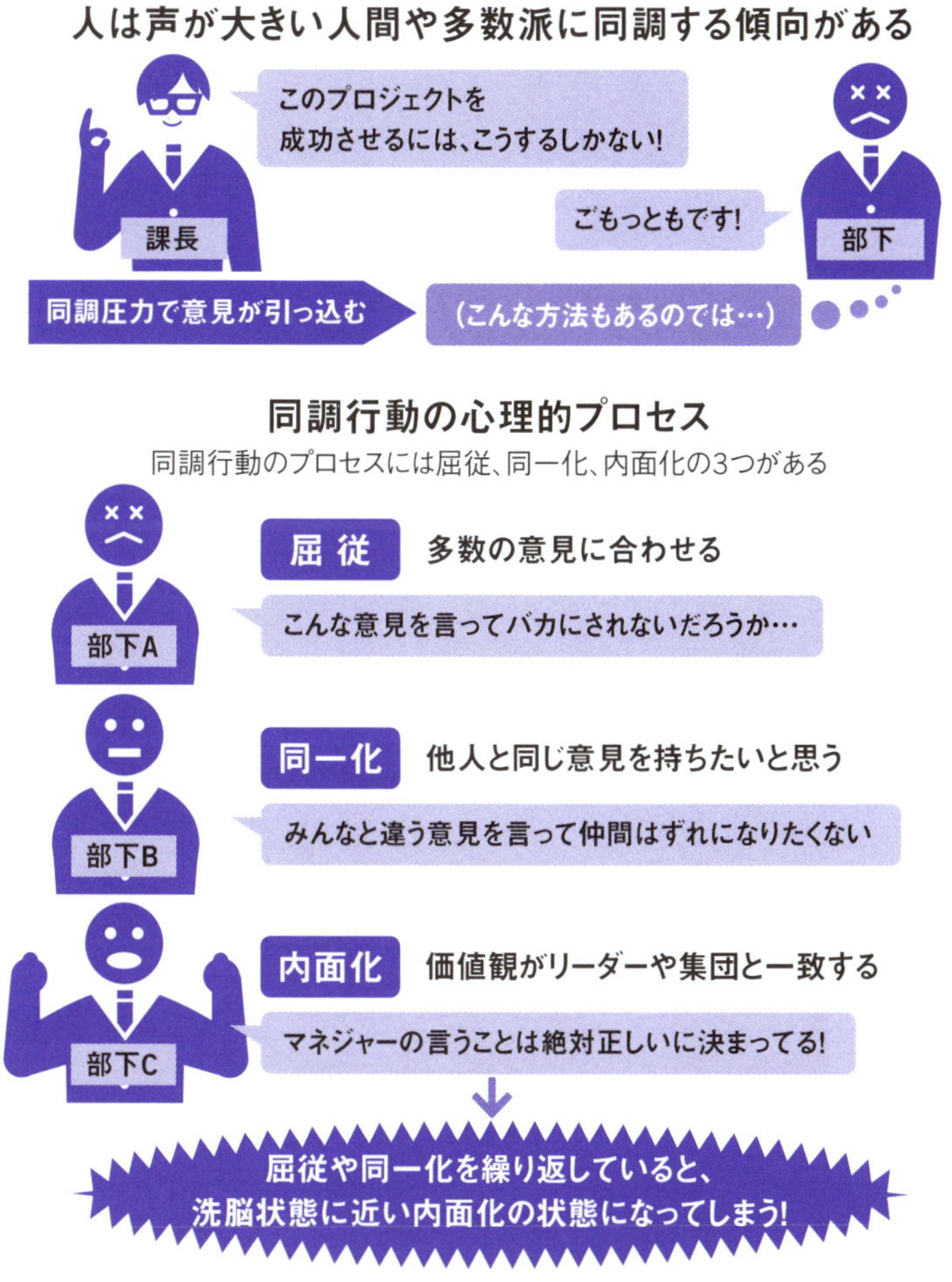
人は声が大きい人間や多数派に同調する傾向がある
このプロジェクトを
成功させるには、こうするしかない!
課長
ごもっともです!
部下
同調圧力で意見が引っ込む
(こんな方法もあるのでは…)
同調行動の心理的プロセス
同調行動のプロセスには屈従、同一化、内面化の3つがある
屈従
多数の意見に合わせる
こんな意見を言ってバカにされないだろうか…
部下A
同一化
他人と同じ意見を持ちたいと思う
みんなと違う意見を言って仲間はずれになりたくない
部下B
内面化
価値観がリーダーや集団と一致する
マネジャーの言うことは絶対正しいに決まってる!
部下C
屈従や同一化を繰り返していると、
洗脳状態に近い内面化の状態になってしまう!

▼意見が著しく偏る集団極性化

会議での同調圧力はなかなか強力なものがあり、ときには**少数の意見や多数の賛成によって、議論が極端な方向に偏ってしまう**こともあります。これを「集団極性化（リスキーシフト）」といいますが、たとえばプロジェクトを開始するか、中止するかといった意思決定をするときに、よりハイリスク・ハイリターンの方向に結論が向かってしまう……ということはありがちです。最初は慎重に、開始するか、やめておくかを議論していたのに、いったん開始する方向に議論が傾きはじめると、「どうせなら、もっと予算をかけたらどうだ」「いっそのこと、これもプロジェクトに組み込もう」と話が大きくなってしまうのです。

とはいえ、グループでの意思決定には、多くの情報や知識を共有でき、多様な考え方をもとに進むべき道を決められるというメリットもあります。またみんなで決めたということで、意思決定の内容を受け入れる心理的ハードルも低くなるため、マネジャーとして活用するシーンは多いでしょう。

グループで意思決定をするときは、リスクがあることを考慮して、自分の意見にメンバーが引っ張られすぎていないか、同調行動が起きていないか、冷静な目でチェックしなくてはいけません。ときにはマネジャー自らが、「集団での意思決定には同調行動や集団極性化というリスクがある」「みんなの意見に流されていないだろうか」といったことを参加者に語りかけることも大事です。

グループで意思決定するときの注意点

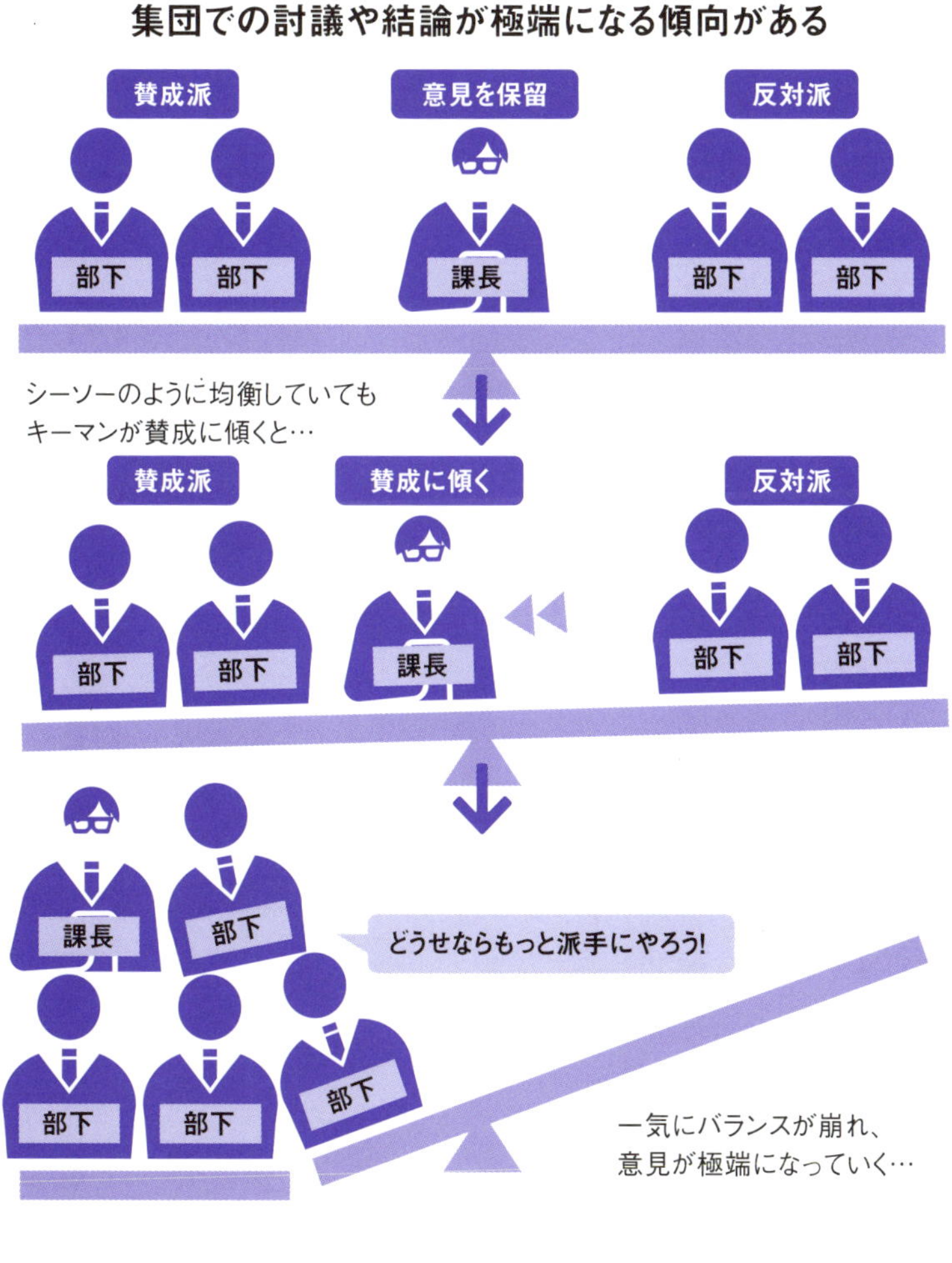
集団での討議や結論が極端になる傾向がある
賛成派
意見を保留
反対派
部下
部下
課長
部下
部下
シーソーのように均衡していても
キーマンが賛成に傾くと…
賛成派
賛成に傾く
反対派
部下
部下
課長
部下
部下
課長
部下
どうせならもっと派手にやろう!
部下
部下
部下
一気にバランスが崩れ、
意見が極端になっていく…

4-04

ゆがんだ意思決定を避けるには？

ブレインストーミングと名目グループ法

▼同調圧力をいかに封じるかがポイント

グループの意思決定において、同調行動やリスキーシフトを避ける方法がいくつかあります。ひとつはブレインストーミングで、やったことがある人も多いと思いますが、ルールを整理しておきましょう。まず、とにかくアイデアをたくさん出すこと。そして無難なアイデアより、ユニークなアイデアを歓迎する雰囲気をつくります。またアイデアについて批判的なコメントは厳禁とします。これで集団からの圧力を防ぎつつ、多様性を確保できます。

もうひとつは名目グループ法です。これは話し合いをはじめる前に、参加者があらかじめ自分の意見を紙に書いておくというものです。そして、順番にアイデアを発表するときも、誰も意見は言わないようにします。全員が発表を終えたころには、それぞれがどんな意見を抱いていて、どんな考え方が多数派かがわかります。全員が発表をしたあとで、メンバーの意見をランク付けするような簡単な議論をおこないます。**ブレインストーミングはアイデアを募るときに有効で、名目グループ法は意思決定をおこなうときに効果を発揮します。**

ブレインストーミングと名目グループ法の手順

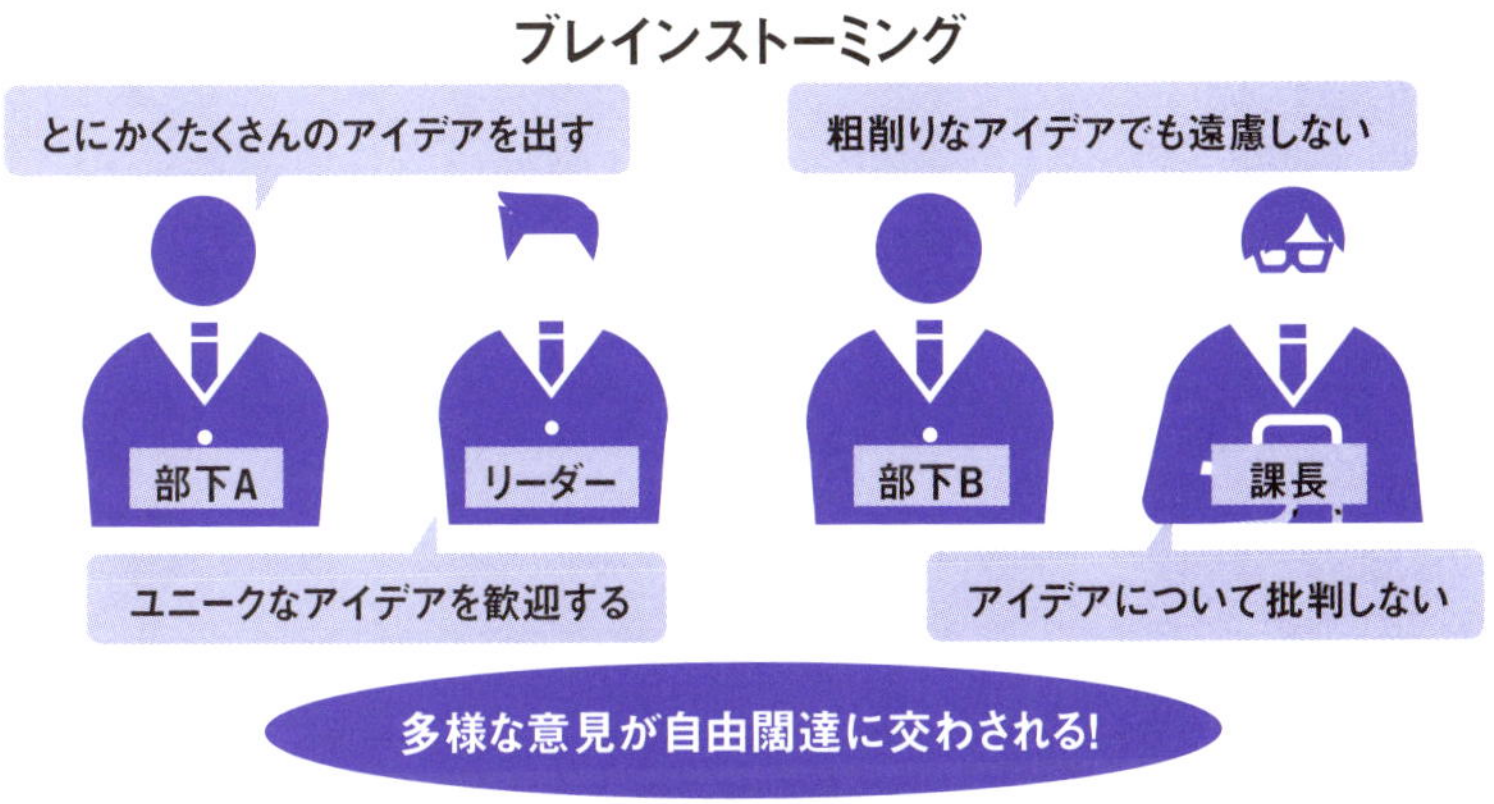
ブレインストーミング
とにかくたくさんのアイデアを出す
粗削りなアイデアでも遠慮しない
部下A
リーダー
部下B
課長
ユニークなアイデアを歓迎する
アイデアについて批判しない
多様な意見が自由闊達に交わされる!

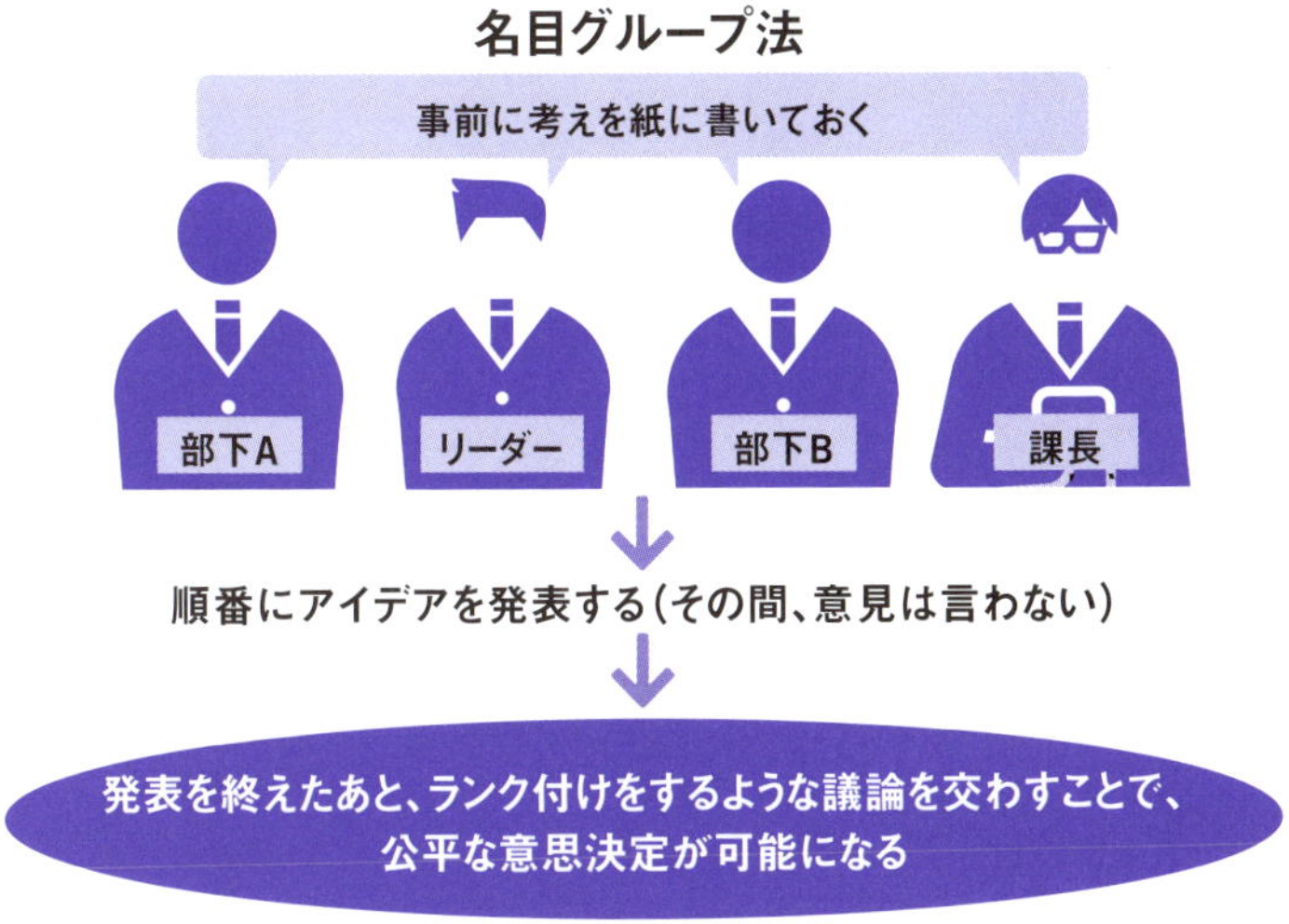
名目グループ法
事前に考えを紙に書いておく
部下A
リーダー
部下B
課長
順番にアイデアを発表する(その間、意見は言わない)
発表を終えたあと、ランク付けをするような議論を交わすことで、
公平な意思決定が可能になる

4-05

メンバーの安心ニーズを満たそう

同一視ニーズ・理想化ニーズ・鏡ニーズ

▼安心感のあるリーダーとは？

理想のマネジャー像のひとつとして、「安心感のあるリーダー」はよく挙げられます。精神科医の和田秀樹氏が『ハーバードビジネスレビュー』に寄稿した論文「チームの心理学」では、部下がリーダーに抱くニーズとして「私を安心させてください」という安心感が挙げられています。この安心ニーズは、次の3つに分類されています。

①同一視ニーズ……「私はリーダーと同じだ」という共感性によるニーズ
②理想化ニーズ……「あの人のようになりたい」というロールモデル的なニーズ
③鏡ニーズ……「自分を見てくれている」という安心感によるニーズ

たとえば同一視ニーズを満たしたい場合は**リーダーが部下と同じ方向を向いて仕事をしている**ことを示す、理想化ニーズの場合は**専門的な知識や技術、あるいは卓越したリーダーシップなど、部下に尊敬されるような面を見せる**といった具合です。鏡ニーズは、**日ごろから部下の働きをしっかり観察して、適時褒める**といった地道な行動が大事です。

部下はマネジャーに3つの安心ニーズを求めている

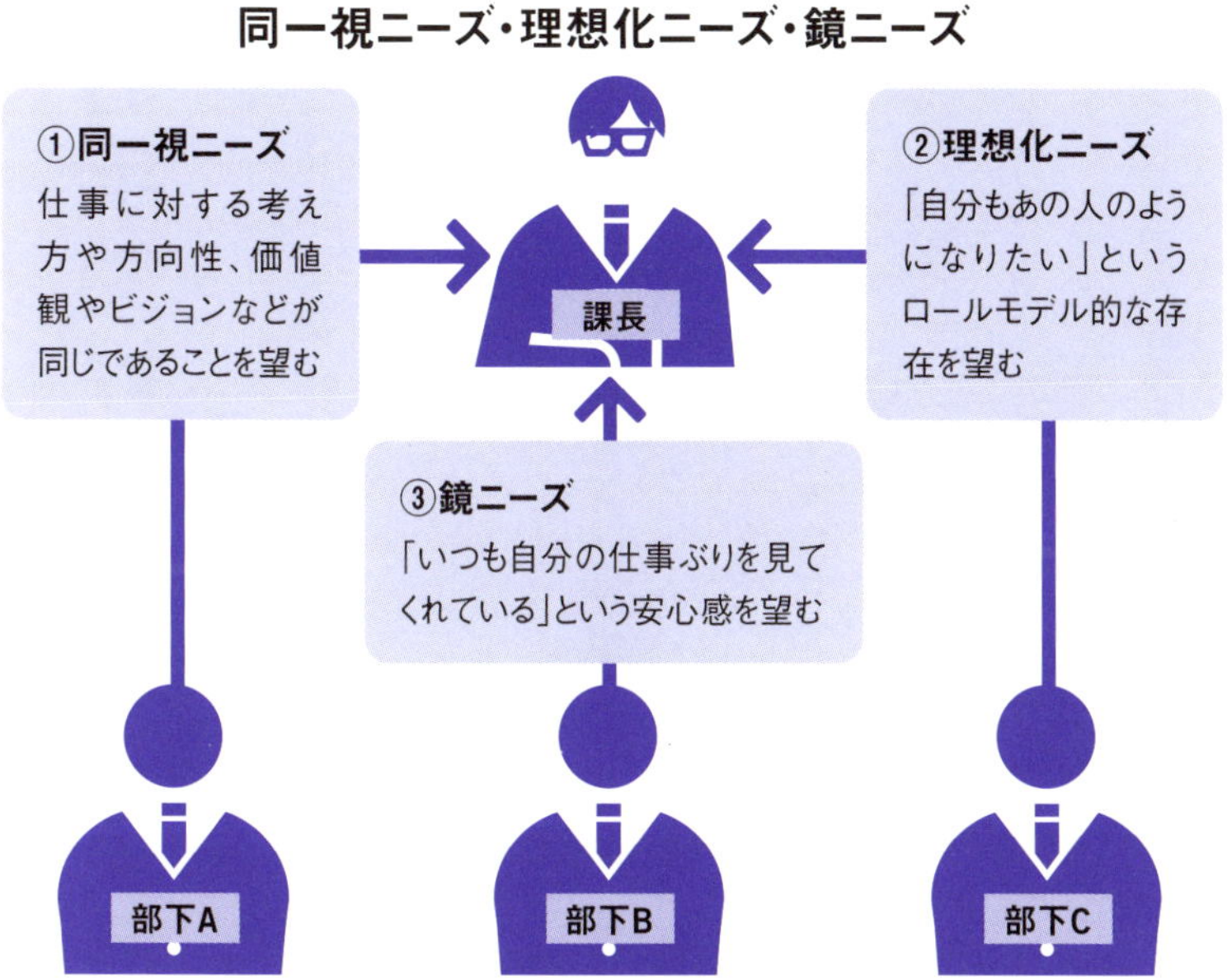
同一視ニーズ・理想化ニーズ・鏡ニーズ
①同一視ニーズ
仕事に対する考え方や方向性、価値観やビジョンなどが同じであることを望む
②理想化ニーズ
「自分もあの人のようになりたい」というロールモデル的な存在を望む
課長
③鏡ニーズ
「いつも自分の仕事ぶりを見てくれている」という安心感を望む
部下A
部下B
部下C

3つすべてのニーズを満たす必要はない

自分はどんなニーズを満たせるか考えてみる

・同一視ニーズ……ビジョンや方向性を示すことができる
・理想化ニーズ……誇れるような知識や技術を持っている
・鏡ニーズ……日ごろから地道に部下を観察し、適時褒める

自分にできることで部下の安心感を醸成する

4-06

部下の手助けに専念しよう

順調なときはサーバントリーダーに徹する

▼部下に奉仕する気持ちが大切

あなたが描いたチームの戦略をメンバーがしっかり理解していて、また意欲も能力も高いメンバーが多い。こんな恵まれた状況はあまりないものですが、それでも**歯車がきちんと回っているときは、マネジャーがあれこれ口を出さなくても、業務は円滑に進む**ものです。しかし、どんなときでも口を出したくなるマネジャーは少なくありません。

メンバーに意欲や能力が備わっているときは、リーダーは邪魔をせず、メンバーの業務がうまくいくように最大限の手助けをする。こんな考え方を、サーバントリーダーシップといいます。サーバントという言葉を訳すと、使用人とか召使いといった意味になりますが、ここでは「奉仕者」と捉えてください。メンバーが仕事をしやすいように、自分は陰にいて環境を整えたり、障害を排除したりして支援する。決して支配者のように振る舞わず、チーム全体の成功を願って奉仕する。こんなマネジャーがいるチームは、成果が高まるだけではなく、メンバーの成長スピードも加速していきます。

サーバントリーダーになるには?

奉仕者になれないマネジャーは多い

●部下に能力も意欲もあるのに、あれこれと口を出す

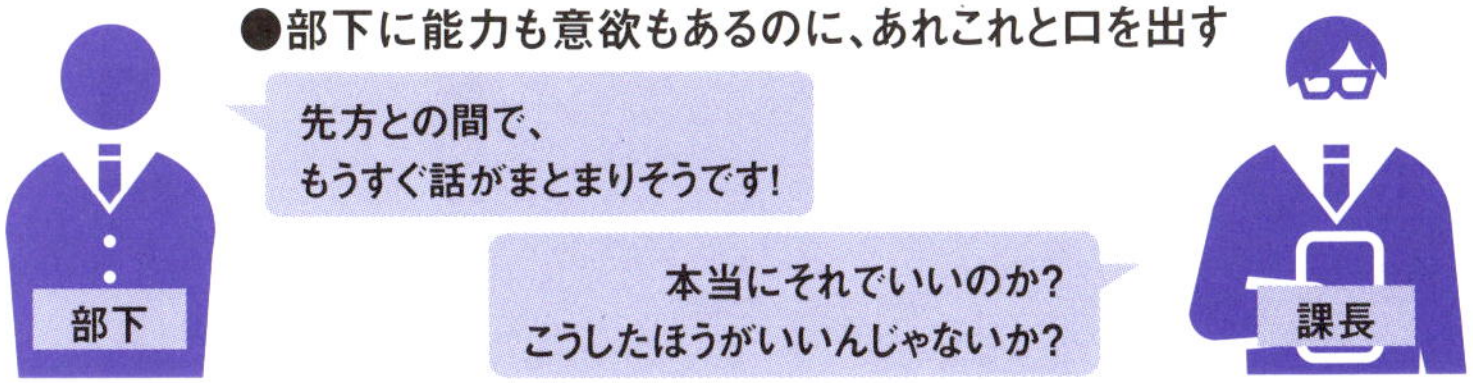
先方との間で、
もうすぐ話がまとまりそうです!
本当にそれでいいのか?
こうしたほうがいいんじゃないか?
部下
課長

●部下が新しく取り組んでいることに自分のやり方を押し付ける

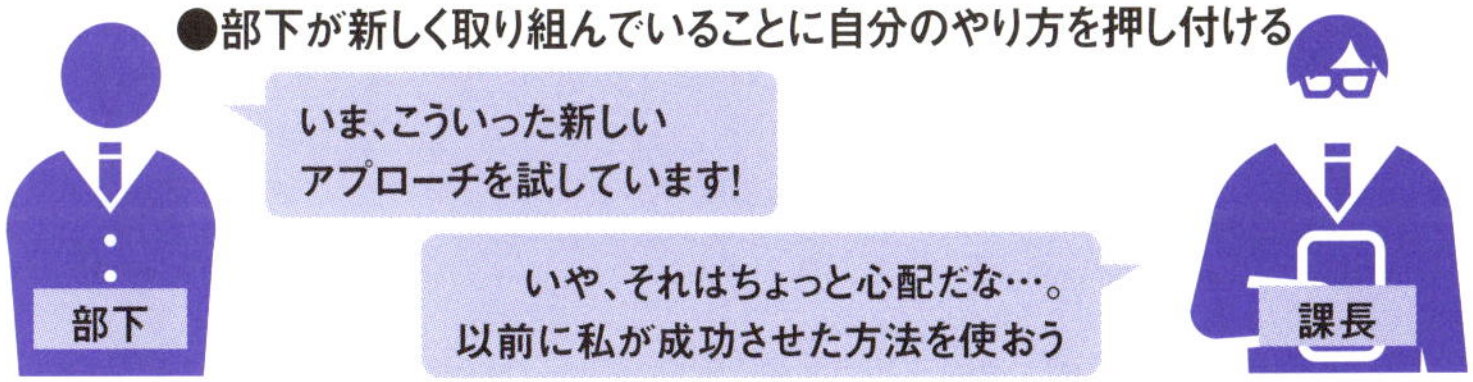
いま、こういった新しい
アプローチを試しています!
いや、それはちょっと心配だな…。
以前に私が成功させた方法を使おう
部下
課長

●自分もプレイヤーでいなければ気がすまない

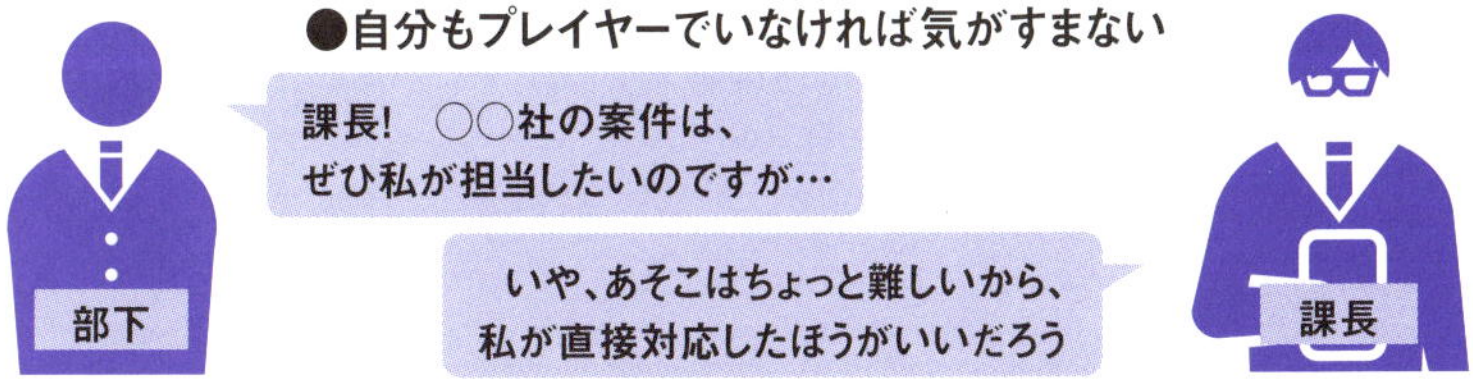
課長!　○○社の案件は、
ぜひ私が担当したいのですが…
いや、あそこはちょっと難しいから、
私が直接対応したほうがいいだろう
部下
課長

陰の奉仕者となるのがサーバントリーダーシップ

環境を
整える
障害物を
取り除く
部下
課長
部下

4-07

フォロワーの特性をつかもう

コミットメントとクリティカルシンキングによる5分類

▼批判もする模範型こそ重用したい

権限委譲が積極的におこなわれる組織では、部下がマネジャーに対し進言したり、批判したりすることもあるでしょう。これを生意気だといって切って捨ててはいけません。

カーネギーメロン大学のケリーによると、フォロワーは「コミットメント」と「クリティカルシンキング（批判的な考え方）」の度合いによって、左ページのような5つのタイプに分けられます。傍観するだけの消極型や、バランスがとれている官僚型など、さまざまなタイプがありますが、**組織においてもっともよい影響を及ぼすのが模範型です。**模範型は批判的な考え方もしますが、コミットメントも高く、マネジャーに対してさまざまな進言をしてくるのがこのタイプです。批判的な考え方というと、よくないイメージもありますが、マネジャーが示した方向性を「ちょっと待てよ」と冷静な目で考えられることは大切で、盲従型のようにマネジャーのいうことを何でも受け入れるのにも問題があります。模範型のフォロワーが台頭しやすい環境をつくるのもマネジャーの仕事です。

ケリーによるフォロワーシップの分類

フォロワーシップは5種類に分類できる

フォロワーにも、リーダーと同じようにさまざまなタイプが存在する

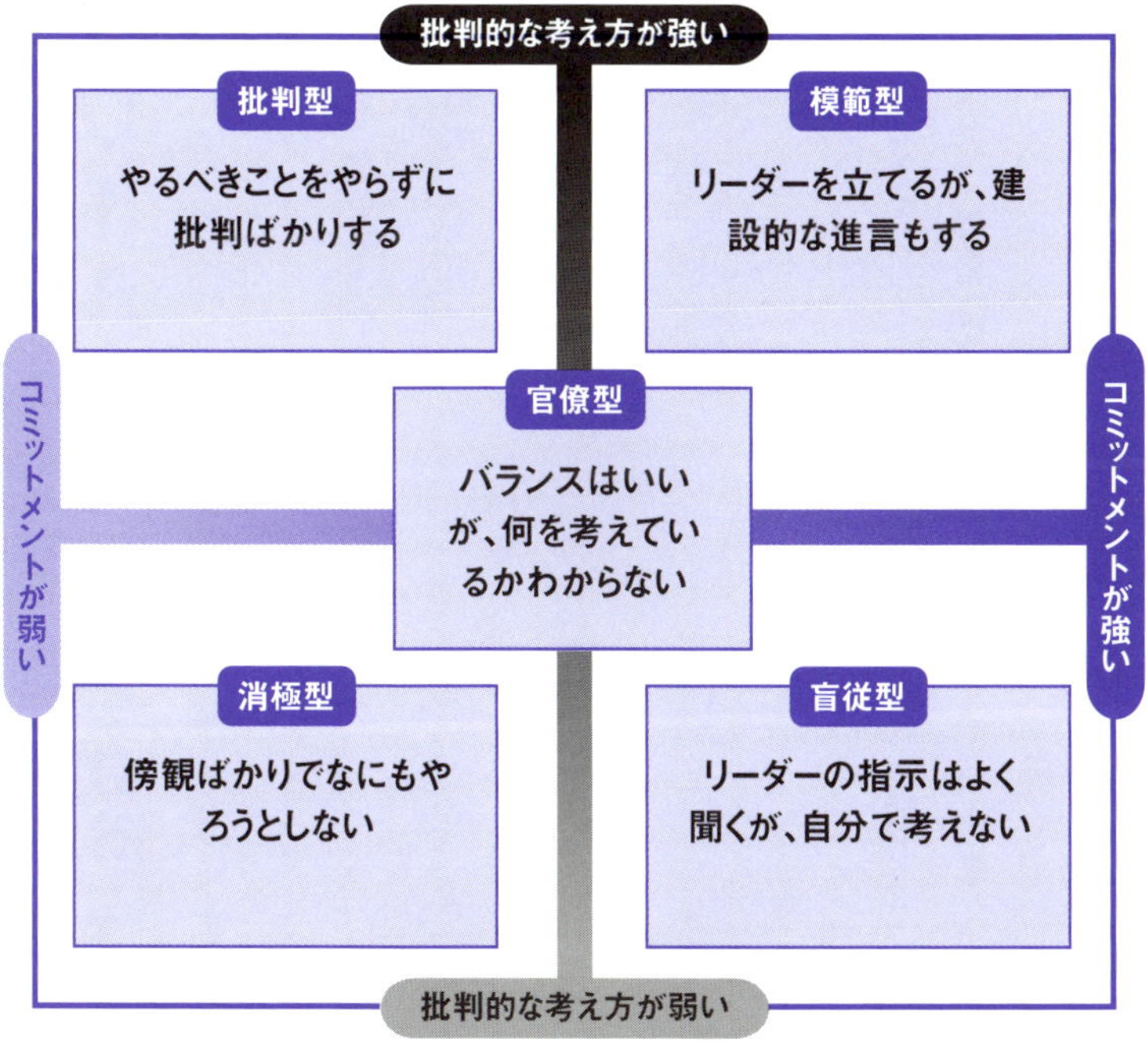

批判的な考え方が強い
批判型
やるべきことをやらずに批判ばかりする
模範型
リーダーを立てるが、建設的な進言もする
コミットメントが弱い
官僚型
バランスはいいが、何を考えているかわからない
コミットメントが強い
消極型
傍観ばかりでなにもやろうとしない
盲従型
リーダーの指示はよく聞くが、自分で考えない
批判的な考え方が弱い

盲従型や官僚型のようなタイプを「扱いやすい」と思うマネジャーも少なくないが、マネジャーにとって真の力になるのは模範型のフォロワーであることが多い

4-08

無責任ウイルスの蔓延を防ごう

マネジャーの「がんばりすぎ」もよくない

▼いったん任せたのなら部下を信じる

マネジャーに任命されたときには、「よし、自分がやってやる！」とやる気に燃えた人が多いのではないでしょうか。ただ、上司から「任せたぞ！」などと言われると、「自分にすべての責任がある！」「自分が全部仕切らなくてはいけない！」と過剰に責任感を背負いがちです。その結果、部下に任せるべきことも自分でやってしまい、部下は指示されたことをただこなすだけの存在になってしまいます。

部下にいったん任せた仕事なのに、自分に責任があると思うあまり、頻繁に状況報告をさせるなど介入しすぎると、部下に「信頼されていないのか」という気持ちを起こさせることになりかねません。また、**マネジャーが責任を被りすぎると、部下は「自分には責任がない」と思ってしまい、組織全体に無責任ウイルスが増殖していきます。**マネジャーが部下を信じ、「自分はこの範囲の仕事をするから、君はここまでは責任を持ってやってくれ」といった具合に責任を分担すれば、部下からコミットを引き出すことができます。

部下にも責任感を意識させる

事細かに指示
言われたことをやっておこう
課長

マネジャーが責任を背負って事細かに部下に指示を出すと部下の責任感が薄れてしまう

仕事の範囲と責任を明確にしたら、あとは任せる!

はい!
君と君には、ここを任せる!
やるぞ!
課長
課長
課長

責任量一定の法則

一方の責任が重くなると、もう一方は軽くなる

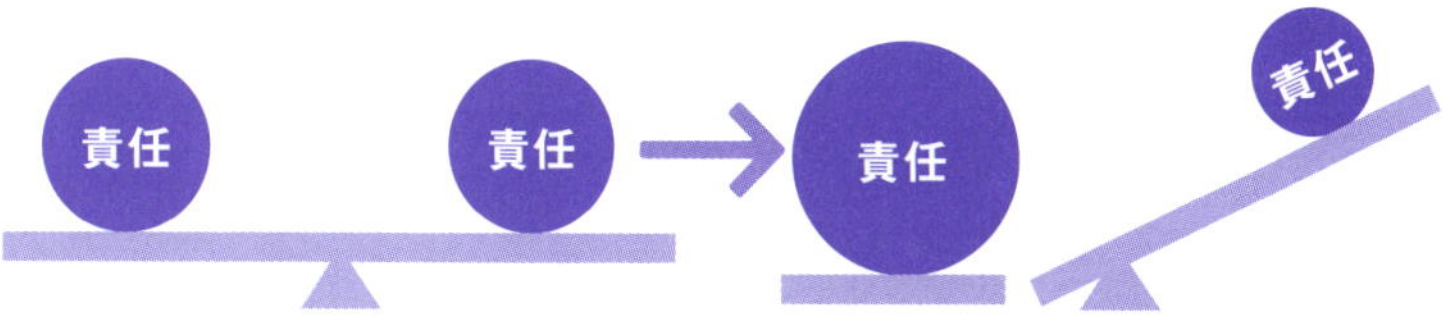
責任
責任
責任
責任

「責任」をマネジメントするのもマネジャーの仕事!

4-09

ナレッジマネジメントのコツ

形式知と暗黙知を相互に高めるSECIモデル

▼共同化・表出化・連結化・内面化で新たな知識を創出していく

仕事で得た知識を共有し、生産性を向上させたり、新製品の開発に役立てたりすることをナレッジマネジメントといいます。ここでいう知識は、形式知と暗黙知の2つに大別することができます。形式知は、生産機器の操作など、マニュアル化できるような知識のことを指します。一方の暗黙知は、仕事での体験を通して得られる感覚的なノウハウのように、言葉で表現しにくい知識のことを指します。

ナレッジマネジメントでは、暗黙知や形式知を集約し、相互に作用させることで新たな知識を創造できます。経営学者の野中郁次郎はこの一連のプロセスをSECIモデルに表しました。詳細は左ページにまとめましたが、個人が持つ暗黙知を組織内で共有する「共同化」や、暗黙知を形式知として表現する「表出化」などを繰り返すことで、新たな知識が積み重なっていくのです。これを実現するには、部下が新たな知識を得るような体験をさせたり、それを相互に提供しやすい環境をつくったりと、マネジャーの働きかけも欠かせません。

ナレッジマネジメントにおける SECIモデルでの知識創造イメージ

暗黙知や形式知が集約され、相互に作用していく

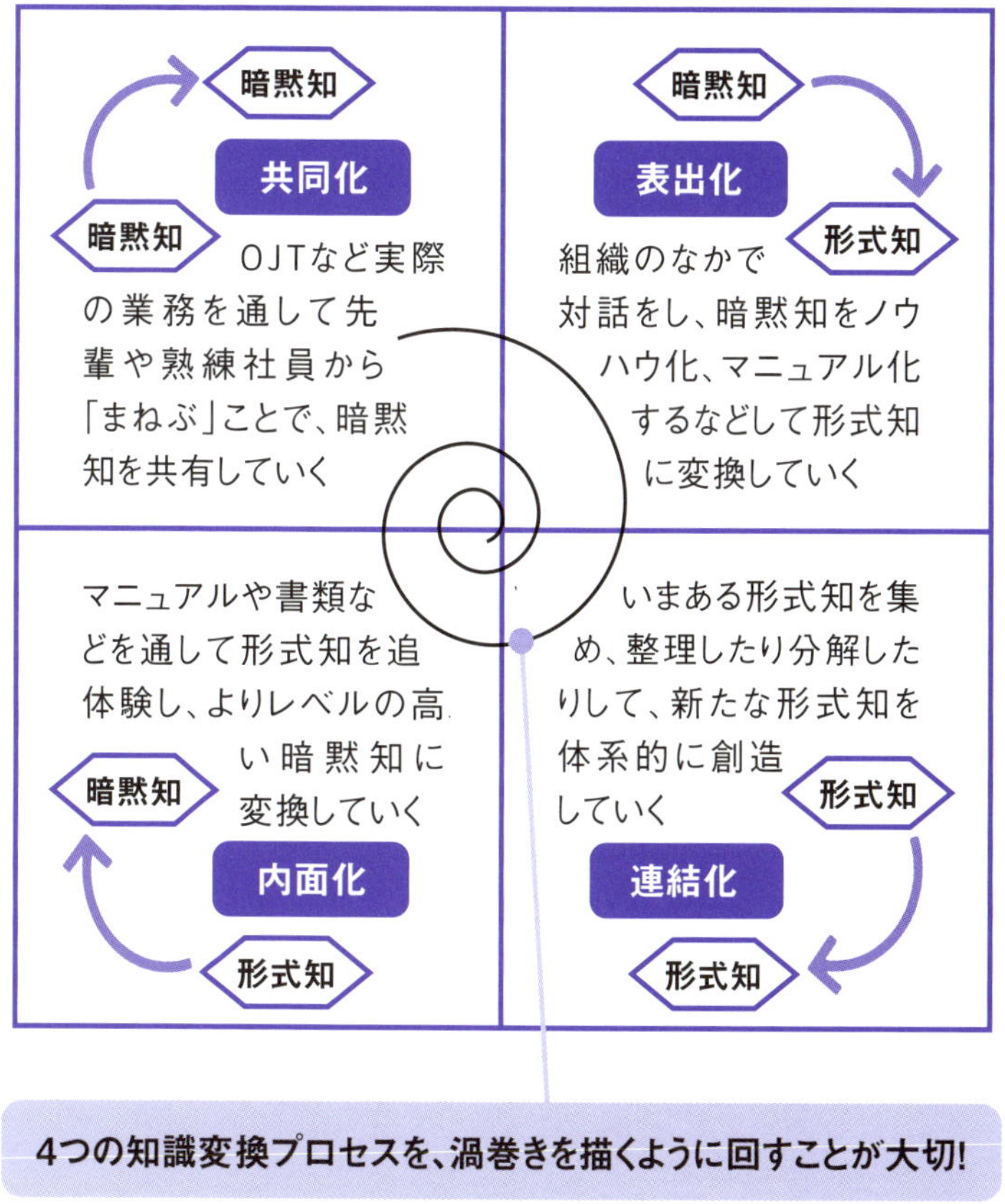

共同化
暗黙知
暗黙知
OJTなど実際の業務を通して先輩や熟練社員から「まねぶ」ことで、暗黙知を共有していく
表出化
暗黙知
形式知
組織のなかで対話をし、暗黙知をノウハウ化、マニュアル化するなどして形式知に変換していく
内面化
マニュアルや書類などを通して形式知を追体験し、よりレベルの高い暗黙知に変換していく
暗黙知
形式知
連結化
いまある形式知を集め、整理したり分解したりして、新たな形式知を体系的に創造していく
形式知
形式知
4つの知識変換プロセスを、渦巻きを描くように回すことが大切!

4-10

意味のある「報・連・相」を徹底しよう

マネジャーはMBWAを心がける

▼報・連・相が形骸化した職場も多い

意外と「報・連・相」が形骸化している職場は少なくありません。たとえば、毎日同じ時間に部下に報告や連絡をさせる……というルーティン化したような報・連・相では、本当に必要な情報や連絡はあがってきません。なにか現場で問題が生じていても、悪い情報を率先して話す部下はあまりいないからです。問題が表面化してようやく相談にきても、それは相談の体をなしていません。また、悪い情報を歪曲するようなことも起こりがちです。報・連・相は、報告させる、連絡をとらせる、相談させる、ではなく、部下たちが自発的に報告・連絡・相談したくなるような組織関係をつくることではないでしょうか。

さらに、**マネジャーは部下がデスクにくるのを待つのではなく、現場をうろつき回らなくてはいけません。**歩き回って情報を集めるマネジメントを「マネジメント・バイ・ウォーキング・アラウンド（ＭＢＷＡ）」といいますが、マネジャー自ら報・連・相を吸い上げる姿勢が大切です。マネジャーが動き回ってこそ、部下も報・連・相をする気持ちになれるのです。

報・連・相は部下にさせるのではなく マネジャー自身が吸い上げる

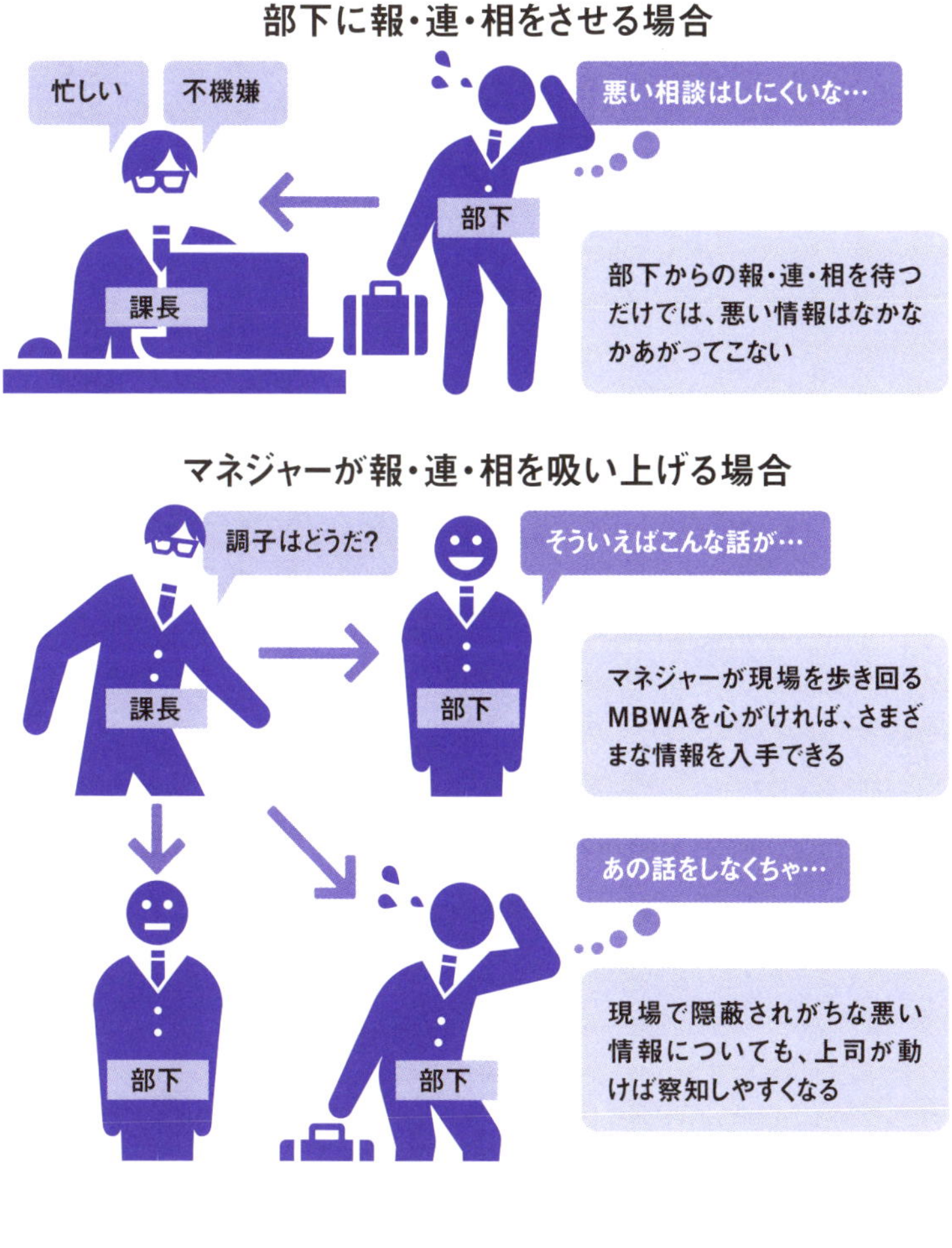
部下に報・連・相をさせる場合
忙しい
不機嫌
悪い相談はしにくいな…
課長
部下
部下からの報・連・相を待つだけでは、悪い情報はなかなかあがってこない
マネジャーが報・連・相を吸い上げる場合
調子はどうだ?
そういえばこんな話が…
課長
部下
マネジャーが現場を歩き回るMBWAを心がければ、さまざまな情報を入手できる
あの話をしなくちゃ…
部下
部下
現場で隠蔽されがちな悪い情報についても、上司が動けば察知しやすくなる

4-11

残業時間を削減しよう

マネジャーによる働きかけが大事

▼無駄な作業が多いとクリエイティブな作業が割を食う

会社は残業を減らせとうるさいけれど、残業を前提としないと仕事が回らない。そんな悩みを持つマネジャーは多いと思いますが、残業を前提とすることでかえってエンジンのかかりが遅くなり、結局残業時間が延びてしまう……という悪循環になりがちです。

また、残業の原因となる無駄な作業をマネジャーが放置しているのも問題です。たとえば上司にレポートを提出する際も、過剰なほど詳しい資料を用意するのをヨシとする職場は少なくありません。その結果、あまり意味のないリサーチやインタビューに時間をとられ、クリエイティブな作業が後回しになってしまうのです。

具体的な対策は後のページで紹介しますが、まずは、社内に**「残業してがんばるのが美徳」ではなく、「早く帰る人が格好いい」という文化をつくる**ことが大切です。部署レベルでも、肝心のマネジャーがいつまでも残業していては、部下は帰るに帰れないでしょう。まずはマネジャーから率先して、定時勤務に取り組まなければなりません。

残業の弊害と残業削減のポイント

残業が日常化してしまうと、仕事の効率が著しく落ちる

長時間勤務

どうせ残業だから、朝から飛ばしたらもたないぞ…

昼くらいからようやくエンジンがかかるなど、残業前提の仕事ぶりになってしまう

残業をしないことを前提にすると…

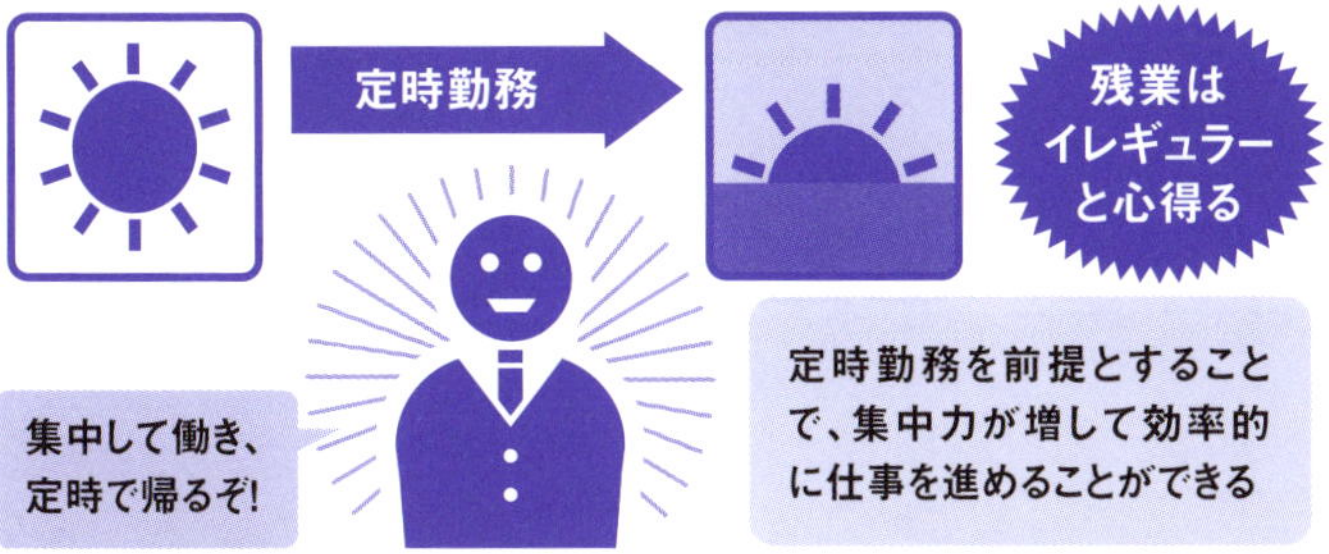
定時勤務
残業は
イレギュラー
と心得る

集中して働き、定時で帰るぞ!

定時勤務を前提とすることで、集中力が増して効率的に仕事を進めることができる

マネジャーの働きかけで、残業に対する意識も変わる

「残業してがんばるのは偉い」から「早く帰るのが格好いい」に意識改革する

▼時間の無駄をなくすマネジメント

では、具体的に残業を減らすには、どのような施策が有効なのでしょうか。これは、残業が多いといわれるＩＴベンダーであるにもかかわらず、月平均の残業時間を20時間程度にまで短縮したＳＣＳＫの取り組みが参考になります。たとえば同社では、10人の部下から基本提案を募り、１つの提案にまとめるような際、最初に上司が打ち合わせに参加し、基本的な部分をすり合わせます。これにより、いざ基本提案があがってきたときに、方向性のズレなどによるやり直しがなくなります。このほか、同社では次のような施策を実行しています。

・日次、週次で業務の優先順位の設定や無駄の見極めを実行
・17時以降の会議の禁止、会議時間の上限設定など会議の効率化を実行
・毎週水曜日のノー残業デーに加え、ノー残業デーの拡大も推奨
・定時退社促進のため、上司による声かけやオフィス巡回を実行
・電話１分以内、議事録１枚以内、会議１時間以内の１Ｂｅｓｔ運動を実行

なかにはミドルマネジャーの権限では実行が難しいものもありますが、「日次、週次で業務の優先順位や無駄の見極めをおこなう」「定時退社促進のための声かけ」などは、課長クラスでも十分に推進できるのではないでしょうか。忙しそうな部下がいたら、仕事の割り振りを再検討してメンバーの仕事を平準化するようなこともできます。**残業を減らせと言うだけではなく、時間の無駄をなくすようにマネジメントすることが大切なのです。**

マネジャーが残業を減らす

残業削減のためにミドルマネジャーができることは多い

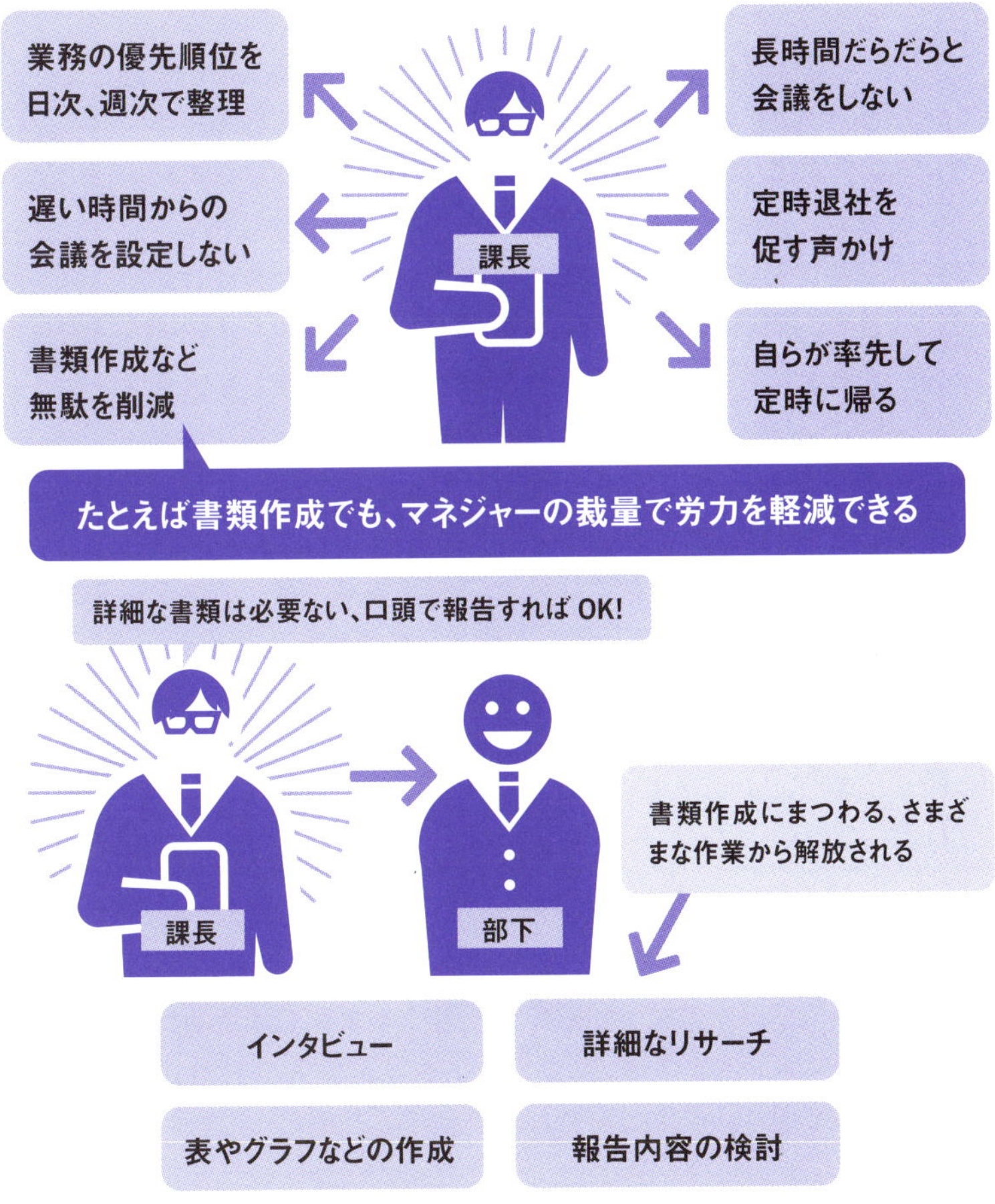
業務の優先順位を
日次、週次で整理
遅い時間からの
会議を設定しない
書類作成など
無駄を削減
課長
長時間だらだらと
会議をしない
定時退社を
促す声かけ
自らが率先して
定時に帰る
たとえば書類作成でも、マネジャーの裁量で労力を軽減できる
詳細な書類は必要ない、口頭で報告すればOK!
課長
部下
書類作成にまつわる、さまざまな作業から解放される
インタビュー
詳細なリサーチ
表やグラフなどの作成
報告内容の検討

コラム

コンセプトリーダーとフォロイングリーダー

「裸の男とリーダーシップ」という動画をご存知でしょうか。この動画は、アメリカの野外フェスティバルで、上半身裸の男が熱心に踊るところからはじまります。奇妙な踊りを聴衆が遠巻きに見るなか、緑のＴシャツを着た男が登場し、裸の男と同じ踊りをはじめます。やがて緑のＴシャツの男が、別の男性を手招きすると、その男性が踊りに加わり、自分の好きなように踊りはじめます。だんだん踊りの輪に加わる人が増え、ついには百人規模にまでふくれあがったのです。

この動画は、緑のＴシャツの男や、そのあとに別の踊りをはじめた男によって、裸の男が「ただの変な人」からリーダーに変わったことを示唆しています。しかもフォロワーによって、裸ではなくてもいいことや、違う踊りをしてもいいことが聴衆に伝わり、さらにフォロワーが増えたのです。「リーダーはフォロワーによって、リーダーとなる」との言葉が印象的です。この場合、裸の男は踊るというコンセプトを提示したという意味で「コンセプトリーダー」ではありますが、緑のＴシャツの男も組織化したという意味では立派なリーダーと言えます。コンセプトをフォローした「フォロイングリーダー」とでも呼びましょう。

第5章

リスクマネジメントをしよう

5-01

危機管理の基本を押さえよう

リスクアセスメントとダメージコントロール

▼事前に対策を立てておくことが重要

危機管理は「リスクマネジメント」と一口に表現されることが少なくありませんが、「リスクアセスメント」と「ダメージコントロール」に分けて考える必要があります。前者は危機の火種を明らかにしたり、事前に危機を防いだりすることを指します。後者は、リスクの発生後、被害を最小限に留める対処行動を指します。日本の企業の危機管理は、事後的な危機管理がまだまだ多い印象です。悪いことを考えたくない、起こるかどうかわからない危機を心配するのは合理的ではない、そんなふうに思う人が多いようですが、どのようなビジネスにでも潜在的なリスクは必ずあります。**危機管理は、危機の火種に気を配り、危機を予測して回避することが大事です。**

リスクには「予測できるリスク」と「予測しにくいリスク」がありますが、予測できるリスクでも、リスクアセスメントをおろそかにすると、大きな危機に発展します。また、仮に危機に発展しても、それを予測していると、ダメージコントロールがしやすくなります。

リスクマネジメントの概要と流れ

リスクマネジメントは、事前と事後に分類できる

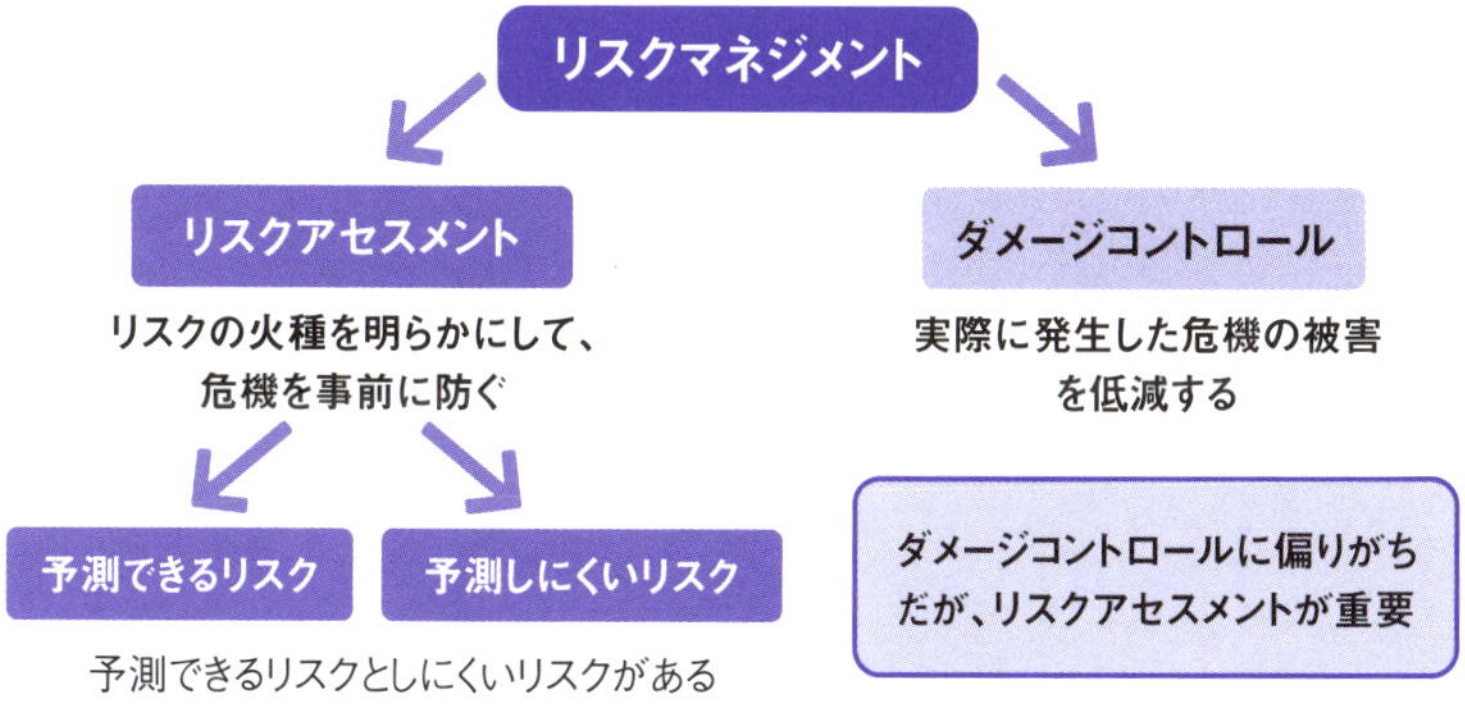
リスクマネジメント
リスクアセスメント
リスクの火種を明らかにして、
危機を事前に防ぐ
予測できるリスク
予測しにくいリスク
予測できるリスクとしにくいリスクがある
ダメージコントロール
実際に発生した危機の被害
を低減する
ダメージコントロールに偏りがち
だが、リスクアセスメントが重要

リスクマネジメントの流れ

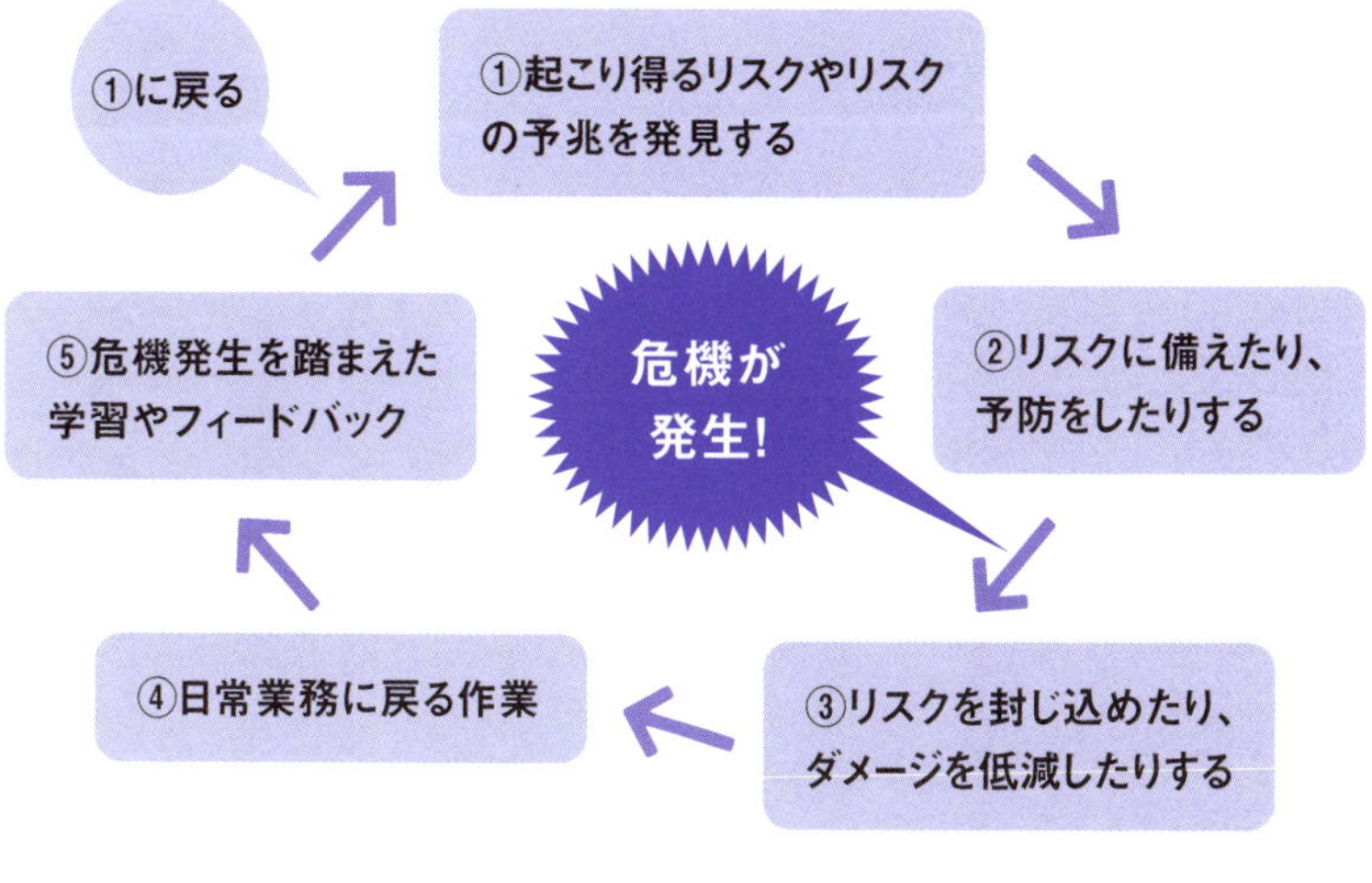
①起こり得るリスクやリスク
の予兆を発見する
②リスクに備えたり、
予防をしたりする
危機が
発生!
③リスクを封じ込めたり、
ダメージを低減したりする
④日常業務に戻る作業
⑤危機発生を踏まえた
学習やフィードバック
①に戻る

5-02

コンティンジェンシー・プランをつくる

日ごろの準備がものをいう

▼危機の渦中にいると集中力が半減する

日ごろは冷静な判断力を持っている人でも、いざ危機が起こると、パニックになってしまうものです。

クレペリンテストという集中力を測定するテストでは、焦るような状況下でテストを受けた被験者は、いつもの半分程度の点数しかとれないことがわかっています。また、慌てると広い視野や長期的な視点での対応も難しくなり、どうしても場当たり的な行動をとってしまいがちなので、日ごろから準備をしておくことが大事です。

実際に危機が発生したときの大きな力になるのが、コンティンジェンシー・プランです。

これは危機が発生することを見越して、どんなリスクが、どんな頻度で発生するかを予測し、実際の危機に発展したときの深刻度を検討して、どのような対策をするべきかをあらかじめまとめておくことで、パニックにならず冷静に行動することができるようにするものです。

コンテンジェンシー・プランの作成法

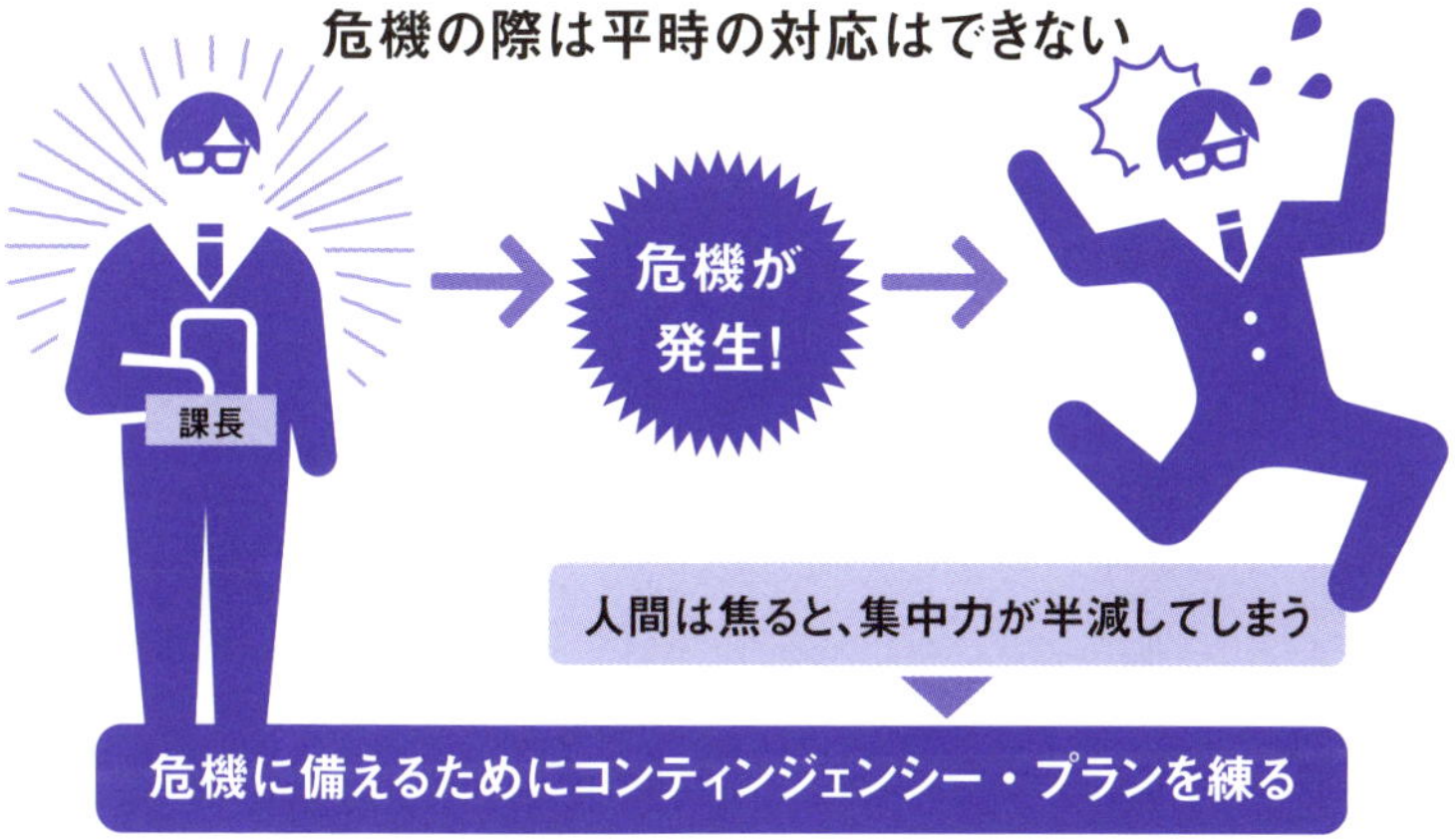
危機の際は平時の対応はできない
課長
危機が
発生!
人間は焦ると、集中力が半減してしまう
危機に備えるためにコンティンジェンシー・プランを練る

●コンティンジェンシー・プラン作成の流れ

どんなリスクが発生し得るかを洗い出す

↓

リスクの発生確率を分析する

↓

リスクが起きた場合のダメージを予測する

↓

リスクを低減させるための優先順位を決める

↓

文書化し、関係各所で共有する

▼ヒヤリ・ハットの放置が大事故を引き起こす

自分の部署は絶対安全だ、自分は徹底した安全管理をしているからリスクなんて起こりようがない、そんなふうに考えているマネジャーほど、落とし穴にはまりやすい傾向があります。マネジャーの安全意識が強すぎることで、部下が萎縮してしまい、ミスを隠蔽することにつながるからです。小さなミスを隠すと、それが大きな事故に発展することにもつながりかねません。

1つの大きな事故の前には、29個の小さな事故があり、その小さな事故の前には、300個のヒヤリとしたり、ハっとしたりした経験があるといわれています。これを「ハインリッヒの法則」といいますが、ヒヤリ・ハットの情報をいかに共有し、対策を立てていくかで大事故が防げるかどうかが左右されます。

また、情報を共有するには、マネジャー自らがヒヤリ・ハットを吸い上げなくてはいけません。中国・清朝の末期では、「偉い人が動き回ると威厳が損なわれるから、動き回らずにどーんと構えている」のがヨシとされ、また、悪い情報を上にあげるのがはばかられるような雰囲気が蔓延していたことが、危機を放置することにつながりました。これを「マンダリン・シンドローム」といいますが、146ページで紹介したMBWAのように、マネジャーが直接情報をとりにいかないと、知らない間に危機の火種が消し止められないほど大きくなっていた……ということにもなりかねません。

ヒヤリ・ハットを軽視してはいけない

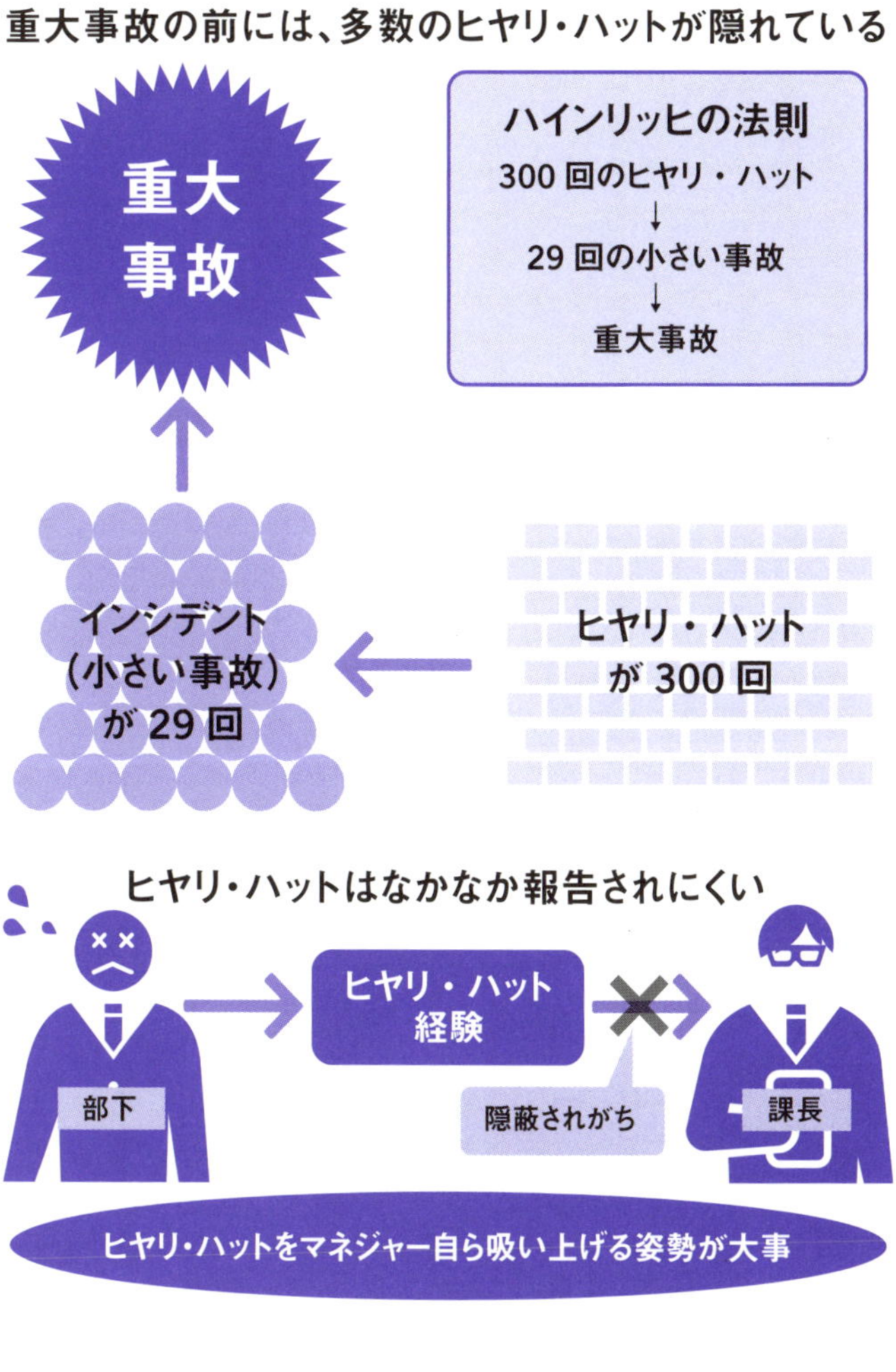
重大事故の前には、多数のヒヤリ・ハットが隠れている
重大
事故
ハインリッヒの法則
300 回のヒヤリ・ハット
↓
29 回の小さい事故
↓
重大事故
インシデント
（小さい事故）
が 29 回
ヒヤリ・ハット
が 300 回
ヒヤリ・ハットはなかなか報告されにくい
部下
ヒヤリ・ハット
経験
隠蔽されがち
課長
ヒヤリ・ハットをマネジャー自ら吸い上げる姿勢が大事

5-03

小さなミスに敏感になろう

オオカミ少年を賞賛する

▼マネジャーも意識改革が必要

大きなリスクを、小さな段階で潰すには、「オオカミ少年」のように予兆を感じた時点で「危険が近づいているぞ！」と大声でアナウンスすることが大事です。マネジャーは、そんな声を聞いた時点で、いったん業務の手を止めてでも、対策に乗り出す必要があります。実際にはオオカミ少年の声を聞いても、なんの問題も起きなかった……ということもありますが、そこで童話のように「今度も大丈夫だろう」と感覚が麻痺してしまってはいけません。**どんな細事でも、「オオカミがきたぞ！」と叫ばせる環境づくりが大事です。**

もし自分の職場にオオカミ少年がいない場合は、次の2つが原因かもしれません。まず部下が鈍感で、危機に気づかない場合。次に、以前はオオカミ少年だったが、なにも悪いことが起こらずバカにされて、萎縮してしまっている場合です。前者の場合は危機管理についての教育を施せば改善できますが、後者の場合はマネジャーが態度を改めなくてはなりません。ガセネタでも「よく知らせてくれた」と褒める姿勢を身につけましょう。

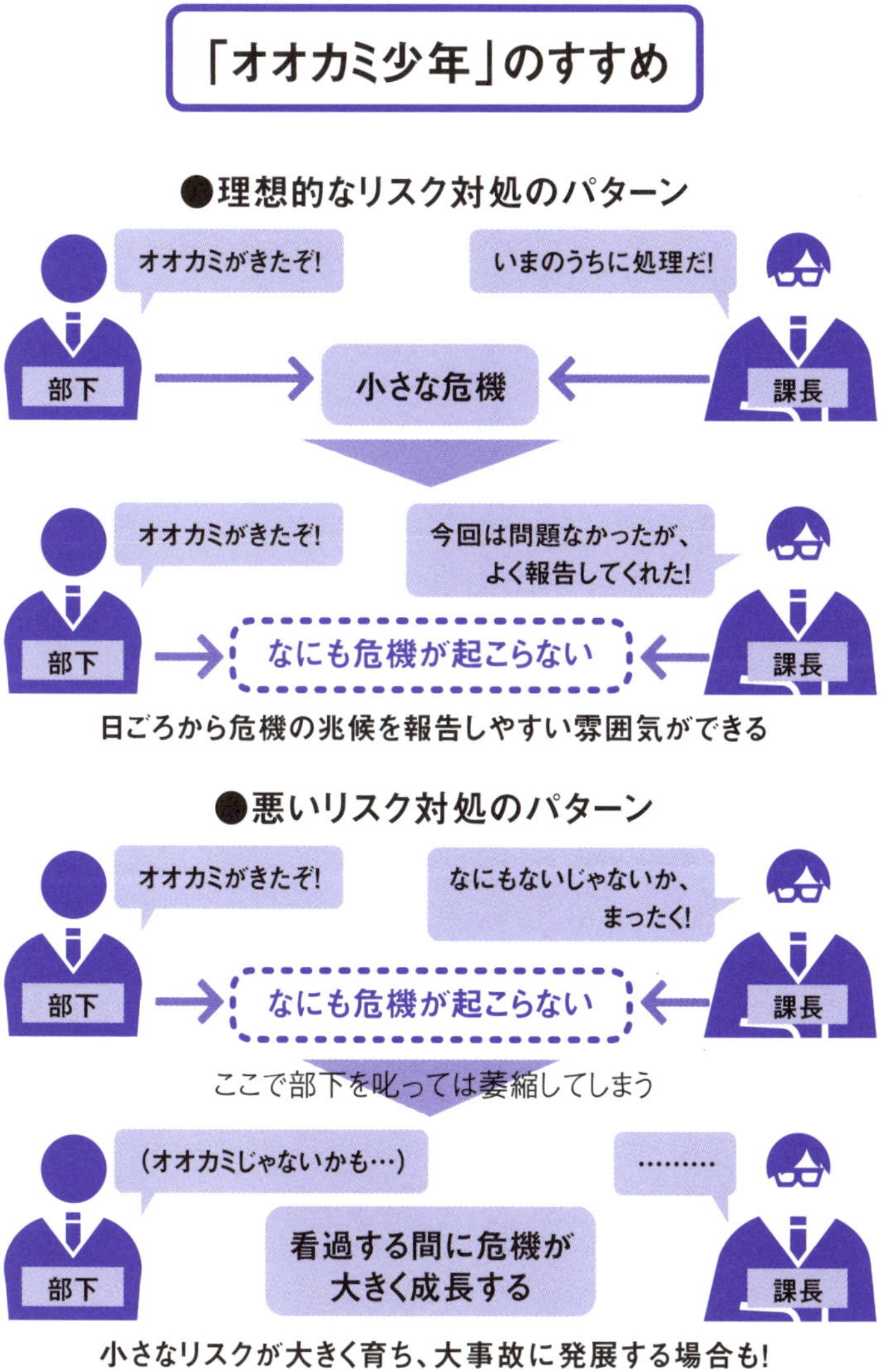
「オオカミ少年」のすすめ
●理想的なリスク対処のパターン
オオカミがきたぞ!
いまのうちに処理だ!
部下
小さな危機
課長
オオカミがきたぞ!
今回は問題なかったが、
よく報告してくれた!
部下
なにも危機が起こらない
課長
日ごろから危機の兆候を報告しやすい雰囲気ができる
●悪いリスク対処のパターン
オオカミがきたぞ!
なにもないじゃないか、
まったく!
部下
なにも危機が起こらない
課長
ここで部下を叱っては萎縮してしまう
(オオカミじゃないかも…)
………
部下
看過する間に危機が
大きく成長する
課長
小さなリスクが大きく育ち、大事故に発展する場合も!

5-04

マネジャーがつくるリスクとは？

罰で部下をしばってはダメ

▼過度のプレッシャーは厳禁

マネジャーが対処すべきリスクの多くは、部下の失敗や不祥事に起因します。しかし、マネジャー自らが、そのリスクをつくり出していることもあります。

たとえば部下にノルマを課して、それを達成できない場合、罰則を与えるというやり方。とくに、**一生懸命やってノルマを達成できない人を、罰によって追い立てることは、その部下を犯罪行為に走らせる**危険があります。多少はズルいことをしても、ノルマさえ達成すれば罰を受けなくて済む……。そんな考えがエスカレートすると、取り返しのつかない危機を生むこともあるのです。悪いことをしている部下には罰を与えなくてはいけませんが、一生懸命やっている部下に罰を与えても、なんの意味もないどころか、かえって悪い影響があります。過度のプレッシャーを与え続けていると、最初は成果があがっても、ある日突然、心がポキリと折れてしまうこともあるのです。寝耳に水のような部下の不祥事でも、その原因はマネジャーにあるのかもしれない……ということは、心に刻んでおく必要があるでしょう。

マネジャーがつくり出すリスク

部下を「逆効果になる罰」でしばらない

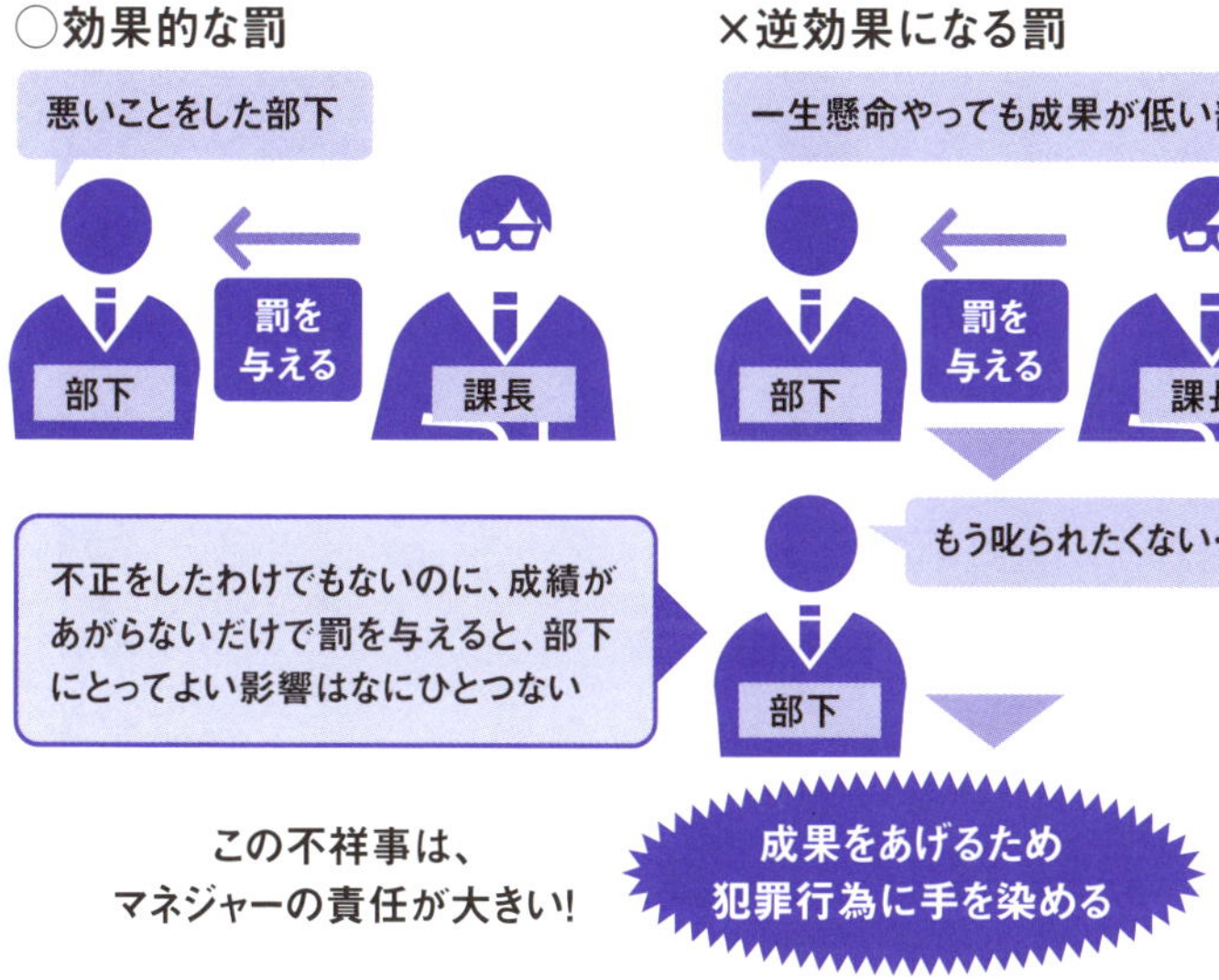
○効果的な罰
悪いことをした部下
罰を与える
部下
課長
×逆効果になる罰
一生懸命やっても成果が低い部下
罰を与える
部下
課長
もう叱られたくない…
部下
不正をしたわけでもないのに、成績があがらないだけで罰を与えると、部下にとってよい影響はなにひとつない
この不祥事は、マネジャーの責任が大きい!
成果をあげるため犯罪行為に手を染める

プレッシャーを与え続けると、部下の心は突然折れる

上司からのプレッシャー
部下
部下
部下
罰により短期的な成果があがっても多用してはいけない!

5-05

危機に強い組織をつくろう

アイスクリーム型組織とカレーライス型組織

▼非常時には全力を出して対処する

実際に危機に対処するためには、マネジャーと部下が一丸となる必要があり、相互の信頼関係が不可欠です。組織には「アイスクリーム型組織」と「カレーライス型組織」があり、前者は平時は甘くて、いざとなると冷たい組織を指します。一方の後者は、日ごろは辛く、いざとなると熱い。部下が信頼感や安心感を持って危機に対処できるのは、当然後者だといえるでしょう。実際に危機に対処するのは人間ですから、その感情を意識した組織をつくり出さないと、危機回避は実現しません。

また、**起こってしまった危機に対しては、思い切った感情の切り替えが必要です。**日ごろからマネジャーが「コストカットを徹底しろ！」といった具合にうるさく指示していると、部下は危機に際してもコストが掛かりそうな行動を避ける傾向がありますが、そんなときこそマネジャーは率先して「危機のときは別だ！　全力で対処しろ！」と号令をかけなくてはいけません。危機の収拾こそ最優先課題だということを意識しましょう。

緊急時には全力をもって対処する

緊急時に力を発揮できるカレーライス型組織を目指す

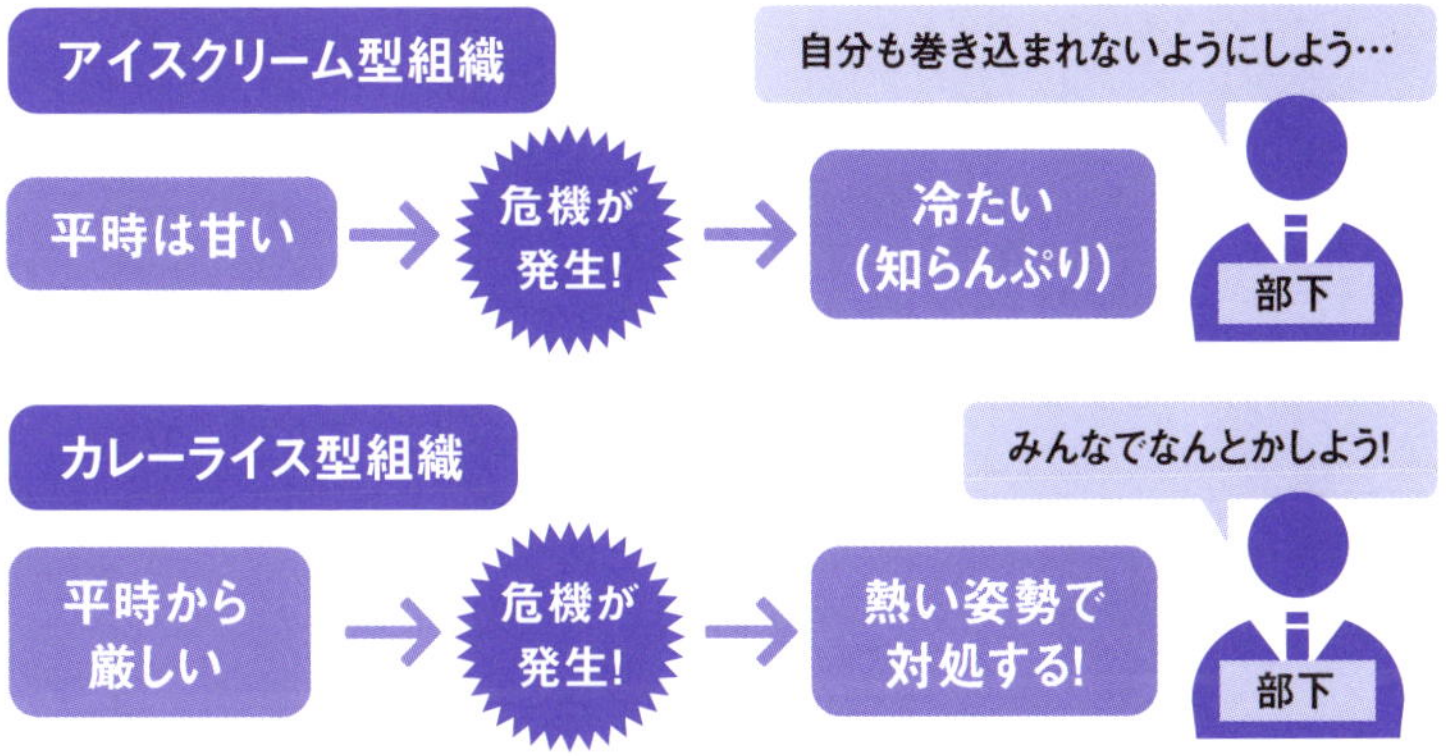
アイスクリーム型組織
平時は甘い
危機が発生!
冷たい（知らんぷり）
自分も巻き込まれないようにしよう…
部下
カレーライス型組織
平時から厳しい
危機が発生!
熱い姿勢で対処する!
みんなでなんとかしよう!
部下

緊急時はマネジャー主導の切り替えが大事!

平時
危機が発生!
緊急時
コストには気を配れ!
いまはコストより危機対処だ!
課長
課長
マネジャーは即座に頭を切り替え、部下にも号令をかける!

5-06 コンプライアンスとは？

ルール違反の歯止めになるのは「誇り」

「至誠にもとるなかりしか」の精神

法令遵守を意味する「コンプライアンス」という言葉も、いまや一般的になりました。コンプライアンス違反はどちらかというと経営陣の問題というイメージもあるかもしれませんが、現場レベルで不正や不祥事が発生することも多く、ミドルマネジャーにとっても無関係ではありません。法令違反が発生しがちな職場は、企業風土として規範やモラルが希薄な場合が多く、「成果さえ残せば、多少のルール違反はやむを得ない」といった不正を助長するような体質が見え隠れします。これは部署単位でも同様で、**マネジャーが成果ばかりを追い求めていると、ルール無用がまかり通る職場になるかもしれません。**

コンプライアンスを守るためには、結局は誇りを持って働くことに尽きます。誇りがあれば、法令違反をしてまで利益をあげようとは思いません。海軍五省には「至誠にもとるなかりしか」という言葉がありますが、仕事に対して真心に反する点はないか、いつも胸に留めておかなくてはなりません。

企業を取り巻く不正と防止法

企業やビジネスパーソンが守るべきルール

コンプライアンス
法律や規則にのっとってビジネスを展開する

CSR(企業の社会的責任)
利益を追求するだけではなく、社会に対する影響に責任を持つ

コーポレートガバナンス
ステークホルダーが企業を統治し、不正を防止する仕組み

マネジャーが「不正をするな」と命令するだけではなく、誇りを持って働けるような職場づくりが大切。自分の仕事に誇りを持っていれば、そもそも不正はしない

緊急時はマネジャー主導の切り替えが大事!

「至誠にもとるなかりしか」を旨に、
真心に背いていないか考えることが大事!

5-07

知っておきたいセクハラの知識

セクシャル・ハラスメントとジェンダー・ハラスメントを防ぐ

▼相手がどう感じるかが問題

セクハラ、つまりセクシャル・ハラスメントには、対価型と環境型の2つの種類があります。対価型は、仕事上の関係を利用して、性的な関係を迫るというものです。一方の環境型は、職場において性を感じさせる言動をすることで、相手に不快感を感じさせるというものです。対価型はわかりやすいと思いますが、環境型はやや複雑で、たとえば職場で週刊誌のヌードグラビアを女性の目にふれるところで読む……ということでもあてはまるケースがあります。**対価型も環境型も、相手が不快に感じるかどうかが基準になるため、自分の感覚に頼らず、うかつな言動は極力避ける**べきだといえるでしょう。

また、性差に関するハラスメントといえば、ジェンダー・ハラスメントにも注意しましょう。たとえば男女の違いによって待遇に差をつけたり、異性の部下をつけないようにしたりすることはジェンダー・ハラスメントにあたるため、ミドルマネジャーも気をつけておきたいポイントです。

セクシャル・ハラスメントと ジェンダー・ハラスメントの概要

セクシャル・ハラスメントには対価型と環境型がある

対価型

仕事上の立場を利用して、
性的な関係を迫る

環境型

職場で性的な言動をおこない、
相手に不快感を与える

ジェンダー・ハラスメントにも注意する

男女の違いによって待遇に差をつける

・昇進や昇格などで不利益を与える
・異性の部下をつけないなど、性差を理由に人事をゆがめる

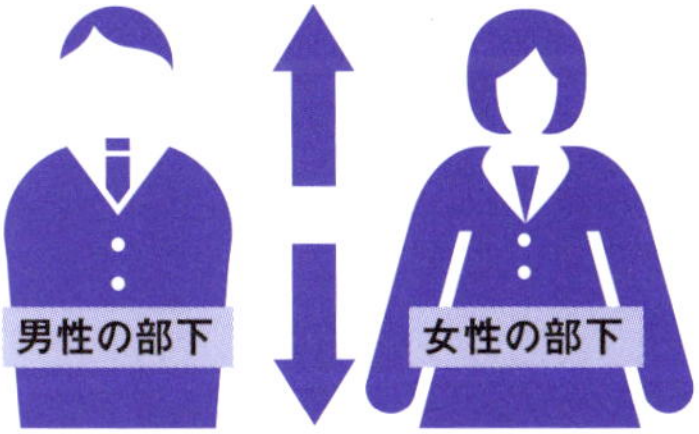

性別による差をつけない!

ジェンダー・ハラスメントにも注意する

セクシャル・ハラスメント＝相手が不快に感じた時点で ×

ジェンダー・ハラスメント＝性差による差別の事実があった時点で ×

マネジャーは、セクシャル・ハラスメントにおいては「相手の感じ方」に気を配り、ジェンダー・ハラスメントにおいては「性差による差別の事実」が生じていないか注意する

5-08

パワハラと指導の違いは？

必要以上の厳しさや人格攻撃はもってのほか

▼「愛のムチ」がパワハラになっていないか注意する

マネジャーは、指導のつもりで知らず知らずにパワーハラスメントをしていないか、注意をしなければなりません。パワーハラスメント、つまりパワハラとは、上司が立場を利用して、部下に必要以上の重圧を与えて、尊厳や人格を損なうような言動を指します。露骨に相手をいじめたり、嫌がらせをしたりすることは論外として、パワハラもセクハラと同じように、相手がどう感じるかが重要です。**自分としては愛のムチのつもりでも、相手にとっては言葉の暴力であったり、非常に屈辱的な行為であったりすることも少なくありません。**

もちろんマネジャーともなれば、業務上、厳しく指導しなければいけないシーンも多々ありますが、指導に熱が入るあまり、必要以上に厳しくしたり、人格攻撃をしたりすることもあり得るので、くれぐれも自制が必要です。また、マネジャー自身が気を配るのはもちろん、自分の部署でリーダー格になっている社員や、先輩・後輩といった間柄のなかで、パワハラが起きているかどうかにも注意する必要があります。

マネジャーが注意するべき言動

パワーハラスメントになる言動

①人格を傷つけるような叱り方をする

お前は給料泥棒だ!
課長

②執拗に非難する

何度言っても
わからないやつだな!
課長

③威圧的な行為をする

おいっ!
ドンッ!
課長

④実現できないような仕事を強要する

なにがなんでも
やり遂げろ!
課長

⑤仕事を与えない

……
課長
部下

⑥仕事に関係ないことを強要する

コーヒーを
買ってこい!
課長

「指導」のつもりが
パワハラになることも多いので要注意!

※人事院『「パワー・ハラスメント」を起こさないために注意すべき言動例』を参考に作成

5-09

クレーム対応のルールとは？

スピード感のある対応は必須

▼クレームは勉強の機会でもある

マネジャーにとって頭が痛い問題が「クレーム対応」です。クレームの連絡があるだけで、身構えてしまう人も多いのではないでしょうか。ただ、クレームは適切に処理すれば、こじれることは少ないでしょう。**クレーム対応のコツは、なんといってもスピード感のある対応に尽きます。逆に、クレームがあったのに、対処に迷って放置するのは最悪です。**自分で処理できるものは、相手にお詫びをするなり極力速く対応し、自分だけで処理することが難しいときは、しかるべき部署に判断をあおぎましょう。クレームを隠蔽するようなことは問題外です。また、部下が引き起こしたことであっても、最終的な責任はマネジャーにあります。クレームの対応を部下任せにせず、自ら誠意のある姿を見せれば、ほとんどのクレームは解決するはずです。

クレームは顧客が自社の問題点を指摘してくれるという意味で、よい勉強の機会でもあります。クレームの内容と対処を共有し、同じミスを繰り返さないようにしましょう。

クレーム対応の心がけ

クレーム対応でやってはいけないこと

①クレームを放置する

②クレームを隠蔽する

③対応を部下に押し付ける

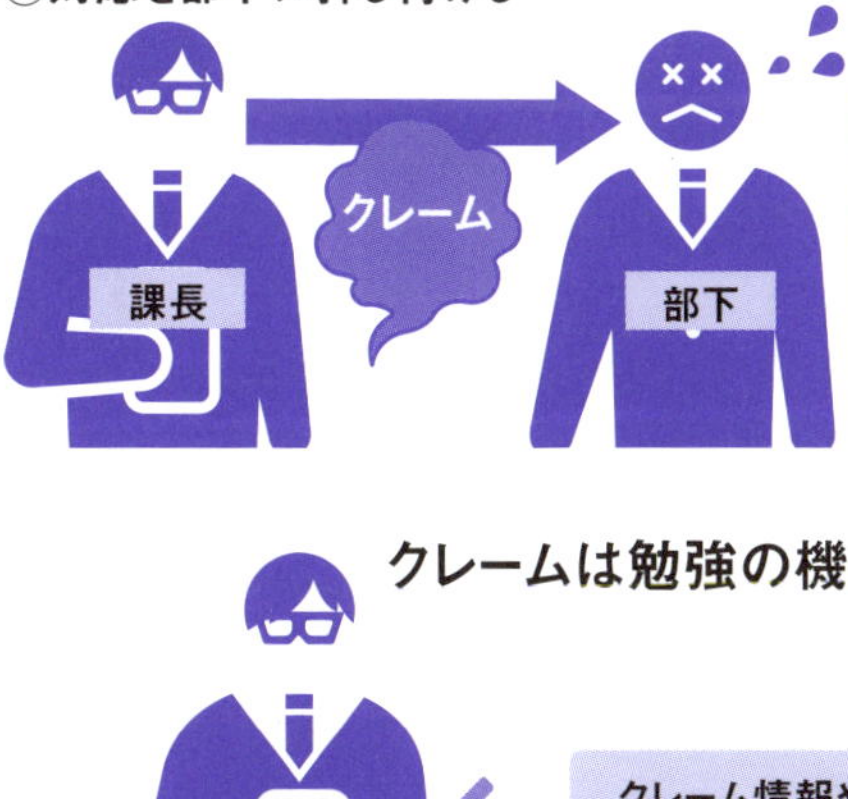

- クレームは迅速に対応する
- 難しいクレームは、マネジャー自らが対処する
- 対処が難しい場合は、しかるべき部署に相談する

クレームは勉強の機会でもある

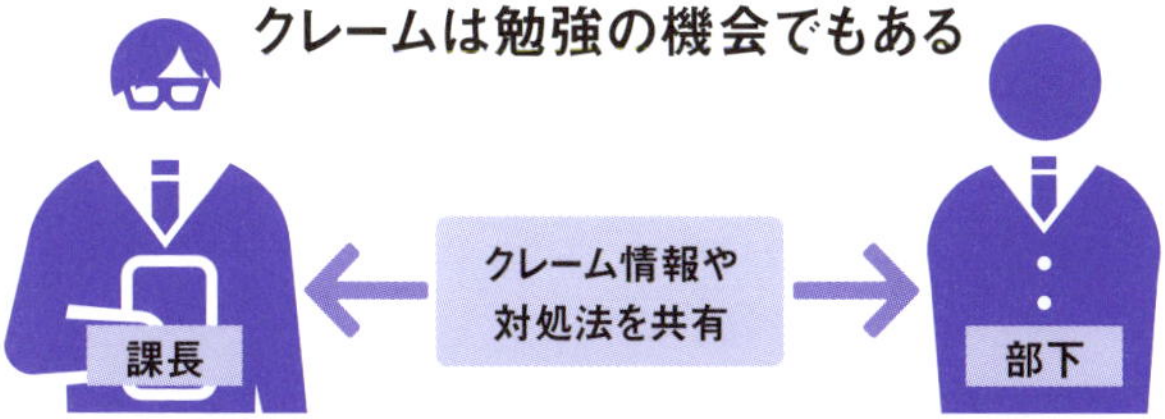

**同じミスを繰り返してはいけないが、
勉強の機会としてポジティブに受け止める**

コラム

職場のメンタルヘルスでマネジャーができること

マネジャーともなると、近年話題になることが増えた「メンタルヘルス」についても、気にかけている人が多いのではないでしょうか。メンタルヘルスとは、心の健康を維持することを指します。心の不調を防ぐには、マネジャーが日ごろの部下の様子に、いかに気を配るかということも一助になります。最近、元気のない部下がいないか、パフォーマンスが著しく落ちている部下がいないか、心の不調の兆候を見逃さないようにしたいものです。遅刻が増える、何度も同じミスを繰り返す、会話がうまく噛み合わないといった変化も、メンタルヘルスの問題かもしれません。

ただマネジャーとしては、不調の兆候がある部下を発見しても、直接的に対応できることは、職務内容の調整などに限られています。しかし、早期発見は症状の悪化に歯止めをかけることができ、カウンセリングなど専門家による対応も早いに越したことはありません。また、メンタルヘルスの問題で休職している部下がいる場合は、復職後のフォローもマネジャーの大切な仕事です。基本的には専門家に任せることになりますが、マネジャーにも基礎知識は必要です。

第6章

マネジャーが知っておきたい人事の基本

6-01

正しい考課とは？

部下のやる気を引き出す人事考課

▼数字であらわせない部分にも注目する

マネジャーになると、人事にかかわるシーンが増えてきます。とくに人事考課は、プレッシャーがかかる作業でしょう。一口に人事考課といっても、企業によって評価システムは大きく変わります。ただ、ミドルマネジャーは、どんなときでも部下のやる気を引き出す評価を心がけたいものです。

部下を評価する際は、主観を取り除いて、できる限り客観的に評価することを心がけている人も多いと思います。ところが、欧米の企業や外資系の企業では、客観的な評価指標がなく、主観で評価しているケースが少なくありません。もちろん評価が偏る危険性があることも考慮されており、複数の目で評価するシステムを取り入れています。このように、客観的で公正な評価というものはそもそも難しいものであり、ひとりではなかなかできるものではない……と心得ておくことで、過度のバイアスを防ぐことができます。そのうえで、**数値であらわせない部分もきちんと評価することで、内発的動機付けを高めることができます。**

人事考課の難しさ

評価指標だけで全体像が見えるほど
人間は単純な存在ではない

営業力50点
将来性70点
協調性80点
部下
企画力30点
個々の評価指標では全体像がわからない

複数の目で評価することが理想だが、
「客観的で公正な評価はそもそも難しい」
ということを意識しておく必要がある

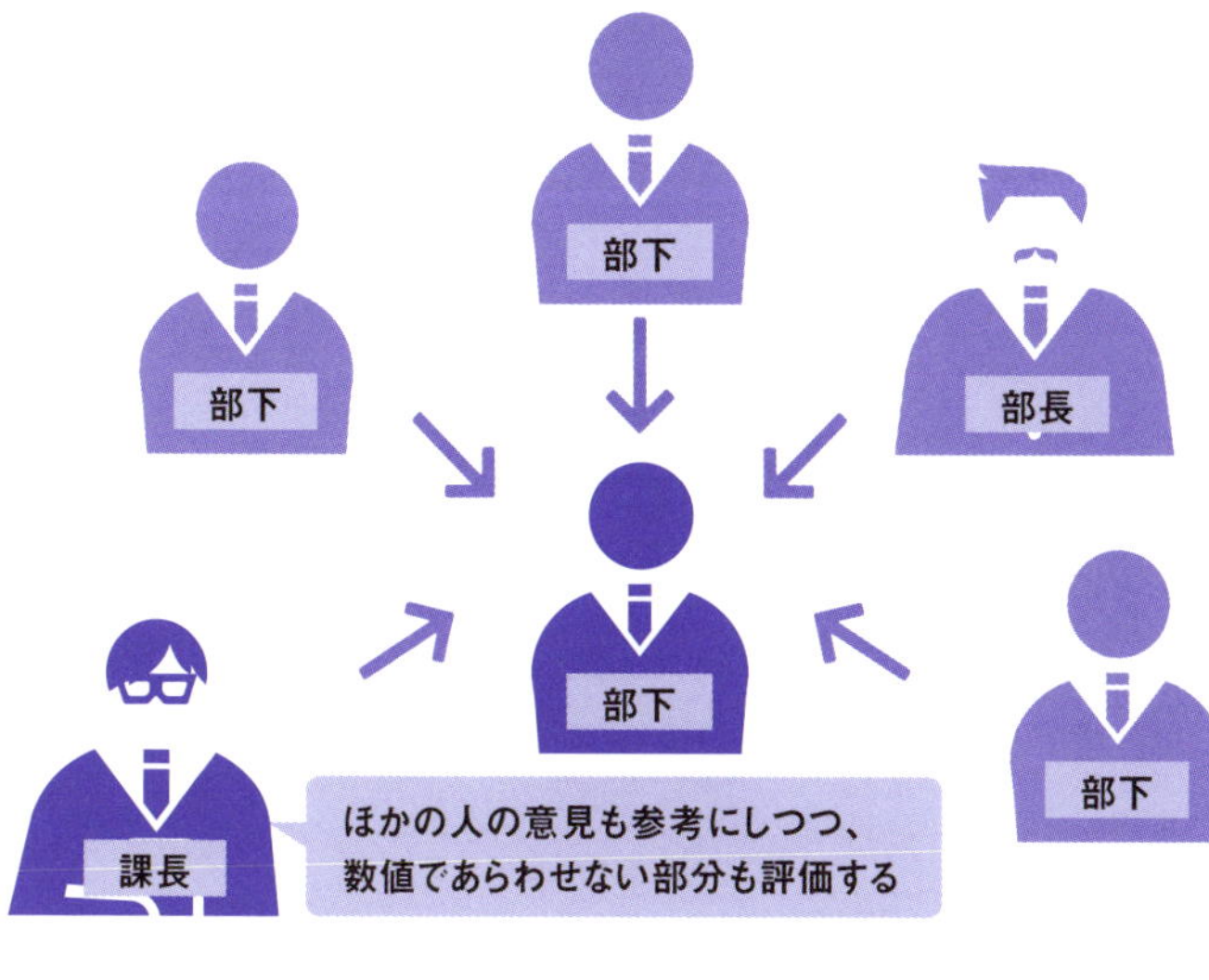
部下
部下
部長
部下
部下
課長
ほかの人の意見も参考にしつつ、
数値であらわせない部分も評価する

人事制度における9つの主義（イデオロギー）

人事制度には、会社によって「イデオロギー」と呼んでもいいような主義・思想・信条があります。年齢主義などすでにすたれているものもありますが、以下にまとめてみましょう。

①年齢主義……年長者を重く用いて評価する
②年功主義……勤続年数とその期間に重ねてきた功績によって評価する
③学歴主義……学歴の高い人を高く評価する
④試験資格主義……試験の結果や取得した資格の内容を重視して評価する
⑤身分出自主義……「地元出身者」など縁のある人の評価を優遇する
⑥属性主義……性別や人種等で評価に差をつける
⑦人格人徳主義……人格や人徳をひとつの能力として評価する
⑧能力主義……期待する仕事の内容や能力を判断基準として評価する
⑨成果主義と結果主義……どちらも結果を評価するものだが、成果主義はプロセスを考慮に入れる場合もある

このような〝主義〟がいくつか組み合わさって、会社固有の「人の見方」が形成されます。主義ですから、その会社のなかの人はおおむね受け入れているのですが、環境変化に合わなくなり、不満の出る会社も少なくありません。それぞれの主義の問題点は左のページにまとめましたが、いかに納得感のある評価をし、部下のやる気を高めるかが大切です。

人事制度における9つの主義の問題点

①年齢主義
年齢を積むことは能力に直結しない

②年功主義
以前にあげた成果が今後も有用とは限らない

③学歴主義
学歴が実務的な能力に直結するとは限らない

④試験資格主義
将来にわたり有用な知識になるとは限らない

⑤身分出自主義
業務を遂行する能力とは接点が乏しい

⑥属性主義
そもそも雇用機会均等法違反

⑦人格人徳主義
ビジネス能力には必ずしも直結しない

⑧能力主義
具体的な指標がないため期待に留まる場合も

⑨成果主義と結果主義
短期的な結果や一部の成果だけに評価が偏ることも

問題点に注意し、納得感のある評価を!

6-02

プロセス成果も重視しよう

成果主義の落とし穴

▼「なにを成果とするか」を考える

成果主義を導入したものの結果が出ていない企業が多いようです。その背景には、とにかく数値としての結果が残ればいいという風潮があります。結果だけが果たして仕事の成果でしょうか。「なにを成果とするか」を見極めなければ、成果主義はうまく機能しません。

たとえば営業職では、期末の時点で売上が高ければ成果があがったと評価されがちですが、期末に帳尻をあわせるために、値下げなどで営業エリア内の見込み客を根こそぎ刈り取るようなことも起こりがち。これでは、来期の売上にはつながりません。より大きな商談にするべく、見込み客と地道に信頼関係を築いたり、既存顧客のフォローをしたりすることも、営業職の大切な仕事のはずです。こういった**プロセスの評価がなおざりになると、短期的な成果ばかりに目がいくようになります。**マネジャーとしては、目に見える成果だけではなく、プロセス評価にも気を配らなければなりません。成果につながる具体的な経過指標を評価に取り入れるバランスト・スコアカード（ＢＳＣ）を導入する企業もたくさんあります。

間違った成果主義に注意

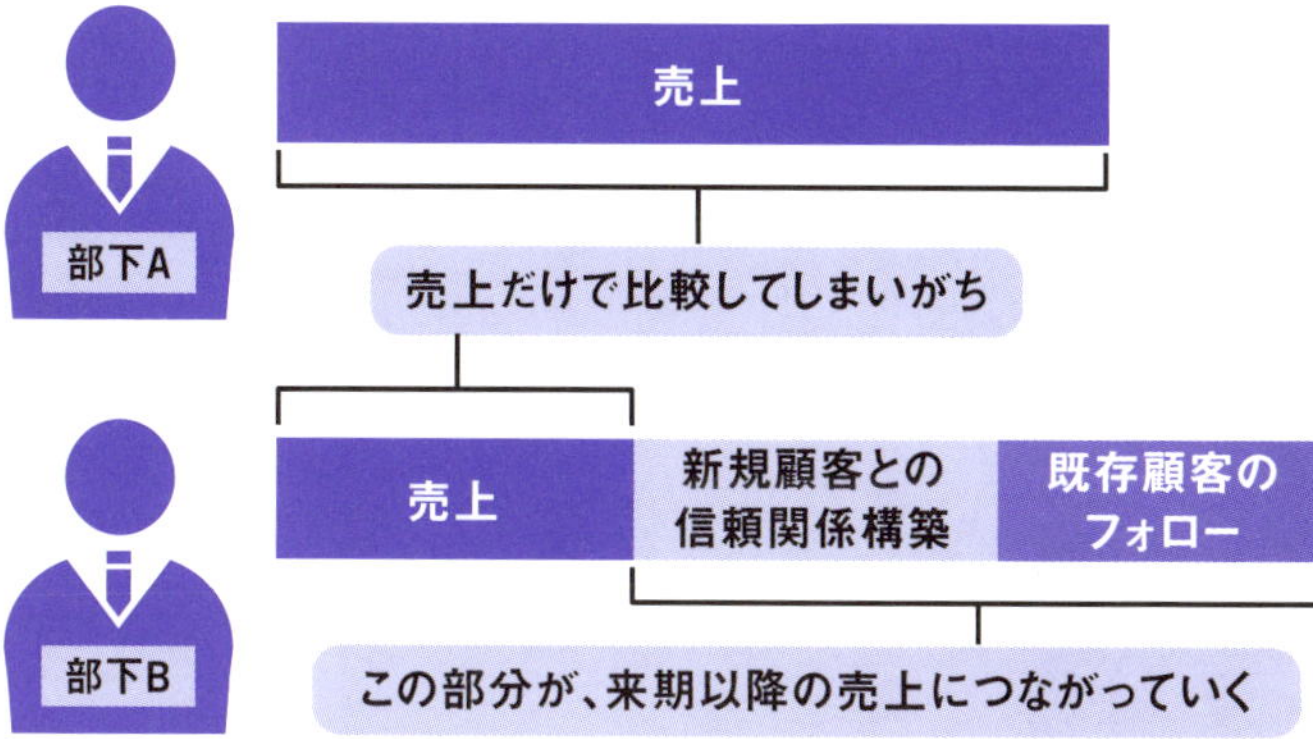
部下A
売上
売上だけで比較してしまいがち
部下B
売上
新規顧客との
信頼関係構築
既存顧客の
フォロー
この部分が、来期以降の売上につながっていく

短期的な結果を求めると長期的な業績は落ちる

根こそぎ刈り取る

部下A

とにかく売上をあげればいいという考え方では、来期につながらない

商談を大きく育てる

部下B

短期的な数字にあらわれないプロセスを評価することが大事!

6-03 絶対評価志向で自らの評価眼を鍛える

公正な評価をするコツ

▼「相対評価」と「絶対評価」の違いとは？

実際に評価をするときの基礎知識についてもチェックしておきましょう。比較の有無という視点で評価を分類すると、大きく「相対評価」と「絶対評価」に分けることができます。相対評価は成果の高い低い、能力の高い低いで部下に序列をつける評価の仕方です。人を比較するため、評価に差をつけやすく、昇格や昇給の調整がやりやすいメリットがあります。その反面、高い業績をあげても、さらに高い業績をあげる人がいる場合は評価に結びつかないため、納得感を得るのが難しい部分もあります。一方、絶対評価は、あらかじめ確固たる評価の尺度をつくり、それに見合う仕事をしたか否かで評価するため、納得感を得やすいのが特徴です。**相対評価に比べて評価基準の設定が難しかったり、適切に評価できる能力が求められたりと、マネジャーにとってハードルが高い点が指摘されます。会社によっては評価のランクに割合が決められていて、どうしても相対評価にせざるを得ない場合もあります。しかし、その途中段階では自らの信じる基準で部下を絶対評価してみてください。**

相対評価と絶対評価

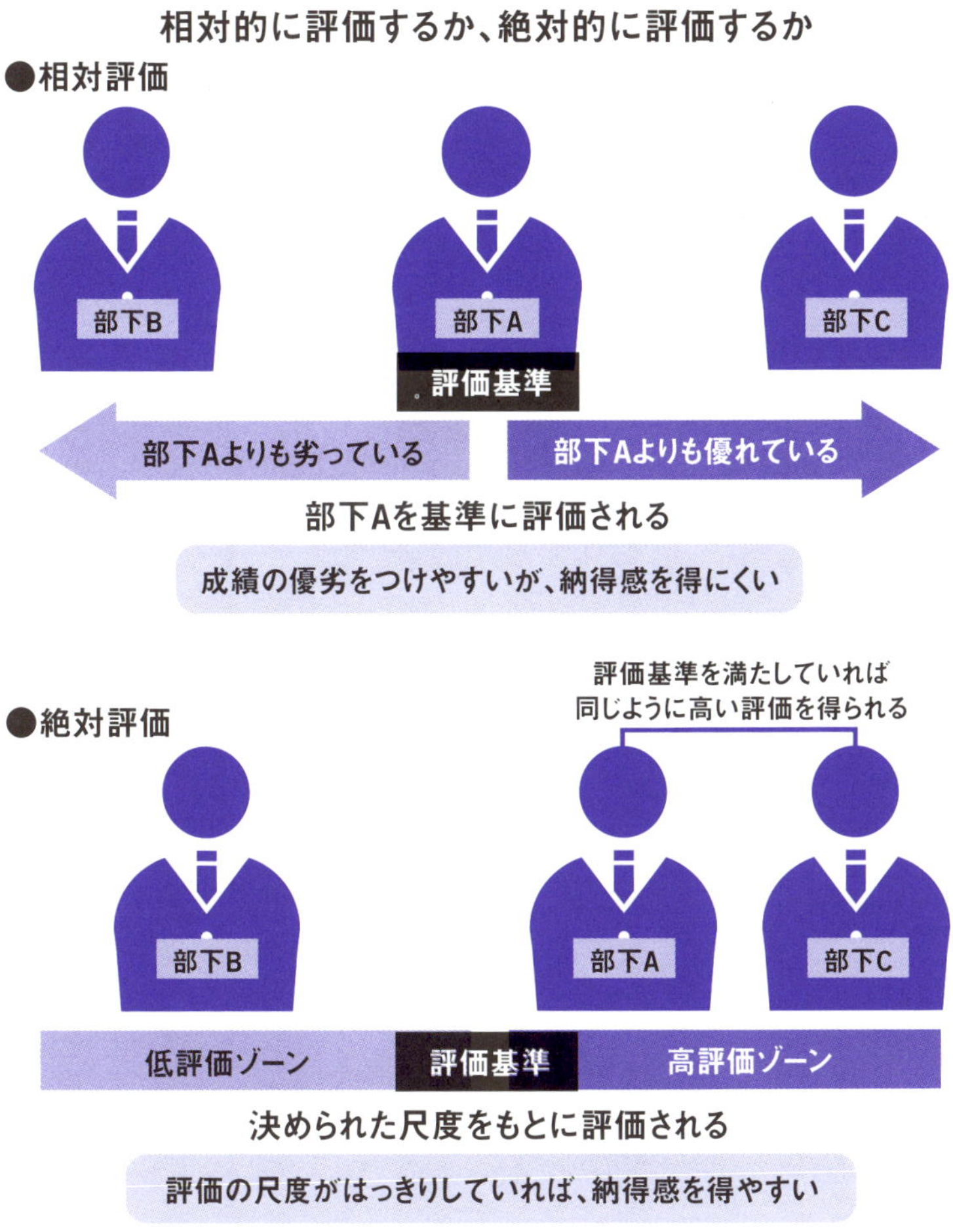
相対的に評価するか、絶対的に評価するか
●相対評価
部下B
部下A
部下C
評価基準
部下Aよりも劣っている
部下Aよりも優れている
部下Aを基準に評価される
成績の優劣をつけやすいが、納得感を得にくい
●絶対評価
評価基準を満たしていれば
同じように高い評価を得られる
部下B
部下A
部下C
低評価ゾーン
評価基準
高評価ゾーン
決められた尺度をもとに評価される
評価の尺度がはっきりしていれば、納得感を得やすい

6-04

評価のエラーをチェックしておこう

陥りやすい5つの間違い

▼ハロー効果、対比誤差、中心化傾向、期末効果、寛大化傾向に注意

人が人を評価する以上、少なからず間違いは発生してしまいます。しかし、評価の際に発生しやすい「エラー」を知っておくことで、発生率を下げることができます。代表的なものを紹介しましょう。

①**ハロー効果**……その人の優れた部分に注目するあまり、ほかの部分も優れているだろうと思ってしまう傾向
②**対比誤差**……相手の能力や性格を評価する際、自分自身のレベルと比較してしまう傾向
③**中心化傾向**……「普通」「平均的」といった評価が多く、優劣がつきにくい傾向
④**期末効果**……期間全体で評価せず、直近の行動や成果を色濃く反映してしまう傾向
⑤**寛大化傾向**……相手を実際よりも甘く評価してしまう傾向

絶対評価を徹底していれば、エラーの多くを防ぐことができるように、それぞれ対策はあります。左ページも参考にしてみてください。

評価におけるエラーの傾向と対策

①ハロー効果

有名大学を出ているから、仕事もできるに違いない

対策：先入観にとらわれず、絶対評価を徹底する

②対比誤差

なんだ、こんな簡単なこともできないのか

対策：自分を尺度とせず、確固たる評価基準を用意する

③中心化傾向

まぁ普通という評価が無難かな

対策：評価基準を根拠とし、自分の評価に自信を持つ

④期末効果

彼は最近がんばっているな

対策：直近だけではなく全体的な評価を心がける

⑤寛大化傾向

あまり低い評価をするのもかわいそうだな

対策：私情を反映させず、使命感を持って評価する

6-05

部下に評価を納得させるには？

フィードバックで留意するポイント

部下とマネジャーの認識にはズレがある

先のページで「納得感のある評価が大事」と書きましたが、それには評価をフィードバックするときに、いかに気持ちよく受け入れてもらうかもカギになります。ここで注意したいのは、**部下の多くはマネジャーが考えるよりも、自分の貢献度が高いと思っていることです。**つまり部下を心底納得させるのは、そもそも難しいということを心得ておかなくてはいけません。部下に評価を告げるときは、とにかく相手の話をよく聞くことが肝心です。まず自己評価をさせるのも一つの手です。とくに、評価の結果や理由について説明をしたあとは、相手がどう受け止めているかをしっかり確認し、今後どのように努力していくべきか、また自分がどのようにフォローしていくつもりかを明確に伝えなくてはいけません。面談を締めくくるときには、ねぎらいの言葉も忘れないようにしたいものです。

さらに部下が評価に納得するか否かは、「だれに評価されたか」が大きなウエイトを占めます。日ごろから部下との関係を良好にしておくことは、納得を引き出すうえで大変重要です。

評価を伝えるときの注意点

部下の自己評価とマネジャーの評価には差がある

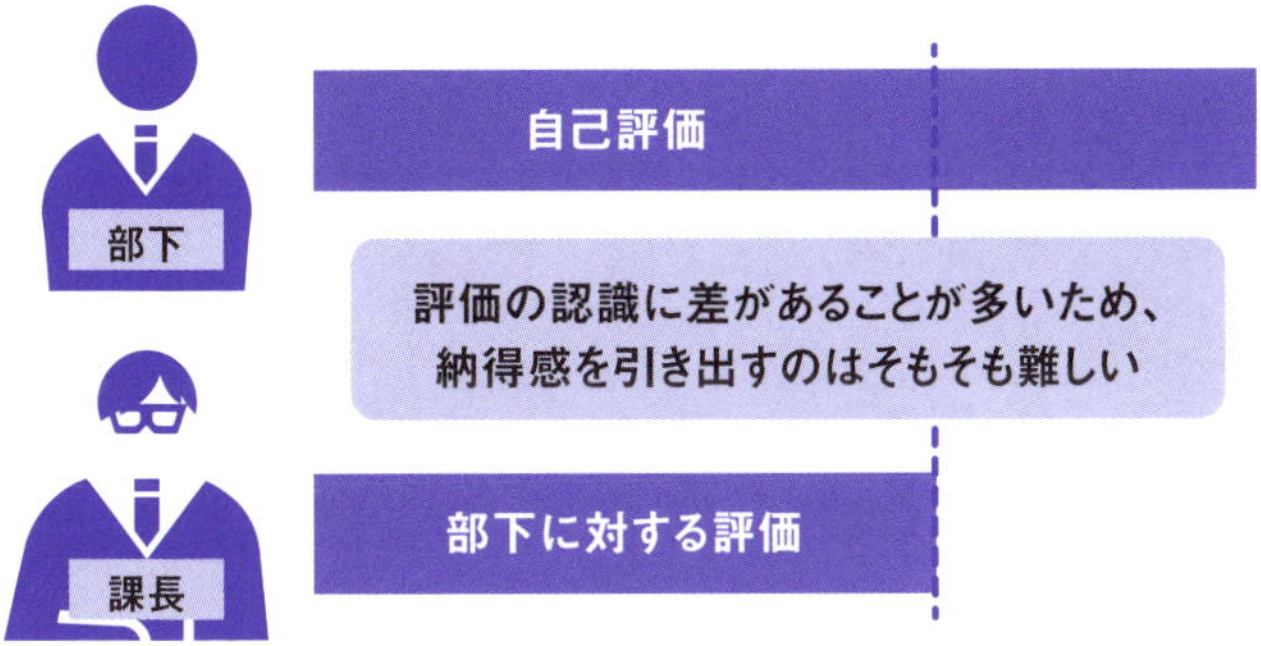
部下
自己評価
評価の認識に差があることが多いため、
納得感を引き出すのはそもそも難しい
課長
部下に対する評価

評価を伝えるときは、次の4つに注意する

①一方的に評価を告げない

↓

②相手の受け止め方を確認する

↓

③今後の努力目標、育成方針を確認する

↓

④ねぎらいの言葉を忘れない

「だれに評価されたか」ということも重要になるため、
日ごろからよい関係を心がける

6-06

採用には積極的にかかわろう

採用活動でのマネジャーの心がけ

▼いかに現場にフィットする人材をとるか

人材を採用するときは、経営層や人事にすべてを任せるわけにはいきません。自分の部門で実際に働いてもらう人を採用するのですから、ミドルマネジャーであっても、採用面接をはじめ採用活動にかかわるチャンスがあれば、積極的に関与するべきです。

どんな人材を採用したいかを検討するときに、**単に優秀な人ならいいという考え方では、なかなかその部門にフィットする人材を獲得するのは難しいでしょう。**事前に評価基準をしっかり定めておき、現場の問題解決や、その部門の将来を担える人物像を思い描くことが肝心です。この部分が明確に定まっていないと、面接官の主観による影響が強くなったり、面接時の「感じがいい人」が有利になったりしがちです。

その人に、どんな能力を求めているのか。どんなタイプの人がほしいのか。どんな技術が必要なのか。こういった**評価基準を明確にしておくと、その部門によりマッチする人材を採用できる可能性が高まります。**

採用時の注意点

ミドルマネジャーも可能な限り採用活動にはかかわりたい

採用
人事部
新人
課長
会社や人事から押し付けられた人材でも、面倒を見るのは現場のマネジャー

自部署にマッチした人材を獲得するため
採用条件を明確にする

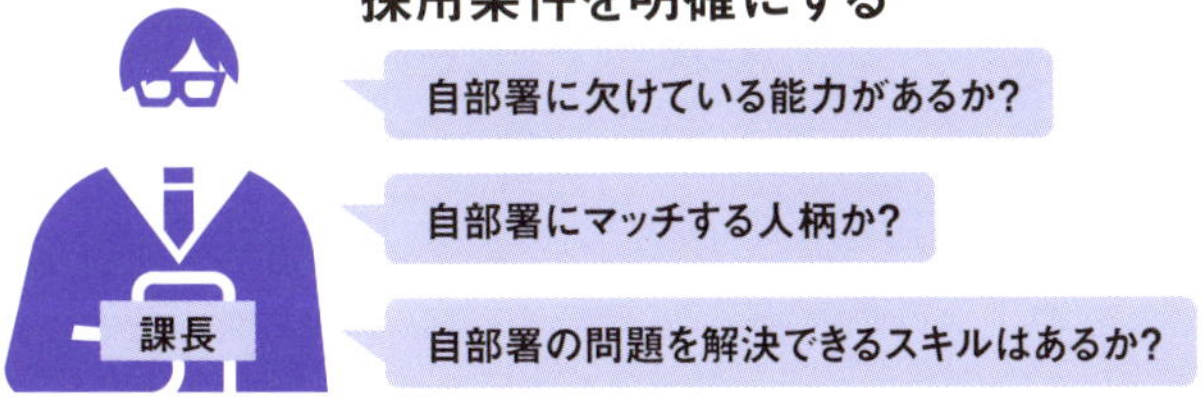
自部署に欠けている能力があるか?
自部署にマッチする人柄か?
課長
自部署の問題を解決できるスキルはあるか?

面接時に雰囲気がいい人ではなく、必要な人を採用する

志望者
課長
採用
志望者
採用条件が明確なら雰囲気に騙されない!

6-07

面接では現場視点も大切にしよう

見た目の印象に左右されないための注意点

▼細事にとらわれず、必要な資質の有無を見る

面接時の具体的な注意点についても見ていきましょう。面接に慣れている人は軽視しがちですが、事前に履歴書や職務経歴書といった応募書類を熟読しておくことは欠かせません。この作業をもとに、面接時の質問を組み立てるからです。自部署にフィットした人材かどうかも、この時点である程度推し量ることが可能です。

実際の面接時には、相手がきちんとした対応ができるか否かを見極めることにこだわりすぎず、マナー的な面は一般的なレベルをクリアしていればヨシとしたほうがいいでしょう。それよりも、**最初に緊張を解きほぐすような質問を投げかけるなど、実りあるコミュニケーションをとることに面接官は注力するべきです。**また、人間ですからどうしても見た目の印象での好き嫌いが出ることもありますが、184ページで紹介したさまざまなバイアスにも気を配りつつ、公正に評価することを心がけてください。マイナス面を見るよりも、自部署にとってプラスになるところに注目したほうが、判断はブレにくい傾向にあります。

相手のいい面を知るための面接

事前に応募書類を確認しておく

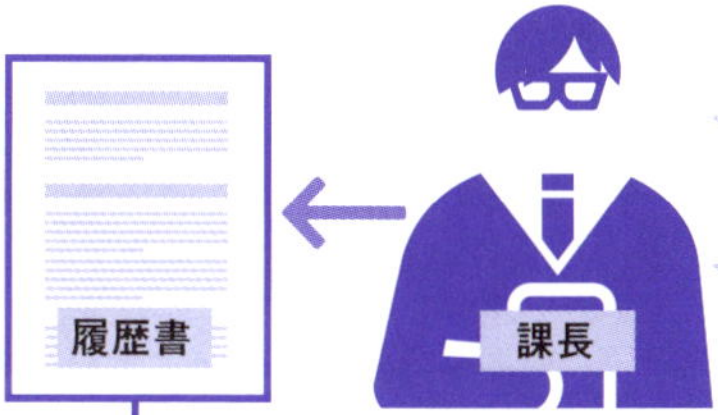

どんなキャリアを持っているか

求めている能力は備えているか

事前準備で面接時の質問を組み立てる

面接当日の注意点

①応募者の緊張を解く
緊張したままでは、本当の姿を探れない

↓

②第一印象の好き嫌いに引きずられない
ハロー効果、対比誤差、寛大化傾向にも注意する

↓

③マイナス面ではなく、プラス面に着目する
自部署に何をもたらしてくれるかを考える

猜疑心にあふれた視線で見ていては
その人の魅力は見えてこない

6-08

人材の配置や異動には大局観も必要

自部署の都合だけにとらわれない

▼組織全体の発展と部下の成長を考える

人材の配置や異動は、組織のパフォーマンスを高めるだけではなく、社員に多様な経験を積ませて成長をうながすという側面もあります。このため、人事部や上層部の意向が強く働くこともありますが、当然ながら直属の上司の意見も反映されます。たとえば、上層部から能力の高い部下の異動を打診されたとき、自部署の業績を考えれば、できれば出したくないというのがマネジャーの本音でしょう。ただ、先にも述べた通り、人事異動にはその人を育成する機能もあるため、出し渋ってばかりはいられません。

また、**異動する本人にとっても、その人が本当にやりたいと望む仕事をやらせたほうが、モチベーションを高めたり、コミットメントを引き出しやすくなります。**

近年は自己申告制度や社内公募制度などで社員の意向が異動に反映されるケースも増えてきているため、どうせなら、組織全体の発展と本人の成長を考えて、気持ちよく送り出してあげましょう。

人材配置や人事異動は広い視野で判断する

マネジャーが部下を囲っている場合

マネジャーが部下を囲っている状況では、組織の発展も部下の成長も望めない

マネジャーが広い視野を持っている場合

能力や適性に応じた人材配置や、人材の成長を高めることを主眼においた異動は
組織全体のパフォーマンスを高めることに寄与する

6-09

チーム編成は多様性を意識しよう

仕事のやりやすさとパフォーマンスは別

▼自分の部下に欠けている人材を招く

部署やチームを編成するときに覚えておいてほしいのは、能力が高い人ばかりで固めても、必ずしも業績はあがらないということです。同じような能力、同じような考え方をする人でチームを組めば目先の仕事は円滑に進むかもしれません。しかし、価値観が似通っているため、新たなアイデアは生まれにくく、パフォーマンスもそれなりに落ち着きがちです。

反対に、能力面でまったく違った特性を持っていたり、考え方が異なっていたりする人を集めると、それぞれの長所が刺激し合い、思ってもみなかったパフォーマンスを発揮することも少なくありません。当然、そんなチームをまとめるマネジャーは大変ですが、予定調和をヨシとしてはいけないのです。**新たに外部から人材を招くときも、自分の部署やチームに欠けているような個性を持った人を選べば、優れた成果を残すこともあります。**

自分の部署内でチームを編成する場合も、こういった組み合わせには気を配りたいものです。

多様性や異分子を受け入れる

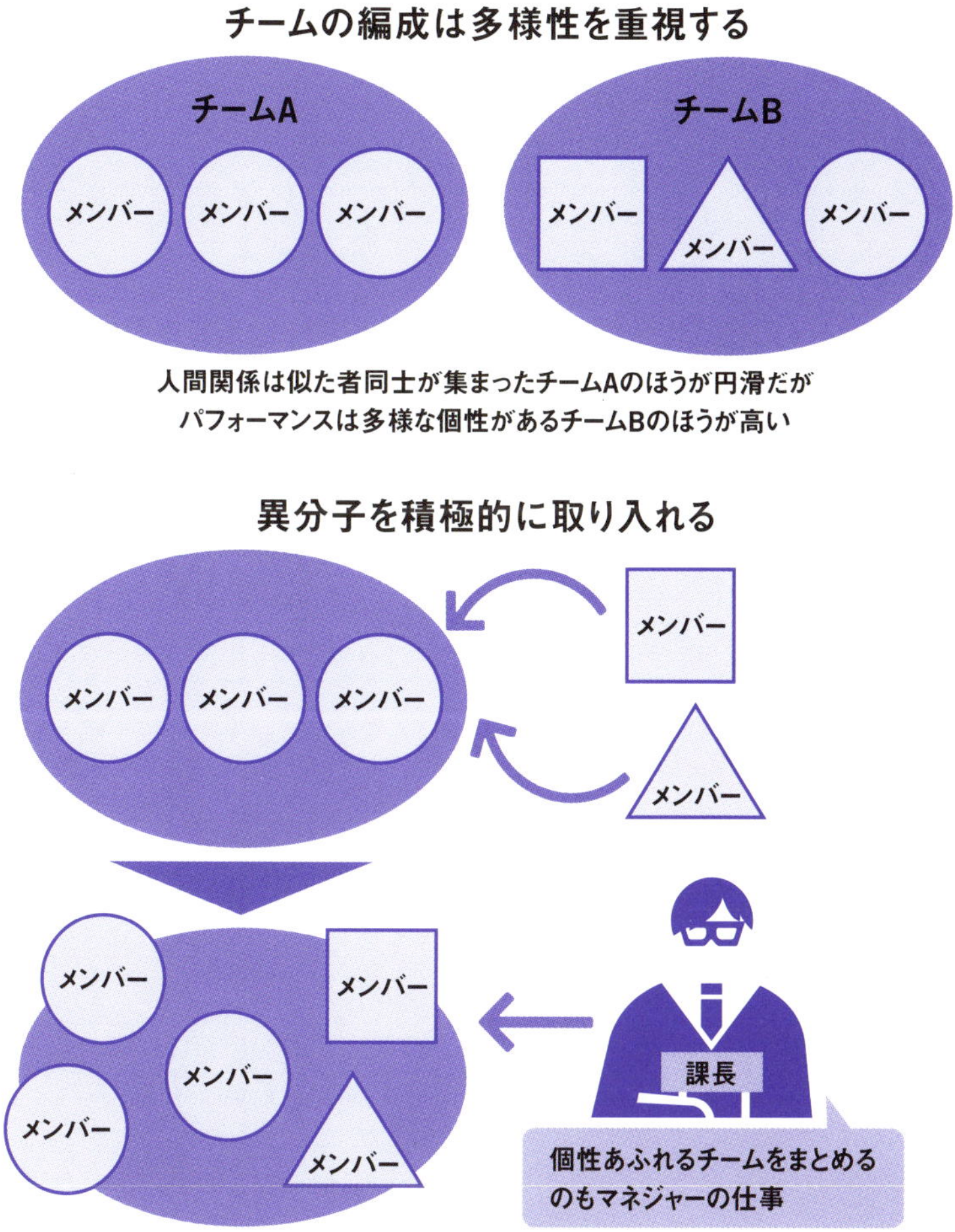
チームの編成は多様性を重視する
チームA
メンバー
メンバー
メンバー
チームB
メンバー
メンバー
メンバー
人間関係は似た者同士が集まったチームAのほうが円滑だが
パフォーマンスは多様な個性があるチームBのほうが高い
異分子を積極的に取り入れる
メンバー
メンバー
メンバー
メンバー
メンバー
メンバー
メンバー
メンバー
メンバー
メンバー
課長
個性あふれるチームをまとめる
のもマネジャーの仕事

6-10

有給休暇を上手にマネジメントしよう

部下との意識のすり合わせが大事

▼有給は休暇取得者以外にもメリットがある

繁忙期に限って部下が有給休暇をとる……といった具合に、ミドルマネジャーは有給休暇のマネジメントにも頭を悩まされます。有給休暇に関しては、本来は部下が申し出てきたタイミングで、気持ちよく休んでもらうことがベストですが、どうしても外せないイベントがあるときや、繁忙期などは、なかなかそうも言っていられません。正当な理由があるときは、有給休暇の日程を変更させることも可能ですが、やはり日ごろからコミュニケーションをしっかりとっておき、休暇取得のタイミングなどについても、認識を共有しておく必要があるでしょう。

また、有給休暇には休んだ部下がリフレッシュできること以外にも、多くのメリットがあります。たとえば**休んだ部下の代わりにほかの社員が仕事を引き継いで経験を得たり、引き継ぎの際に業務の進め方を改めて見直したりできます。**こういったメリットも含め、有給休暇を前向きにとれるような雰囲気にしたいものです。

年次有給休暇の基礎知識とメリット

年次有給休暇の付与日数

半年以上、継続して勤務し、その期間のすべての労働日数の8割以上を
出勤した労働者は、下記の表のように有給休暇を取得できる

継続勤務年数	0.5	1.5	2.5	3.5	4.5	5.5	6.5以上
付与日数	10	11	12	14	16	18	20

年次有給休暇の付与日数

①業務を円滑に引き継ぐためには、業務の内容、進め方などに関する棚卸しが必要になり、その過程で業務の非効率な部分をチェックできる

②休暇を取得した社員の代替業務をこなすために、ほかの社員の多能化が促進される

③交代要員が代替業務をこなすことができるか否かの能力測定の機会となる

④交代要員の権限委譲の契機になることから、社員の育成につながる

⑤休暇取得者が休暇を有効活用することで、キャリアアップを図ることができる

社員だけではなく会社側にもメリットがある!

※『有給休暇ハンドブック』(厚生労働省)から引用、一部改変

6-11

休業と復帰にうまく対処するには？

育児休業や介護休業のマネジメント

▼事前に手を打っておくことが大切

育児休業や介護休業などによって、部下がいったん職場を離れることもあります。育児休業は原則で子どもが満1歳になるまで、介護休業は最長で93日まで取得することができるように、長期間の離脱になるため、マネジャーとしても備えが必要です。たとえば「この仕事は、この社員にしかできない」という状況をつくると、休業者が出たときに代替する社員が見つからない事態に陥ります。**部下一人ひとりの多能工化を進めたり、業務の進行状況を複数の社員で共有したりと、日ごろの準備が大切です。**

また、休業していた社員が復帰した場合も、以前のようにすぐに活躍できるようになるとは限りません。1つの業務を2人で担うジョブシェアリング制を取り入れるなどして、円滑に業務をおこなえる体制づくりが必要です。休業前とは職場の状況が変わっていることもあるため、事前に休業していた部下に現状を伝えるとともに、部下の希望も聞いたうえで、無理なく働ける方法をともに探っていくのがベターといえるでしょう。

主な休業制度と対策

育児休業
労働者の申し出により、子が1歳になるまでの間、育児休業をとることができる（条件を満たせば、1歳6ヵ月まで育児休業を取得可能）

介護休業
労働者の申し出により、要介護状態にある家族1人につき、常時介護を必要とする状態ごとに1回の介護休業をのべ93日まで取得できる

復職後も以前のように働けるとは限らない

たとえば育児期の制度には、復職後も親が安心して働ける仕組みがある

小学校に就学する前の子どもを養育している部下から申し出があったときは、子どもの看護休暇を取得させなければならない

3歳未満の子どもを養育する部下からの希望があれば、短時間勤務制度を適用しなければならない

小学校に就学する前の子どもを養育している部下から申し出があったときは、1ヵ月24時間、1年150時間を超える時間外労働をさせてはならない

マネジメントによる備えが必要

多能工化

1人で複数の職務を担えるようにする

ジョブシェアリング制

2人1組のペアで仕事を共有する

6-12

部下が「辞めたい」と言ってきたら？

「卒業」という意識で気持ちよく送り出す

▼辞意を伝えられたら撤回させるのは難しい

部下が辞めたいと言ってきた。そのときのミドルマネジャーの心境としては、寝耳に水といった驚きを感じる場合と、「ついにきたか」という諦めにも似た感情を覚える場合の2つに大別できるでしょう。その部下が有能であるほど、マネジャーにとっては痛手になり、なんとか引き止めたいという思いが強くなるでしょう。ただ、**部下には辞める自由があり、また、マネジャーに辞意を示す段階では、多くの場合、もう覚悟を決めています。**無理に引き止めるのではなく、「卒業」という意識で、次のステージに送り出してあげるような対応をすれば、引き継ぎ等もスムーズにいくでしょう。

どうしても辞められたくない部下がいる場合は、「ついにきたか」という状況に陥る前に、日ごろの様子をしっかり観察し、環境に問題があるのなら取り除いてあげるのもマネジャーの仕事です。とくに、寝耳に水のパターンの場合、マネジャーの観察不足の可能性が高いため、退職の予兆を見逃さないようにしたいものです。

部下が辞めるときの対処

マネジャーは次のようなパターンになりやすい

部下が辞めたいと言い出す!

①「寝耳に水」のパターン
日ごろの観察不足の可能性が高い

②「ついにきたか」のパターン
こうなる前にケアが必要

日ごろから部下と円滑なコミュニケーションをとり、不満を取り除くようなアプローチができていれば防げる退職も多い。一方で、部下個人の志向性や事情による退職もあるため、そもそも防げない退職もある

いずれにしても、辞意を示す段階では、退職を固く決めていることが多い

辞意が強い場合は、引き止めてもよい結果にはならない

なんとか
残ってくれ!
課長
新天地でも
がんばれ!

卒業という意識で送り出してあげることが大切!

コラム

成果主義と目標管理には大いなる幻想がある

成果主義を導入した企業の多くは、本文でも述べた通り、結果を処遇に反映させることだけにとらわれて、失敗例が目立つのが現状です。そういった企業は、コンサルティング会社による成果主義のパッケージをそのまま導入しているケースが少なくありません。業種や業態、職務に適合しているかどうか、どの部門に導入すると効果を発揮するのか。そんなことを深く検討せずに、場当たり的に導入する企業が多かったことが、日本における成果主義の失敗要因のひとつといえるでしょう。

また目標管理についても、たとえば総務や経理といったルーティン的な作業になりがちな部署にも、一様に導入されることで、適切な評価ができなくなる例が少なくありません。一定の手順をミスなく遂行することが求められるポジションでは、そもそも目標を立てにくいため、目標管理の導入は困難です。業種や業態、あるいは運営手法によっては、成果主義や目標管理は明確で納得感のある評価を導き出すことができますが、決して万能ではなく、成功例だけを見て自社にも適合すると思うのは幻想でしかありません。

第７章

戦略と戦術の立て方と実行のポイント

7-01

ミドルマネジャーにも戦略は必要

戦略を戦術として展開する

▼戦略は階層的に展開されていく

「戦略を立てる」のは経営者の仕事と思う人もいるかもしれません。たしかに会社戦略の立案は経営者の責務ですが、そもそも**戦略は階層的に展開していくもので、ミドルマネジャーにも戦略は必要です。**たとえば経営者が全体を包括するような全社戦略を立てます。全社戦略には、さまざまな事業が内包されています。その各々の事業のある一定期間でのゴール、すなわち事業目標の設定までを経営者はおこないます。経営者にとって、各事業を個別に展開することは「戦術」に相当します。各事業の責任者は、経営者が設定した事業目標の実現を目指し、「事業戦略」を立てます。この事業戦略には、さらに細分化した部門目標が内包されています。事業責任者は事業戦略を戦術として部門ごとに展開していきます。ミドルマネジャーは部門ごとに設定された業務目標に向かって、部門戦略を立てる……といった形で、戦略は階層的に展開されます。このように全社戦略は細分化されていき、最終的には役職のない一般社員も自分なりの戦略と戦術を持って、仕事に取り組んでいくことになるのです。

戦略と戦術の関係

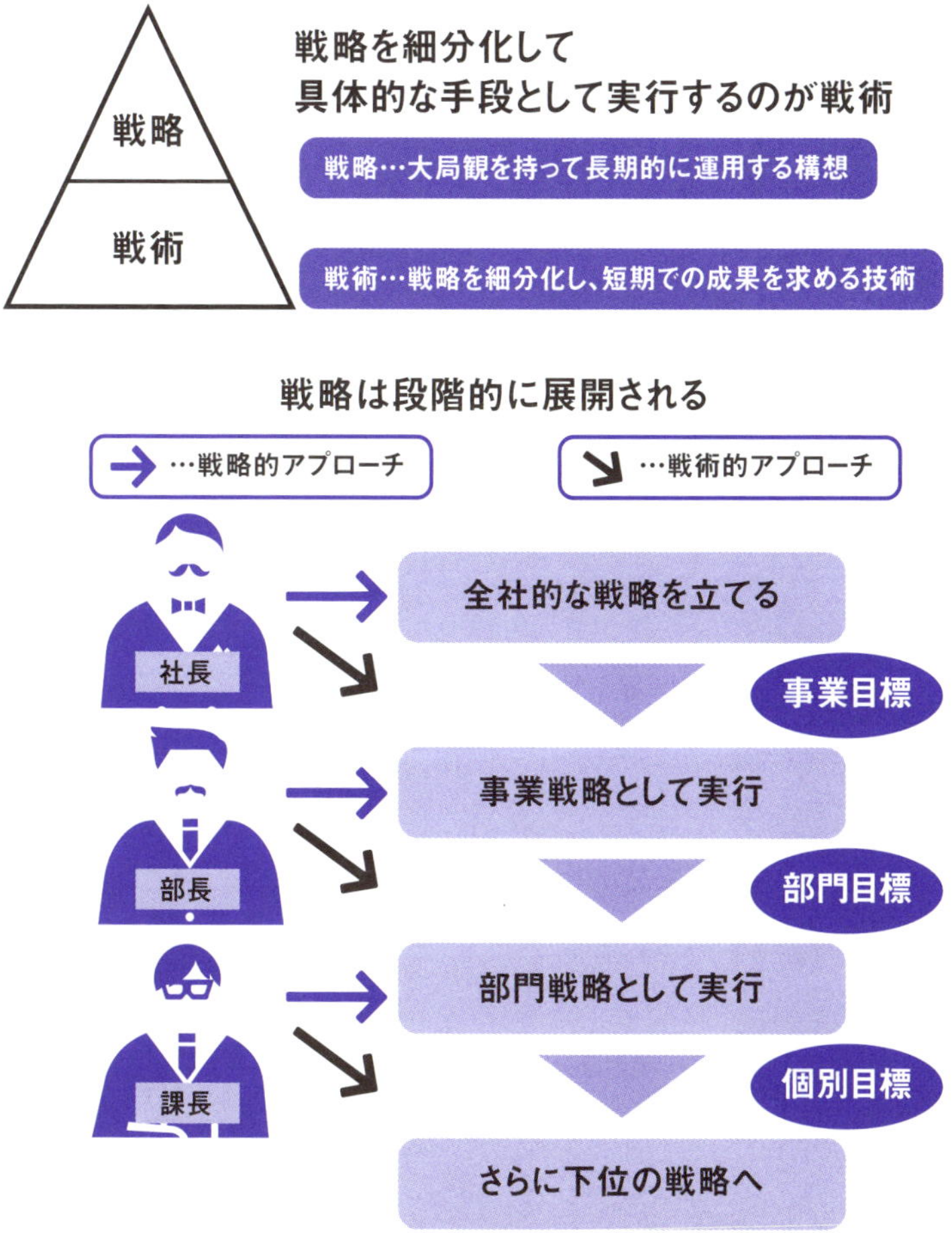
戦略
戦術
戦略を細分化して
具体的な手段として実行するのが戦術
戦略…大局観を持って長期的に運用する構想
戦術…戦略を細分化し、短期での成果を求める技術
戦略は段階的に展開される
…戦略的アプローチ
…戦術的アプローチ
社長
部長
課長
全社的な戦略を立てる
事業目標
事業戦略として実行
部門目標
部門戦略として実行
個別目標
さらに下位の戦略へ

戦略から戦術に落とし込んでいく作業は一般社員の業務にも及んでいく

7-02

戦略と戦術の違いを知ろう

それぞれ役割が異なる

▼大きな方針を立てる戦略、柔軟に対処する戦術

ミドルマネジャーが部門戦略や課の戦略を立てるときは、戦略と戦術の違いについて、はっきり分けておくことが大事です。戦略とはもともと軍事用語で、国家の目標を成し遂げるために、軍事的な資源を配分したり、その資源をどう運用していくかを決めたりすることを指しました。一方の戦術とは、それぞれの戦いのなかで、敵の動向や環境の変化に注意しながら、軍を柔軟に動かしていくことを指します。

企業における戦略も、目標を達成したり、課題を解決したりするために、経営資源をどのように配分するか、大きな方針を立てることだといえます。

対して**戦術は、部門の現況に沿って戦略を細分化し、そのときどきの状況に応じて、臨機応変に展開していきます。**ミドルマネジャーは、経営課題を見つけて、それを解決するための方針を立て、そしてどのように対処していくか、戦術として具体的な方法に落とし込んでいくことが求められているのです。

戦略を戦術に落とし込むには?

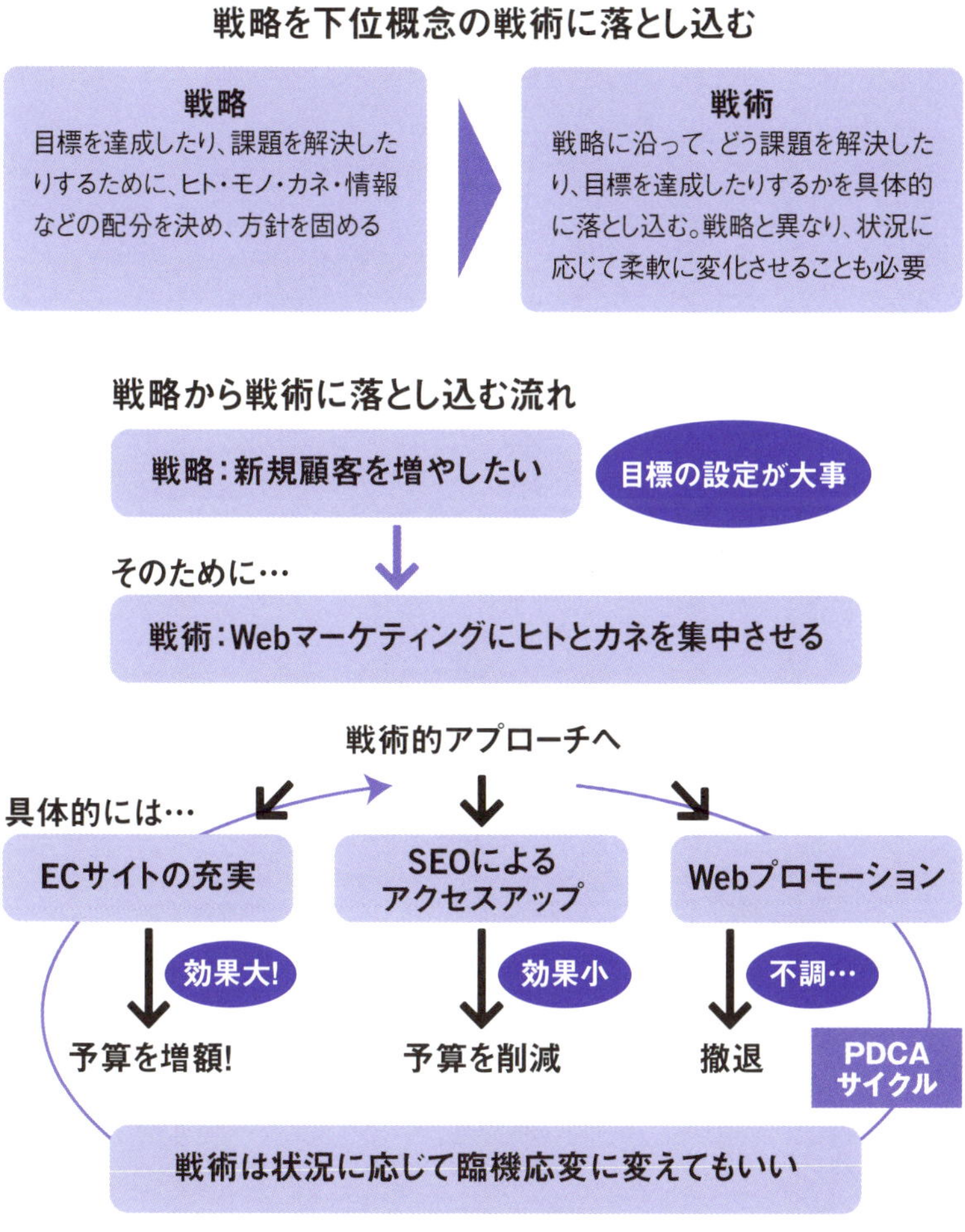
戦略を下位概念の戦術に落とし込む
戦略
目標を達成したり、課題を解決したりするために、ヒト・モノ・カネ・情報などの配分を決め、方針を固める
戦術
戦略に沿って、どう課題を解決したり、目標を達成したりするかを具体的に落とし込む。戦略と異なり、状況に応じて柔軟に変化させることも必要
戦略から戦術に落とし込む流れ
戦略：新規顧客を増やしたい
目標の設定が大事
そのために…
戦術：Webマーケティングにヒトとカネを集中させる
戦術的アプローチへ
具体的には…
ECサイトの充実
効果大!
予算を増額!
SEOによるアクセスアップ
効果小
予算を削減
Webプロモーション
不調…
撤退
PDCAサイクル
戦術は状況に応じて臨機応変に変えてもいい

▼戦略に深くかかわるマーケティング

戦略として目標を立てたり、課題を設定したりするときに、ただ漠然と考えていては正解にたどり着けません。ミドルマネジャーが戦略を考えるときに、重視したいのはマーケティングです。

マーケティングは市場調査という意味でとられることが少なくありませんが、実際の範囲はもっと広く、顧客の欲求や願望を理解し、顧客が求めている製品やサービスを創造することまで含みます。マーケティングの対象は、モノ、サービス、情報、体験と多岐に及び、どのような業種にあっても不可欠な技術です。

ミドルマネジャーは、マーケティングの視点から戦略を立て、ヒトやモノ、カネといった経営資源を適時投入していかなければなりません。マーケティングという根拠があるからこそ、自信を持って経営資源を投入できるのです。

マーケティングについては、216ページで紹介するSTPや、218ページで紹介する4Pなどのほか、3C分析や5F分析、SWOT分析など、多種多様な理論が存在し、ミドルマネジャーにとって有用なものもたくさんあります。

後のページでミドルマネジメントにも役立つさまざまな理論を詳しく解説し、その活用法を見ていきます。

マーケティングを根拠に経営資源を投入する

経営戦略はマーケティングを中心に考える

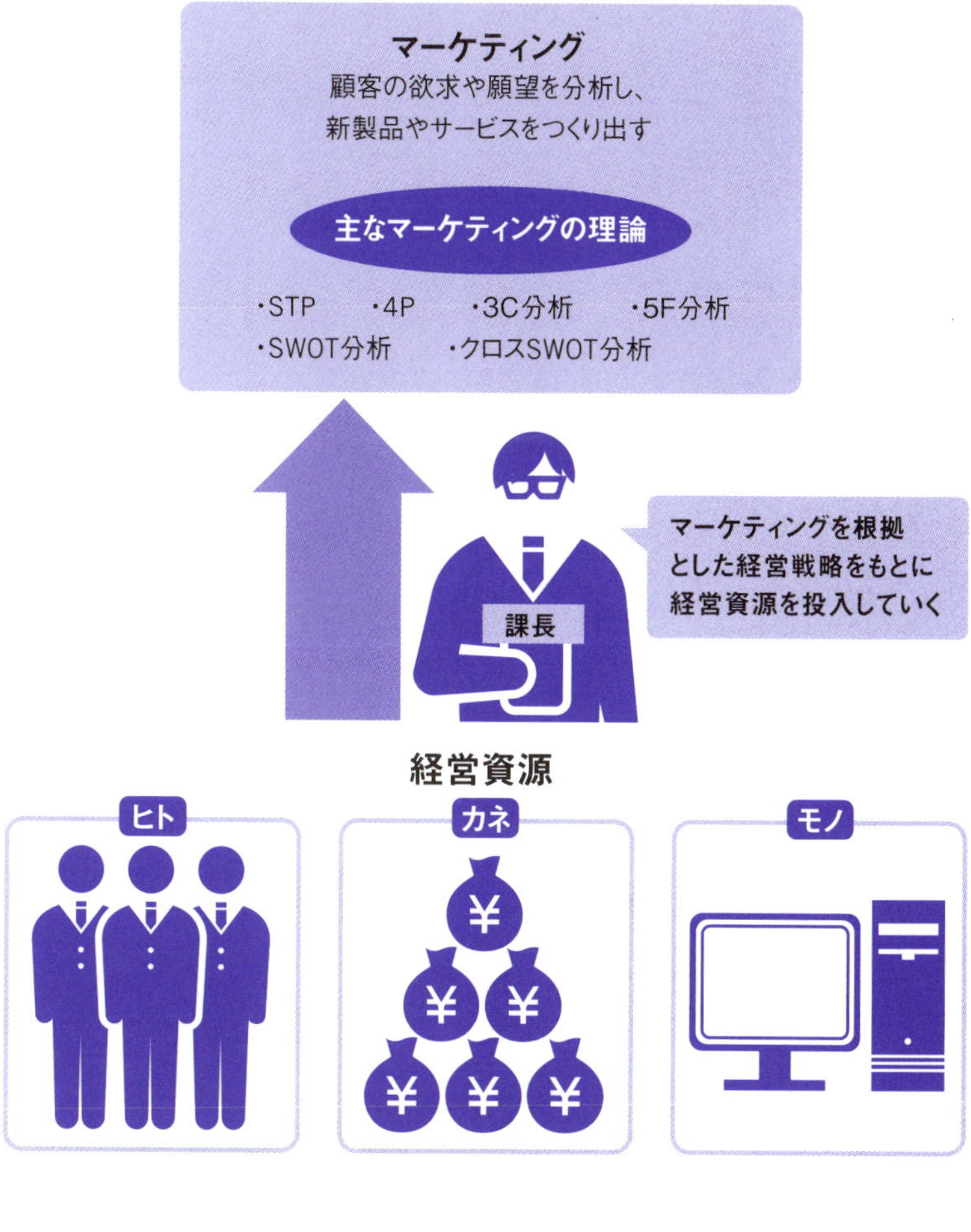
マーケティング
顧客の欲求や願望を分析し、
新製品やサービスをつくり出す
主なマーケティングの理論
・STP　・4P　・3C分析　・5F分析
・SWOT分析　・クロスSWOT分析
課長
マーケティングを根拠
とした経営戦略をもとに
経営資源を投入していく
経営資源
ヒト
カネ
モノ

7-03

市場の分析をしよう

周辺環境をつかむ3C分析と5F分析

▼戦略策定前に、自社を取り巻く状況を把握する

戦略を立てる前に、まずやっておきたいのが市場の分析です。市場分析の手法はいくつもありますが、基本として「3C分析」は頭に入れておいたほうがいいでしょう。3C分析は、顧客（customer）、競合他社（competitor）、自社（company）の3つのCがカギになります。顧客のニーズや購買行動、利用シーンなどを分析する「顧客分析」、競合他社の強みや弱み、シェアなどを分析する「競合分析」、自社の技術力や商品力を分析する「自社分析」の**3方向から分析をすることで、自社を取り巻く状況が見えてきます。**

また、自社を取り巻く環境を分析する「5F分析」という手法もあります。これは、「いまある競合他社」「新規参入する競合他社」「自社商品の代替品」「買い手（自社商品から乗り換えようとする顧客）の交渉力」「売り手（仕入れ先など）の交渉力」の5つの力に着目した分析手法です。**5つの力が大きいほど、市場の状況は厳しいといえ、参入や撤退を決めるときの判断基準になります。**

3C分析と5F分析

3Cは「customer」「competitor」「company」の頭文字

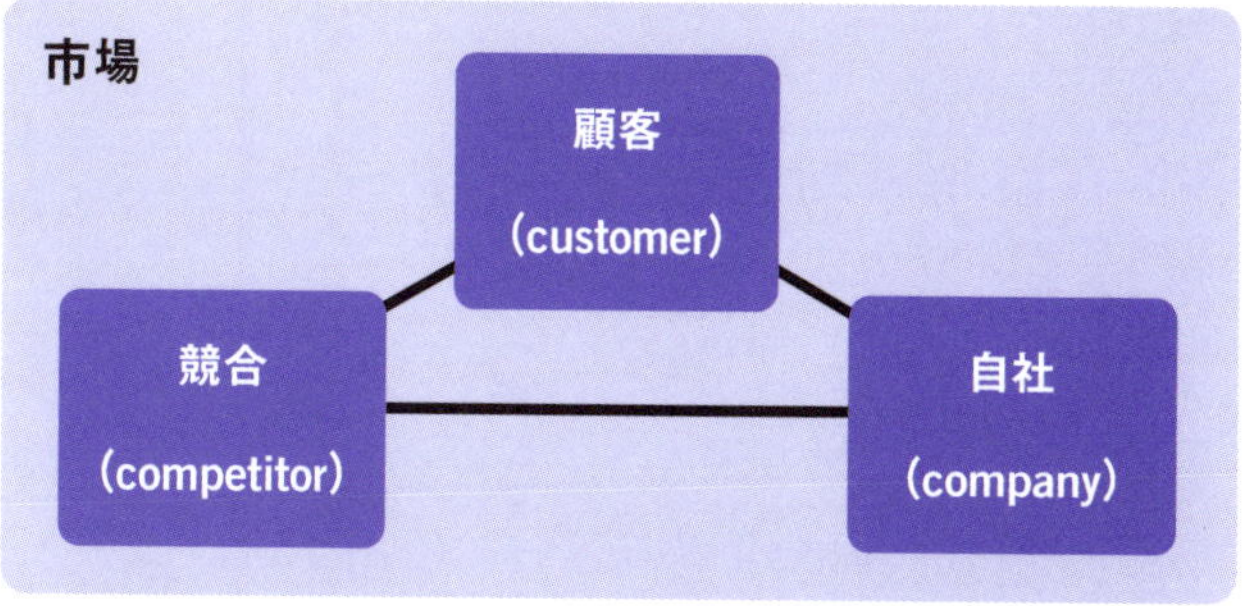
市場
顧客
（customer）
競合
（competitor）
自社
（company）

3つのCを分析すれば、自社を取り巻く状況が見えてくる

5F分析は「ファイブ・フォース（five forces）」の略

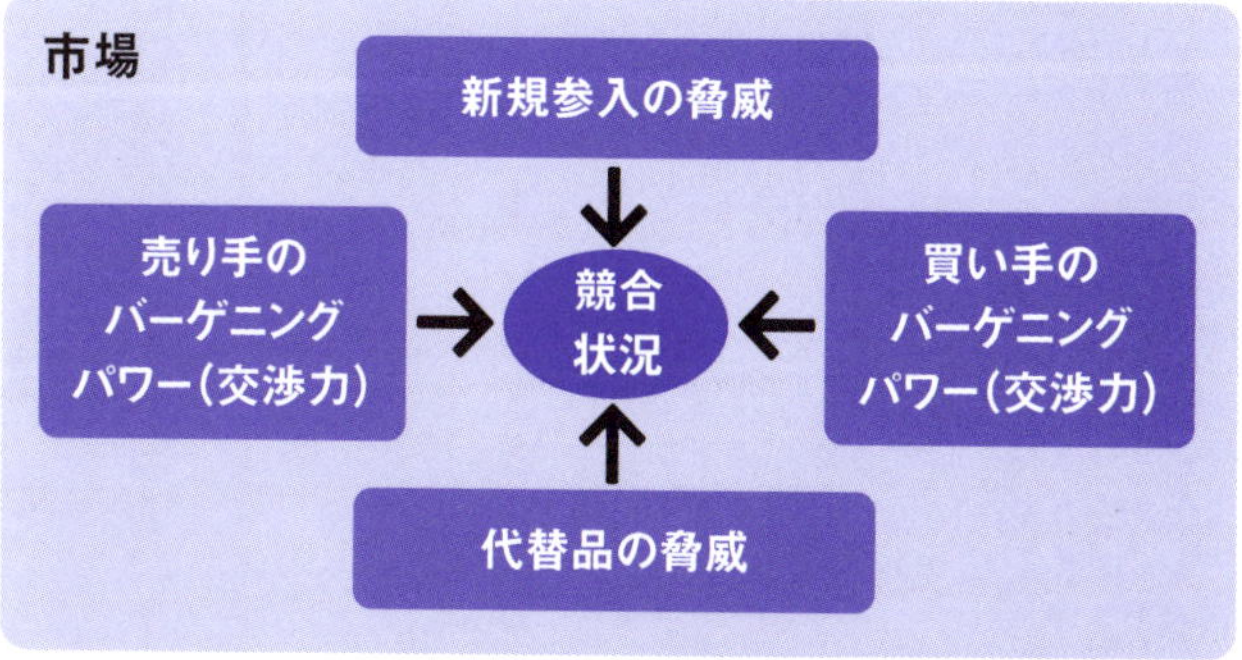
市場
新規参入の脅威
売り手の
バーゲニング
パワー（交渉力）
競合
状況
買い手の
バーゲニング
パワー（交渉力）
代替品の脅威

さまざまな力が競合状況をつくり出す

※マイケル・ポーター『競争の戦略』より作成

7-04

内部と外部から自社を分析しよう

４つの角度から自社を評価するＳＷＯＴ分析

▼プラス面とマイナス面から整理する

ミドルマネジャーが戦略を立てるときは、自分の部署の状況もしっかり分析しておきたいものです。とりわけ、**プラス面とマイナス面を整理するのに適した「ＳＷＯＴ分析」**は、ぜひとも実行しておきましょう。

ＳＷＯＴ分析では、内部環境と外部環境の両面からプラス面とマイナス面を検討します。たとえば内部環境のプラス面は「優れた技術がある」、マイナス面は「高コスト体質」といった具合です。一方、外部環境のプラス面では「有力な顧客から新案件を打診されている」、マイナス面は「競合他社が参入を目論んでいる」といった項目が挙げられます。

内部環境のプラス面は、そのまま自部署の「強み」となり、マイナス面は「弱み」となります。また、外部環境のプラス面は「機会」となり、マイナス面は「脅威」となります。まず、「強み」「弱み」「機会」「脅威」の４つを明らかにして、２１４ページで紹介する具体的な戦略につなげていきます。

SWOT分析の概要

SWOT分析…強み（strengths）、弱み（weaknesses）、機会（opportunities）、脅威（threats）の頭文字から命名

SWOT分析の手順

	プラス面	マイナス面
内部環境	強み（strengths）	弱み（weaknesses）
外部環境	機会（opportunities）	脅威（threats）

内部環境のプラス面を「強み」、マイナス面を「弱み」とする
外部環境のプラス面を「機会」、マイナス面を「脅威」とする

優れた技術がある
強み
コストが高い
弱み
課長
有力な顧客から新案件の打診
機会
競合他社の参入
脅威

▼4つの戦略が見えてくるクロスSWOT分析

SWOT分析によって、自社の「強み」「弱み」「機会」「脅威」を評価したあとは、ぜひとも具体的な戦略に結びつけましょう。「強み」と「弱み」を、「機会」「脅威」と掛け合わせることで、次のように4つの戦略が浮かび上がってきます。

①強み×機会……積極的攻勢戦略
②強み×脅威……差別化戦略
③弱み×機会……段階的施策戦略
④弱み×脅威……専守防衛、撤退戦略

たとえば「①強み×機会」では、優れた技術をウリにして、有力な顧客をどんどん獲得する積極的攻勢戦略が考えられます。「②強み×脅威」では、新規参入を目論む他社に顧客を奪われないように、優れた技術を土台に真似のできないサービスを生み出す差別化戦略が挙げられるでしょう。「③弱み×機会」では、コストダウンを図りながらも、有力顧客をつなぎ留めるような戦略となります。「④弱み×脅威」では、競争激化による利益減退を受け、事業の縮小や撤退を決めるようなパターンが代表的です。

このように、**「強み」「弱み」と「機会」「脅威」を掛け合わせて戦略を練ることを、「クロスSWOT分析」と呼びます。**外部環境や内部環境のプラス面とマイナス面から、さまざまな方向性を打ち出せるため、広い視野で戦略を検討することができます。

「強み」「弱み」と「機会」「脅威」から戦略を導き出すクロスSWOT分析

4要素を掛け合わせることで戦略の方向性が見える!

	強み	弱み
機会	**積極的攻勢戦略**	**段階的施策戦略**
脅威	**差別化戦略**	**専守防衛、撤退戦略**

4つの戦略の概要

●強み×機会……積極的攻勢戦略
自分の部署の強みを武器に、機会を活かすような戦略を検討する

●強み×脅威……差別化戦略
自分の部署の強みを武器に、脅威を退けるような戦略を検討する

●弱み×機会……段階的施策戦略
自分の部署の弱みを軽減しつつ、機会を活かせるような戦略を検討する

●弱み×脅威……専守防衛、撤退戦略
自分の部署の弱みと脅威を念頭に、事業の縮小や撤退を検討する

※シェルパ『図解&事例で学ぶマーケティングの教科書』より作成

7-05

STPで戦略の対象を絞ろう

セグメンテーション、ターゲティング、ポジショニングがカギ

▼市場を細分化し、自社に有利な市場を探る

戦略を立てるときは、あれもしたい、これもやっておきたいと、どうしても総花的になりがちですが、ニーズをすべて満たすことはできません。とくに部門戦略や課戦略の場合は、あらかじめ対象を絞ることが肝要です。その際に役立つのが、フィリップ・コトラーが提唱したマーケティングの「STP」という概念です。STPは次の3つで構成されます。

①セグメンテーション……市場調査をして、市場を細分化する
②ターゲティング……細分化した市場のなかから、競争優位をとれる市場を絞る
③ポジショニング……絞り込んだ市場から、自社の事業や商品の位置付けを探る

セグメンテーションで地域や顧客の年齢層による細分化をおこない、ターゲティングで自社の事業や製品が優位となる市場を選出し、ポジショニングでどんな立ち位置になるのかを探れば、広い市場のなかで何をするべきかという戦略の方向性が見えてきます。これに、先のページで紹介した3C分析や5F分析、SWOT分析なども交えると効果的です。

STPの概要

STP…「segmentation」「targeting」「positioning」の略

STPのステップ

S セグメンテーションで市場を細分化する

切り口次第で、さまざまな形に細分化できる

・地域や人口などで細分化

・年齢や性別、職業で細分化

・顧客の価値観や生活習慣で細分化

・製品やサービスへの愛着やニーズで細分化

T ターゲティングで参入するべき市場を選ぶ

参入する市場はひとつとは限らない

・複数の市場に同時に参入し、さまざまな商品を投入する
（差別型マーケティング）

・ひとつの市場に絞って、主力商品を集中的に投入する
（集中型マーケティング）

P ポジショニングで自社の事業や製品の位置付けを探る

市場によって位置付けは変化する

・その市場において、自社の事業はどんな価値を提供できるか

・その市場において、自社の商品はどれくらいのシェアをとれるか

7-06

４Ｐの視点で戦術に落とし込もう

製品、価格、流通、プロモーションの４要素から切り込む

▼４つのＰから具体的手法が見えてくる

戦略を具体的な戦術に落とし込む方法はさまざまですが、フィリップ・コトラーが提唱した４Ｐという概念を使うと整理しやすくなります。４Ｐは次の項目を指します。

①製品……消費者のニーズに沿った品質や機能性を実現する製品をつくり出す
②価格……販売価格や卸価格など、その市場で受け入れられる価格を設定する
③流通……消費者に適切な流通経路で、必要な量の商品を供給できるようにする
④プロモーション……広告やキャンペーンなどで、消費者に商品の存在を周知する

ＳＴＰなどで立てた戦略をもとに、この４Ｐを使って具体的手法に落とし込んでいきます。たとえばＳＴＰで高齢者向けのニッチ市場に特化した製品を投入すると決めたのなら、高齢でも扱いやすいように製品を改良し、価格は付加価値をつけて少し高めに設定し、流通は対面販売を基本とし健康ランドでプロモーションをするといった具合です。**４Ｐをはじめとしたマーケティング概念を組み合わせることをマーケティングミックスといいます。**

STPと4Pを組み合わせる

まずはSTPによって戦略を固める

広大な市場 → **STPを実施** → 高齢者向けのニッチ市場

自社の事業や製品で優位性を築ける市場に参入

↓

4Pの観点から、具体的な戦略に落とし込む

製品(product)
戦略に沿って、
市場に受け入れられる
製品を用意する

価格(price)
戦略に沿って、
市場に受け入れられる
価格を設定する

流通(place)
戦略に沿って、
消費者に最適な
流通経路を確保する

プロモーション(promotion)
戦略に沿って、
消費者に最適な
プロモーションを企画する

7-07

PDCAで戦略を洗練させよう

計画、実行、評価、改善を回していく

▼部下もサイクルに巻き込む

ビジネスでは、plan（計画）、do（実行）、check（評価）、action（改善）の4つの要素を回して改善を図っていくPDCAサイクルを回すことが大切だとよくいわれますが、それは戦略の策定や戦術の実行においても同様です。

まずマネジャーがplanとして戦略を立て、戦術に落とし込み部下に実行（do）させる。折を見て部下たちから現況を吸い上げ、計画の評価や振り返り（check）をおこなう。うまくいったときのactionは〝標準化して横展開〟します。次の段階はplanではなく、その標準化された方策を続けるので、SDCA（S＝standard）となります。これをdoして、うまくいっているかcheckする。どこかの段階でうまくいかなくなったら（check）、その次のactionはplanに戻り次の手を考えます。このようにPDCA→SDCA→PDCAと繰り返すのが正しい現場でのあり方です。ちなみにこの考え方はトヨタ自動車などの優良企業で採用されています。

PDCAサイクルを回して戦略を洗練させる

①plan→②do→③check→④action→①plan…と回す

①plan
基本計画を立てる
②do
戦術に落とし込み実行する
うまくいったら
standard になる!
④action
解決策を考え、改善していく
③check
評価、振り返りをおこなう

部下も巻き込んでPDCAサイクルを回すことが大事

7-08

Webマーケティングの基本とは？

現代のビジネスに欠かせないネット展開

▼スピード感や低コストなどメリットは多い

現代のマーケティングといえば、Webマーケティングも欠かせません。一口にWebマーケティングといっても、「サーチエンジンマーケティング」や「バイラルマーケティング」「バズマーケティング」など多様な概念がありますが、ここでは個別の手法ではなく、基本的な概念をおさらいしておきましょう。

Webマーケティングはほかのマーケティング活動よりも段違いにスピード感があり、修正や変更をする際も効率的です。また、低いコストで全世界に展開できるのも強みです。

一方で、Webサイトだけでは売り手の素性を伝えにくく、また周知するのにもSEOなどそれなりのノウハウが必要という弱みもあります。こういった強みと弱みを理解しつつ、それに適合した戦略を立てるのがWebマーケティングのポイントです。あれもこれもと機能を求めるのではなく、たとえばWebによるブランディングに注力したり、ダイレクトレスポンスの獲得を目指したりと、最初に目的をしっかりと決めることが大切です。

Webマーケティングの概要

Webを介して企業と消費者をつなぐ

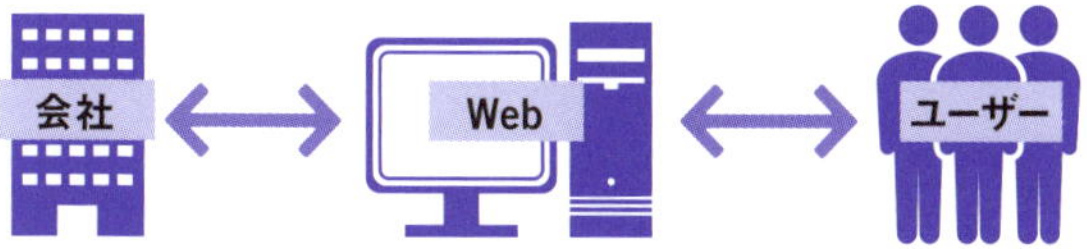

Webマーケティングには、さまざまな種類がある

●サーチエンジンマーケティング
検索エンジンからのアプローチを促す

●バイラルマーケティング
ネットを通じて顧客に自社の製品やサービスを紹介してもらう

●バズマーケティング
主にネット上での口コミをもとに顧客を獲得する

Webマーケティングの強みと弱み

Webマーケティングの強み
・スピード感がある
・低コストで全世界に発信できる
・修正や変更が容易

Webマーケティングの弱み
・売り手の素性がわかりにくい
・SEOなど専門知識が必要
・多数に埋もれやすい

強み、弱みを意識して、自社の製品やサービスに適合する目的を設定する

7-09 イノベーションで突破口を開こう

抜本的な解決を可能とする創造的な手段

一口にイノベーションといっても、アプローチはいろいろ

マーケティングでさまざまな戦略を検討したが、どうにも突破口が見つからない……そんな状況にあるのなら、イノベーションによる抜本的な解決が必要かもしれません。イノベーションと聞くと、市場にない商品を創造するといった認識の人が多いと思いますが、ハーバード・ビジネス・スクール教授のクリステンセンは次のように分類しています。

①エンパワリングイノベーション……高価で専門的だった商品を、気軽に入手できるようにする

②持続的イノベーション……旧来の製品やサービスを、よりよく刷新していく

③エフィシェンシーイノベーション……製品やサービスを現在より効率的に提供する

さらにクリステンセンは、既存の製品やサービスを塗り替えるような「破壊的イノベーション」にも言及しており、たとえばフィルム式のカメラがデジタルカメラに取って代わられたようなイメージが挙げられます。

さまざまなイノベーション

エンパワリングイノベーション

（例）パソコン

高価、専門的といった理由で一般の消費者にはなかなか手に入らなかったものを、手軽に購入できるように、操作性を簡単にしたり、廉価な価格設定にしたりする

価格、
操作性とも
お手軽に！

持続的イノベーション

（例）ハイブリッド車

旧来親しまれていた製品やサービスを、より使いやすいように改良するなどして置き換えていく

環境に
やさしくなった！

エフィシェンシーイノベーション

（例）ネット通販

すでにある製品やサービスを、より消費者の手に届きやすい形に販路を広げたり、企業にとって効率的な流通経路を開拓したりする

自宅で買い物、
企業は店舗不要！

さらに、既存の製品を駆逐するような「破壊的イノベーション」もある！

7-10

部下にはビジョンや夢を語ろう

変革期に部下を動かす言葉

▼困難な時期だからこそ、マネジャーの働きかけが大事

イノベーションを起こすなど、大きな変革を伴う戦略を立てたときは、これまでと仕事のやり方を変えるわけですから、動揺する部下も出てくるでしょう。いわゆる「変革期」に部下を引っ張るためには、マネジャーがビジョンや夢を語ることが大切です。

たとえばビデオの世界規格となったビクターのVHS開発の裏側にも、ビジョンを語るリーダーの姿がありました。VHSを開発したVTR事業部は、当初はまったく期待されていなかったそうですが、部長の高野鎭雄氏が「産業をつくろう」という夢を語り、極秘プロジェクトとして会社にも内密のまま、新型ビデオの開発を進めたといいます。当然、逡巡する部下もいましたが、高野氏は「迷いはやる気の証拠。上に立つ者は部下の迷いを晴らす義務がある」と高い理念を示しました。その後のVHSの躍進は、みなさんご存知の通りです。

マネジャーがビジョンや夢を自分の言葉で語り、また、それを部下と共有することで、大変な変革期を前向きに乗り越えていくことができるのです。

変革期のマネジメント

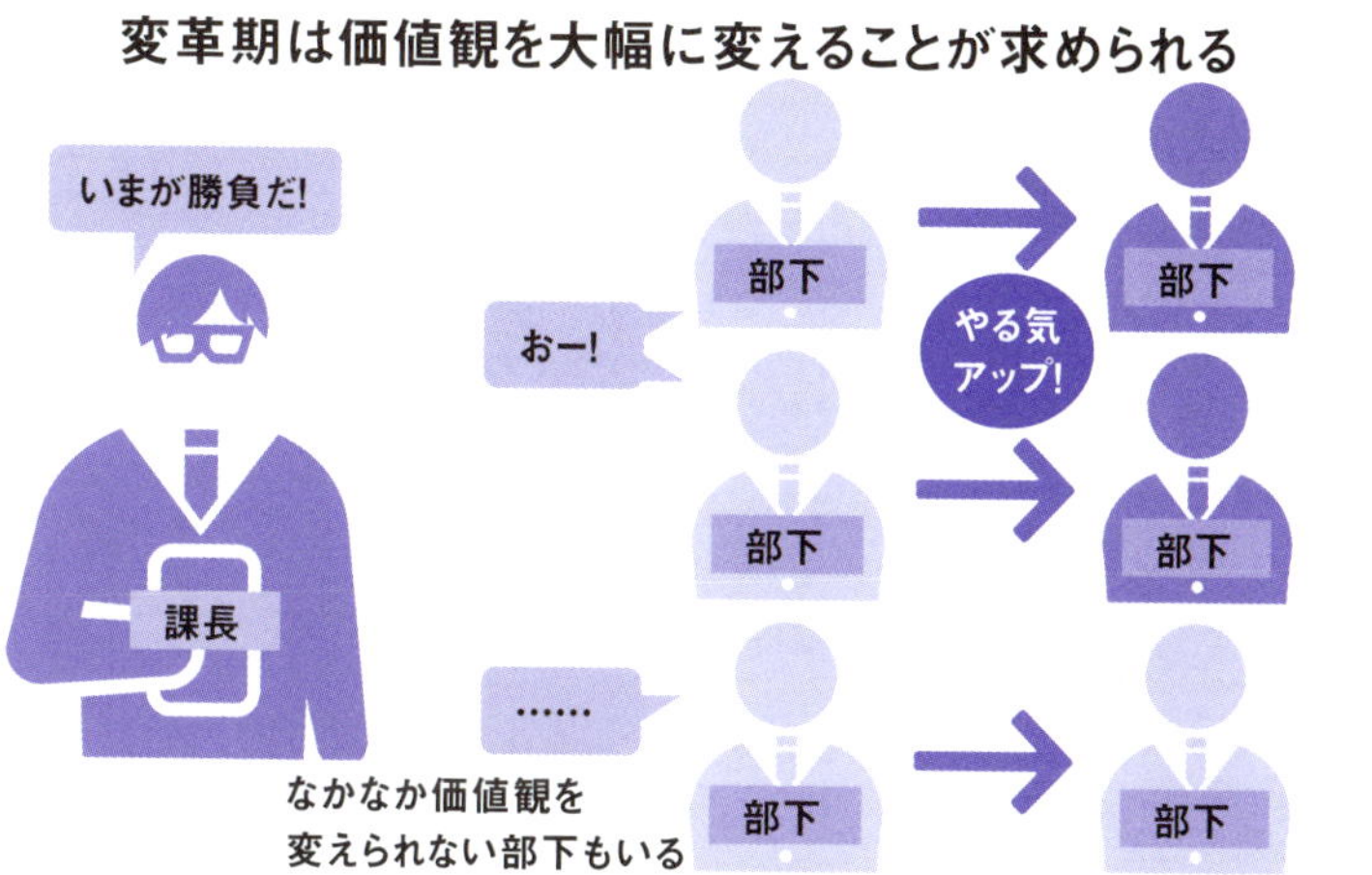
変革期は価値観を大幅に変えることが求められる
いまが勝負だ!
課長
おー!
……
なかなか価値観を
変えられない部下もいる
部下
部下
部下
やる気
アップ!
部下
部下
部下

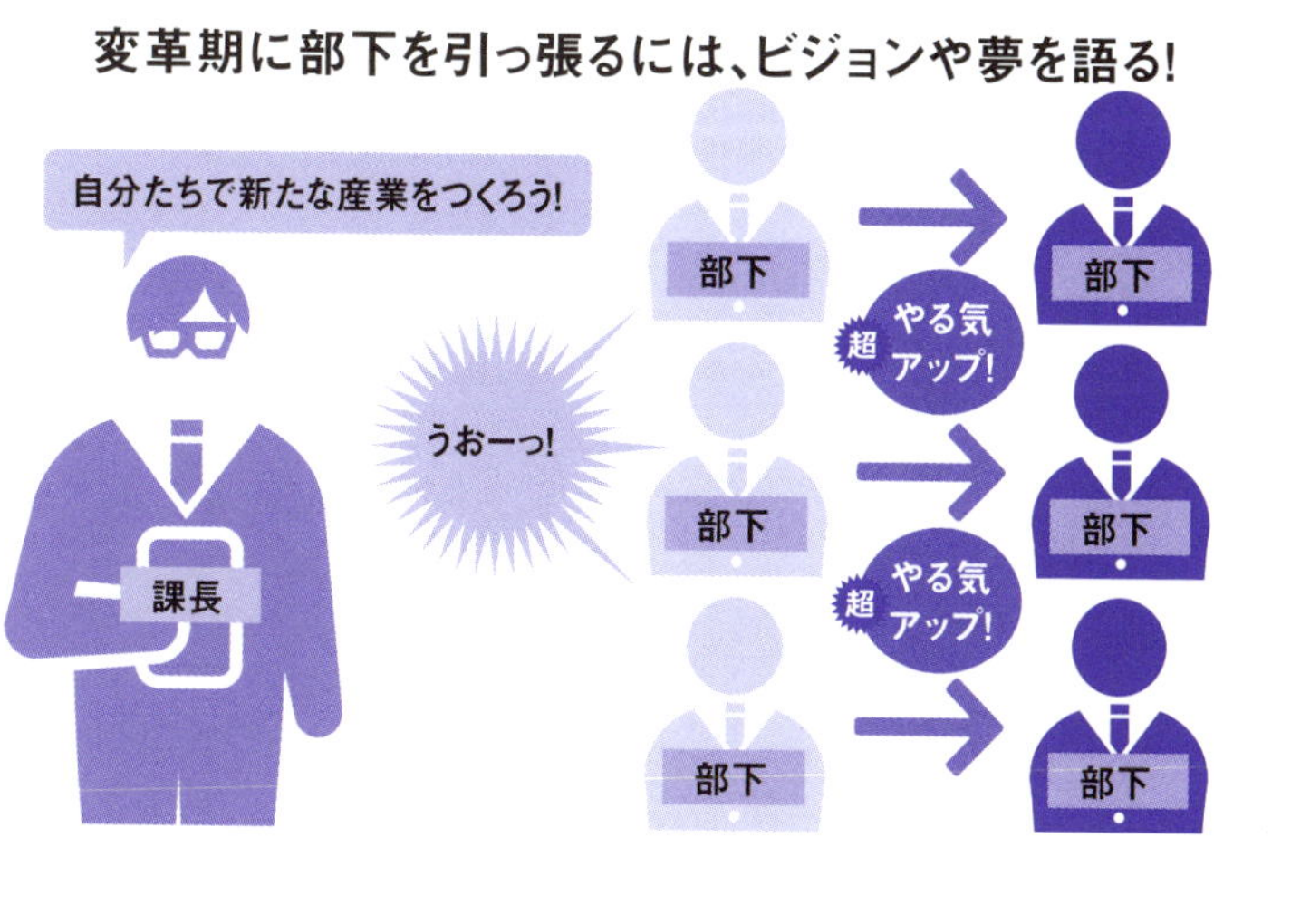
変革期に部下を引っ張るには、ビジョンや夢を語る!
自分たちで新たな産業をつくろう!
課長
うおーっ!
部下
部下
部下
超
やる気
アップ!
超
やる気
アップ!
部下
部下
部下

7-11

変革期にマネジャーがするべきこと

部下を引っ張る6つの要素

▼社内外のネットワークづくりには日ごろから取り組みたい

変革期のミドルマネジャーに求められるのは、ビジョンや夢を語ることだけではありません。変化の必要性を自分がつかむだけではなく、なぜ変化が必要なのか……ということを、部下にも説明しなくてはいけません。また、現場での権限の多くはミドルマネジャーが持っているため、リスクをとって変革していくことをヨシとするGOサインを部下に示さなくてはなりません。その際、変革に加わろうとしない部下、変革についてこられない部下に対しては、毅然とした対応が必要になります。

一方、変革に賛同してくれる部下に対しても、ケアは必要です。変革期は日ごろと違って、多少強引な舵取りも必要になりますが、部下に対しては日ごろ以上に注意深くフォローしたいものです。**また、変革期には、新たな経営資源を投入したり、社内外の関連分野の協力をあおいだりする必要も出てきます。日ごろから社内外のネットワークづくりに注力しておけば、変革期に大きな力となってくれるでしょう。**

変革期のミドルマネジャーに求められること

**マネジャーがきちんと行動することで、
厳しい改革でも部下がついてきてくれる**

夢やビジョンを示すことで、部下の気持ちをかき立てる

改革に取り組む部下の感情的なケアを含め、平時以上のサポートを心がける

改革に取り組まない人、消極的な人には厳しい態度で対応する

変革の必要性を理解して、部下にもわかりやすく伝える

社内外を問わず、改革に必要なネットワークづくりに日ごろから取り組んでおく

改革に際する業務に対し、部下が前向きに取り組めるようにGOサインを出す

ミドルマネジャーは、とくに上層部と現場をつなぐ架け橋になったり、外部との連携役を担うことが多いので、社内外の人間関係の構築が重要になる

コラム

4Pから4C、さらにマーケティングミックスへ

218ページで紹介した4Pは、はじめて提唱されたのが1960年代初頭と、やや古い概念でした。いまでもマーケティングの基本として大いに活用されていますが、4Pをより顧客視点に進化させた4Cという概念もあります。

4Cは、4Pの「product（製品）」を「consumer value（顧客にとっての価値）」に、「price（価格）」を「cost（顧客にかかるコスト）」に、「place（流通）」を「convenience（顧客にとっての利便性）」に、「promotion（プロモーション）」を「communication（顧客との対話）」にそれぞれ置き換えたもので、企業や売り手側の都合に傾きがちだった4Pを、顧客発想を軸としたアプローチに変化させました。

マネジャーが戦略を練るときも、4Pに加えて、4Cの視点も持つことができれば、より発想が広がっていくでしょう。また、4Pと4Cを別々に検討するのではなく、それぞれの要素を組み合わせて考えることで、多種多様なアイデアが生まれてきます。このように、さまざまなマーケティングの理論を組み合わせる発想をマーケティングミックスと呼びます。

第8章

組織のなかで活躍するために

8-01

組織をデザインしてみよう

組織構造を理解する

▼単純な組織からマトリックス組織まで

組織というと、会社全体を指すような非常に大きな存在をイメージしがちですが、課長がまとめる課という単位でも、リーダーがまとめるチームという単位でも、組織であることに違いはありません。組織は**協働のために、意図的に調整された、複数の人間からなる、行為のシステム**と定義できます。企業における組織構造はいくつもの分類が可能ですが、ここではミドルマネジャーと関連深い組織構造をおさらいしましょう。

①単純な組織……リーダー、開発、販売、経理など必要最低限の担当者で構成

②職能制組織……リーダー以下は、基本的に職能（開発・製造・販売など）ごとに部門化する

③事業部制組織……製品ごとや地域ごとなどに開発・製造・販売といった職能を配置し、事業単位で自立的に運営できるようにした組織

③に投資機能や人事機能がつくなど小さな会社としてより完結的な機能を持つと「カンパニー制組織」に発展し、さらに複雑な環境に対応する「マトリックス組織」もあります。

さまざまな組織構造

組織とは…協働のために、意図的に調整された
複数の人間からなる、行為のシステム

ミドルマネジメントと関連深い組織の形態

①単純な組織

立ち上がり期のベンチャーなどで多く見られ、リーダー、開発、販売、経理など、プロジェクトが遂行できる最低限の人員で構成される

②職能制組織

開発を担うなら開発者を集め、販売を担うなら販売担当者を集めるなど、ひとつの職能で固める組織

③事業部制組織

家電メーカーなら、テレビだけを対象に、開発、製造、販売を一括して担うなど、ひとつの事業を自立的におこなう組織

事業部制組織は、小さな会社のような機能を持つ
カンパニー制組織に発展することもある

組織デザインの流れ

小さな課やチームであっても、いい加減に人員を配置するのではなく、機能するように組織をデザインするという意識は欠かせません。それには、まず自分の組織が「何をアウトプットしなければいけないか」を整理する必要があります。たとえば営業を担う組織なら、まず第一義的には「売上をあげる」ことですが、それに終わらず、見込み客へのリーチや、既存顧客のフォローも大切です。顧客から吸い上げた情報を、他部署にアウトプットすることも忘れてはいけません。

これらに優先順位をつけ、それぞれの役割を明確にして作業分解をしましょう。たとえば新規顧客の開拓という役割なら、①潜在顧客のリストアップ、②テレアポ、③潜在顧客を訪問してヒアリング、④ヒアリングをもとに提案書の作成、⑤提案、交渉……といった流れにざっくり分類できます。実際の業務では、①から⑤までを同じ担当者が実行するのではなく、たとえば①と②はひとりの担当者がまとめておこない、③から⑤は営業経験が豊富な担当者に任せたほうが効率的です。また①と②は、複数の潜在顧客に対して集中的におこなうなど、部門化することが合理的です。

このように、作業の固まりごとにどういう人材を配置していくかが、ミドルマネジャーの腕の見せどころです。単に、**その人の能力との適合だけを考えて配置するのではなく、部下を成長させる視点を持って配置することが大事です。**

組織デザインの流れ

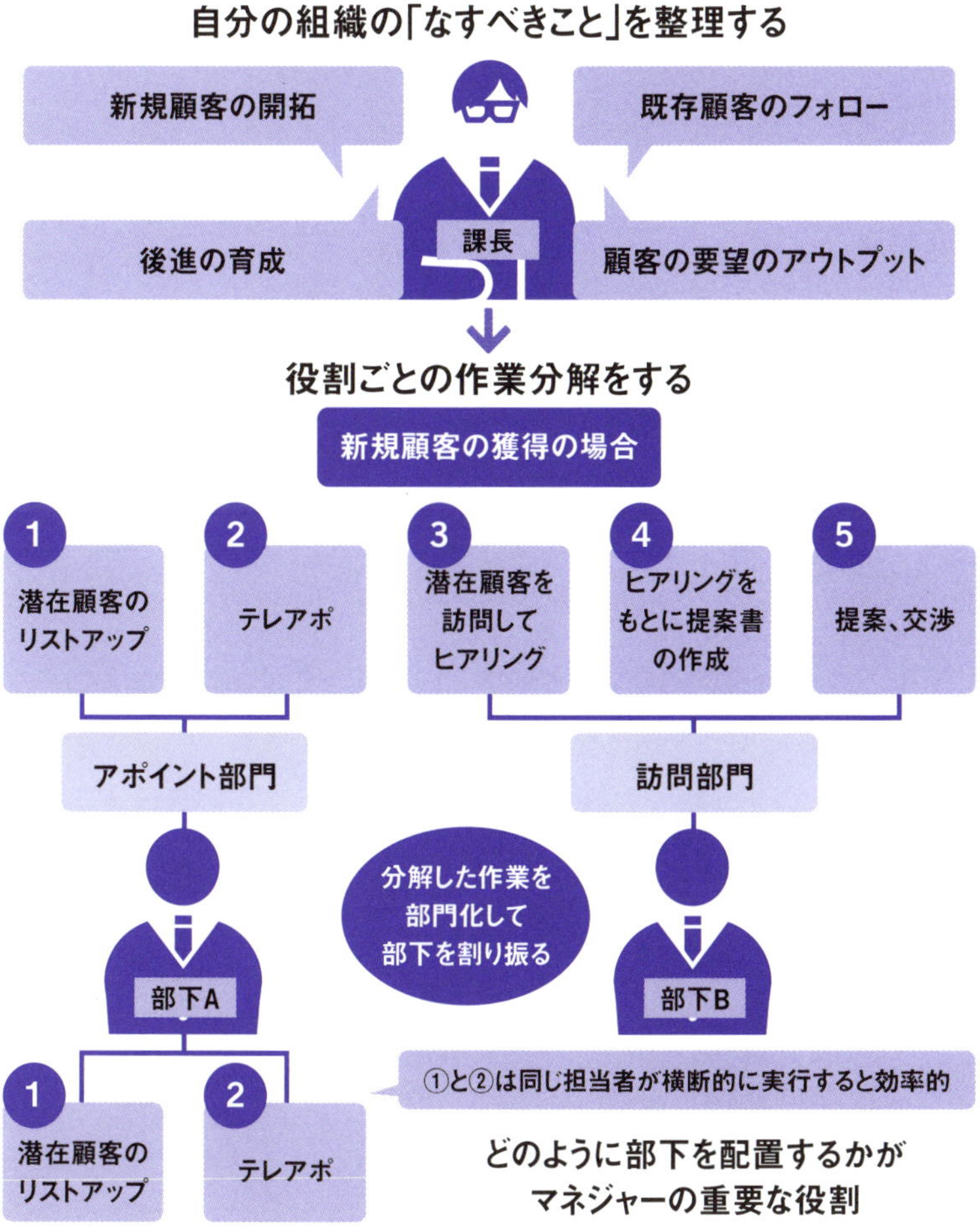

自分の組織の「なすべきこと」を整理する
新規顧客の開拓
既存顧客のフォロー
課長
後進の育成
顧客の要望のアウトプット
役割ごとの作業分解をする
新規顧客の獲得の場合
1 潜在顧客のリストアップ
2 テレアポ
3 潜在顧客を訪問してヒアリング
4 ヒアリングをもとに提案書の作成
5 提案、交渉
アポイント部門
訪問部門
分解した作業を部門化して部下を割り振る
部下A
部下B
1 潜在顧客のリストアップ
2 テレアポ
①と②は同じ担当者が横断的に実行すると効率的
どのように部下を配置するかがマネジャーの重要な役割

8-02

マネジャー同士で内省を促そう

マネジメントの体験共有

▼ほかのマネジャーの体験からも学ぶことができる

マネジャーともなると、日々の仕事の内省をすることも増えるでしょう。**反省や振り返りは大事ですが、自分だけでやっていると、どうしても独りよがりな結論になりがちです。**そこで、マネジャー同士で、経験共有をおこなう小集団活動をおすすめします。

マネジャーが数人集まって、一人あたり2分程度の時間で、過去1週間にあった出来事やその洞察、内省などを発表していくというものです。発表する際は、臨場感を意識して内容をリアルに語り、そのときの自分の気持ちと、今の自分の気持ちを率直に語ります。そして、人の発表を聞くときは、「自分だったらどうしていたか」ということを考え、相手の行動などに疑問を持ったら、理由を問いかけたり、自分の考えを話したりします。また、相手の行動に感心したら、素直に賞賛の気持ちをあらわしましょう。このようなマネジメント体験の共有を繰り返しているうちに、仕事を内省したり振り返ったりする力がどんどん高まっていきます。

マネジメント体験共有の概要

自分の体験を話し、人の体験を聞くことで内省力が高まる

マネジャーが集まり、この1週間の出来事を発表する

そのときどう感じたか

今はどう感じているか

発表は2分程度にまとめる

臨場感を意識して語る

「どのように聞くか」という聞き手の姿勢も大事

自分だったらどうか?

自分に置き換えることで疑似体験ができる

それはすごいですね!

賞賛の気持ちを素直にあらわす

なぜ、そうしたのだろうか?

疑問に感じたことを問いかける

疑問に問いかけることを「介入」といい、マネジメントの体験共有のレベルを顕著に高める効果がある

実行するうちに話し方や聞き方がうまくなってくる

8-03

組織をまたいで連携しよう

ネットワークを築くのも重要な使命

▼ほかの組織と連携することで事業が広がっていく

マネジャーの仕事は、自分の組織だけで完結するわけではありません。自社の別の組織、あるいは社外の組織とも連携したり、協力し合ったりして事業を発展させていかなければなりません。別の組織とネットワークを組むことは事業の広がりに大きく寄与し、たとえば電話を扱う部署、プリンタを扱う部署、ＦＡＸを扱う部署、スキャナーを扱う部署がネットワークを組んで仕事をすれば、デジタル複合機を生み出すことが可能になります。

ただし、こういったネットワークに入れてもらうには、**自分の組織がメリットを享受するだけではなく、こちらからもメリットを差し出す姿勢が必要です。**いや、差し出すメリットが大きくなければ、ネットワークに入れてもらうことすら難しいでしょう。これは、自分の会社のなかでの連携に限らず、社外の組織とネットワークを組むときにも原則となります。いわゆるＷｉｎ-Ｗｉｎの関係を目指し、ミドルマネジャーも広い視野を持ってネットワークの構築に取り組みたいものです。

ネットワークの構築が相乗効果を生む

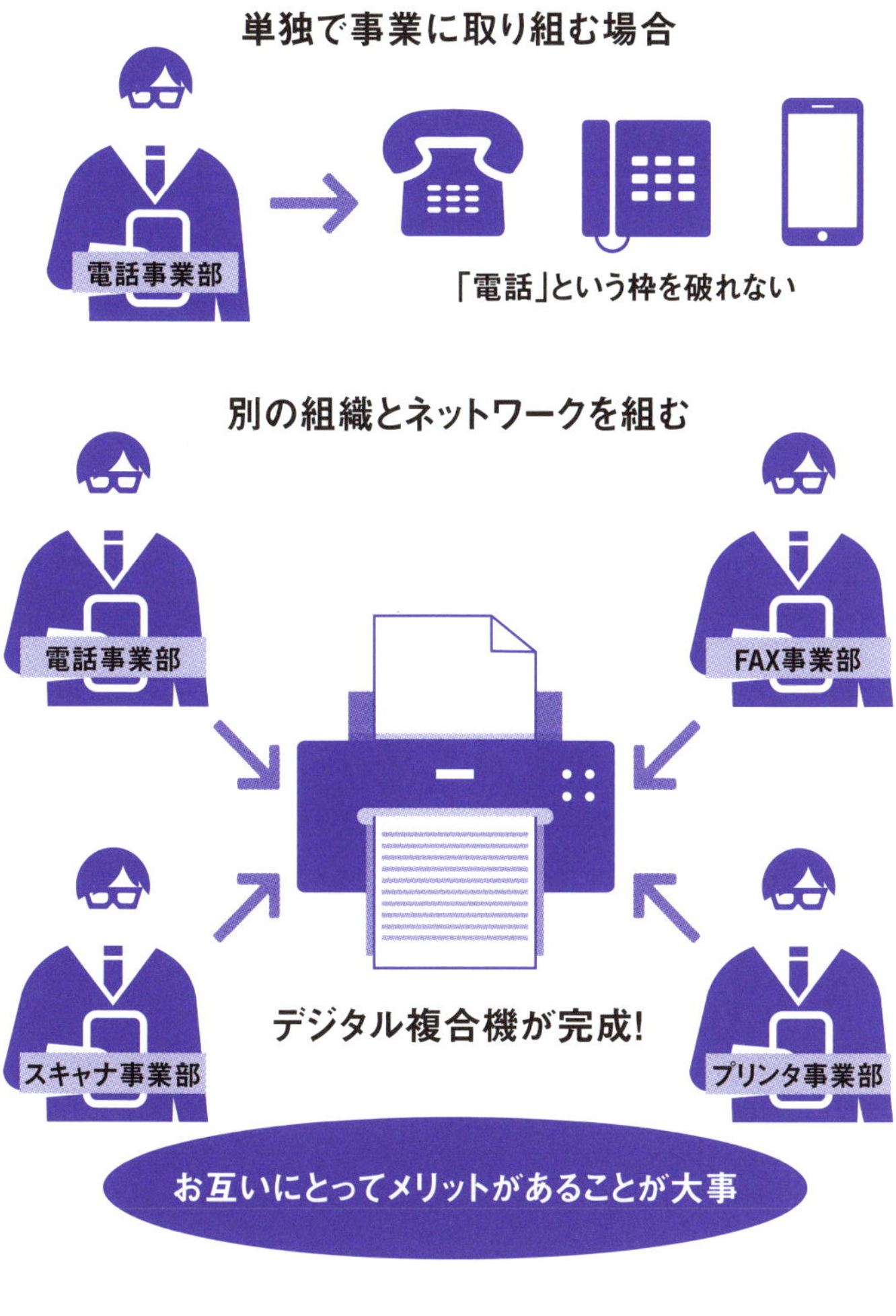
単独で事業に取り組む場合
電話事業部
「電話」という枠を破れない
別の組織とネットワークを組む
電話事業部
FAX事業部
スキャナ事業部
プリンタ事業部
デジタル複合機が完成!
お互いにとってメリットがあることが大事

8-04

多様な部下をまとめるには?

ダイバーシティマネジメントを心がける

▼拒絶、同化、分離、統合という流れ

　組織の人材の多様化が加速する昨今、**多様性を活かして組織を変革していくダイバーシティマネジメント**が注目されています。その流れを整理すると「①拒絶」「②同化」「③分離」「④統合」という段階を踏むとされており、いかに④の統合に持っていくかがカギです。

　ダイバーシティ(多様性)を進めようとしても、最初は現場が拒絶することが少なくありません。今まで日本人の男性だけで居心地良くやってきたところに異分子である女性や外国人が入ってくれば、いろいろと摩擦も起きます。これを何とか一つにまとめる段階が「同化」です。マイナーな存在をマジョリティに合わせようとすることが多く、たとえば女性社員に男性と同じくバリバリ長期間働くことを求めたりします。そのうちに、お互いの存在を認め、ベースとして同じ会社の人間であるとした上でそれぞれの特性を活かそうとするのが「分離」の段階です。男性の良さ、女性の良さをそれぞれ発揮させようといった考え方です。そして、最後が「統合」の段階。違いを積極的に活かし、新しい価値を生み出すことに挑戦します。

ダイバーシティマネジメントの流れ

①拒絶　自分と違う性質を持つ人を受け入れない

②同化　違う性質の人をまとめようとする

③分離　違いがあってもいいことを受け入れる

④統合　違いをうまく結びつけ、イノベーションを起こす

多様な人々を結びつけるには、ビジョンや夢を共有することが大事

※谷口真美『ダイバシティ・マネジメント』より作成

8-05

社内政治の基本を押さえよう

マネジメントを円滑にするための技術

▼組織で活用するためにも社内政治は重要

組織のなかで活躍するためには、社内政治にも気を配らなければなりません。社内政治と聞くと、権謀術数のような怪しげな印象を抱き、自分はもっと正々堂々と勝負したい……と感じる人も多いでしょう。しかし、**社内政治は決して利己的なものではなく、マネジメントを円滑にするために必要な技術で、自分が不利益を被らないための知恵でもあります。**

たとえば、あなたが課長だとして、直属の上司が人間的に問題がある人物だったとします。こういった場合、いざというときに、自分より2段階上の上司、つまり上司にとって上司にあたる人物とのパイプを築けていれば心強いでしょう。パイプを築くといっても、それほど難しい話ではありません。たとえば会社の組織図などを見回して、自分にとって今後、力になってくれそうな人物がいたら、積極的にアプローチして、人間関係をつくっていきます。もちろん、上司だけではなく、同じ課長や役職が下の人とも良好な関係を築いておけば、業務にまつわる社内調整が円滑になるでしょう。

社内政治のアプローチと注意点

社内政治では多彩な層へのアプローチが必要

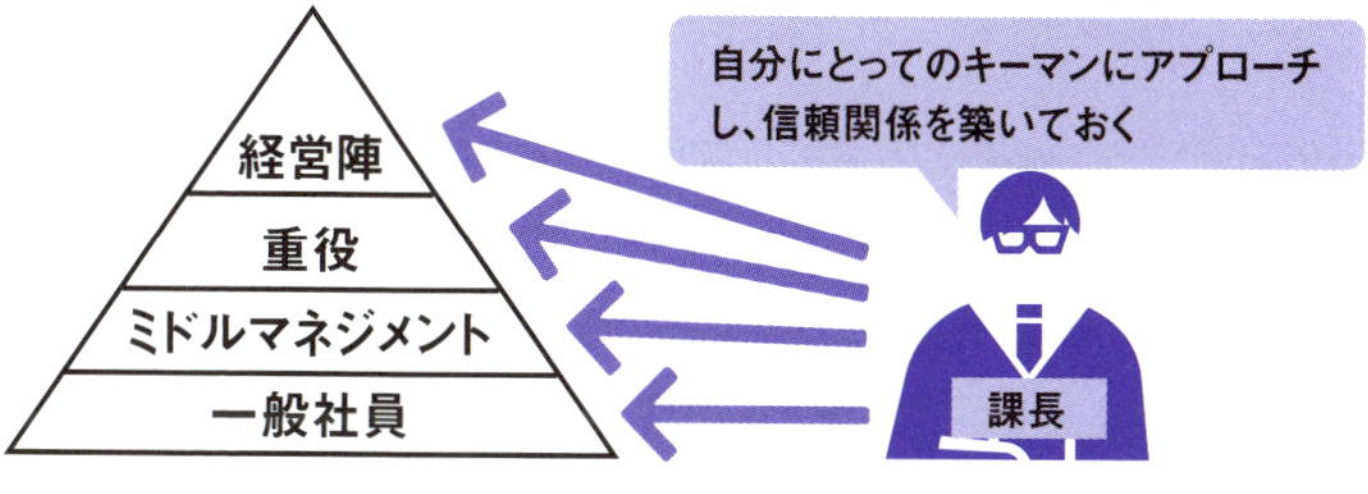
経営陣
重役
ミドルマネジメント
一般社員
自分にとってのキーマンにアプローチし、信頼関係を築いておく
課長

社内政治の注意点

①特定の派閥に組み込まれる

課長
部長

特定の派閥に組み込まれると上司の失脚に巻き込まれやすい

②問題のある人に近づき過ぎない

課長
問題社員

問題社員のフォローは必要だが距離感を保つことは大事

③部下を軽視する

課長
部下

部下に信頼されない上司は、出世など望めない

④露骨にすり寄らない

課長
部長

相手に負担をかけない程度の節度あるアプローチを心がける

8-06

ステークホルダーをつかもう

利害関係者を調整する

▼キーマンを特定して業務に巻き込む

企業に関係する人々はじつに多彩で、経営者や上司ばかりに目を向けていれば、大切なことを見落としてしまいます。企業を取り巻くステークホルダーは、株主をはじめ経営陣、顧客、社員、外注業者などさまざまで、企業が根を下ろしている地域社会も利害関係者といっていいでしょう。マネジャーともなれば、そのすべてに気を配らなければなりませんが、根源的に必要なのは、166ページでも取りあげた「至誠にもとるなかりしか」の精神です。ステークホルダーに対し誠意を尽くすことが、共存・共栄のカギです。

また、自社内部に限ったステークホルダーや、プロジェクト単位のステークホルダーなど、より狭い範囲にステークホルダーを分解していくと、社内事業やプロジェクトを進める際にキーマンを特定しやすくなり、円滑に業務を進められるでしょう。たとえば**プロジェクトにおいて重要な意思決定をするときには、資金面での決定権を持つ役員や、人材を手配する権限のある人事部長など、重要なステークホルダーを巻き込む**ことが大事です。

企業を取り巻くステークホルダー

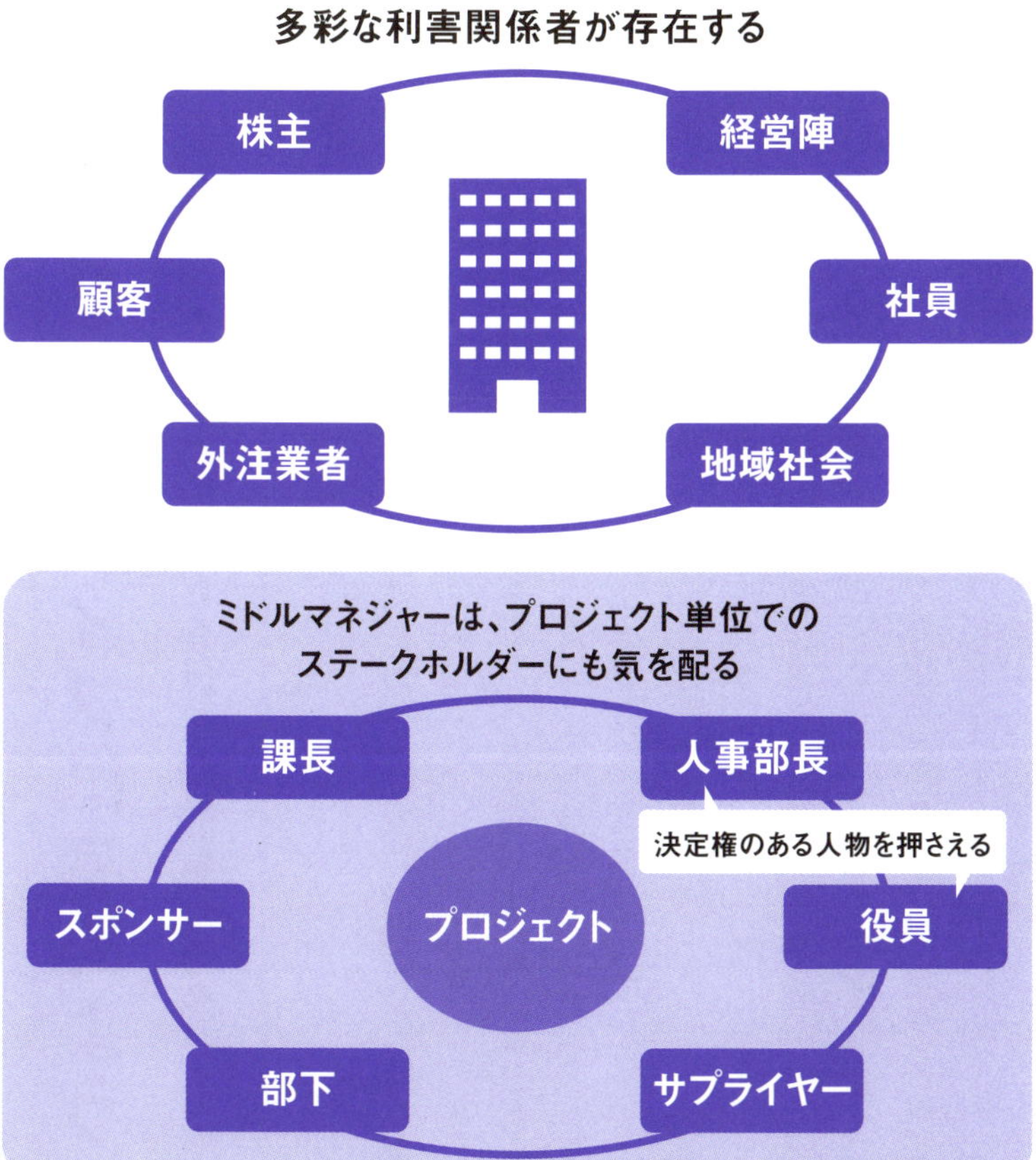
多彩な利害関係者が存在する
株主
経営陣
顧客
社員
外注業者
地域社会
ミドルマネジャーは、プロジェクト単位での
ステークホルダーにも気を配る
課長
人事部長
決定権のある人物を押さえる
スポンサー
プロジェクト
役員
部下
サプライヤー

どのようなステークホルダーに対しても
「至誠にもとるなかりしか」の精神が共存・共栄のカギ

8-07

組織感情をポジティブに高めよう

マネジャーの働きかけで雰囲気がガラリと変わる

▼「感情フィルター」を変えていく

あなたの組織は明るく前向きな雰囲気でしょうか、暗くて重い雰囲気でしょうか。組織に漂う雰囲気は、そこで働く人たちの感情に大きく影響されます。人から組織に波及した気分や雰囲気のことを「組織感情」と呼びます。そのメカニズムを左ページの図に整理しました。

人の感情は、図のように「①情動」「②感情」「③気分」の3つの段階に分けられます。たとえば情動は「上司に叱られたときに嫌な気分になる」という瞬間的な気持ちのことを指します。この情動が、「感情フィルター」とでも呼ぶべき人間の解釈を通して、「上司は私を嫌っている」とか「私のためを思って叱ってくれた」というふうに、ポジティブにもネガティブにも変化します。そして、この感情はほかの人にも波及し、組織感情として広がっていきます。また本人のなかで、いったん抱いた感情が「気分（ムード）」として長く持続することもあります。肝心なのは、**マネジャーの働きかけ次第で感情フィルターを変えることができ、ひいては組織感情も変えていくことができる**ということです。

個人の情動が組織感情をつくり出す

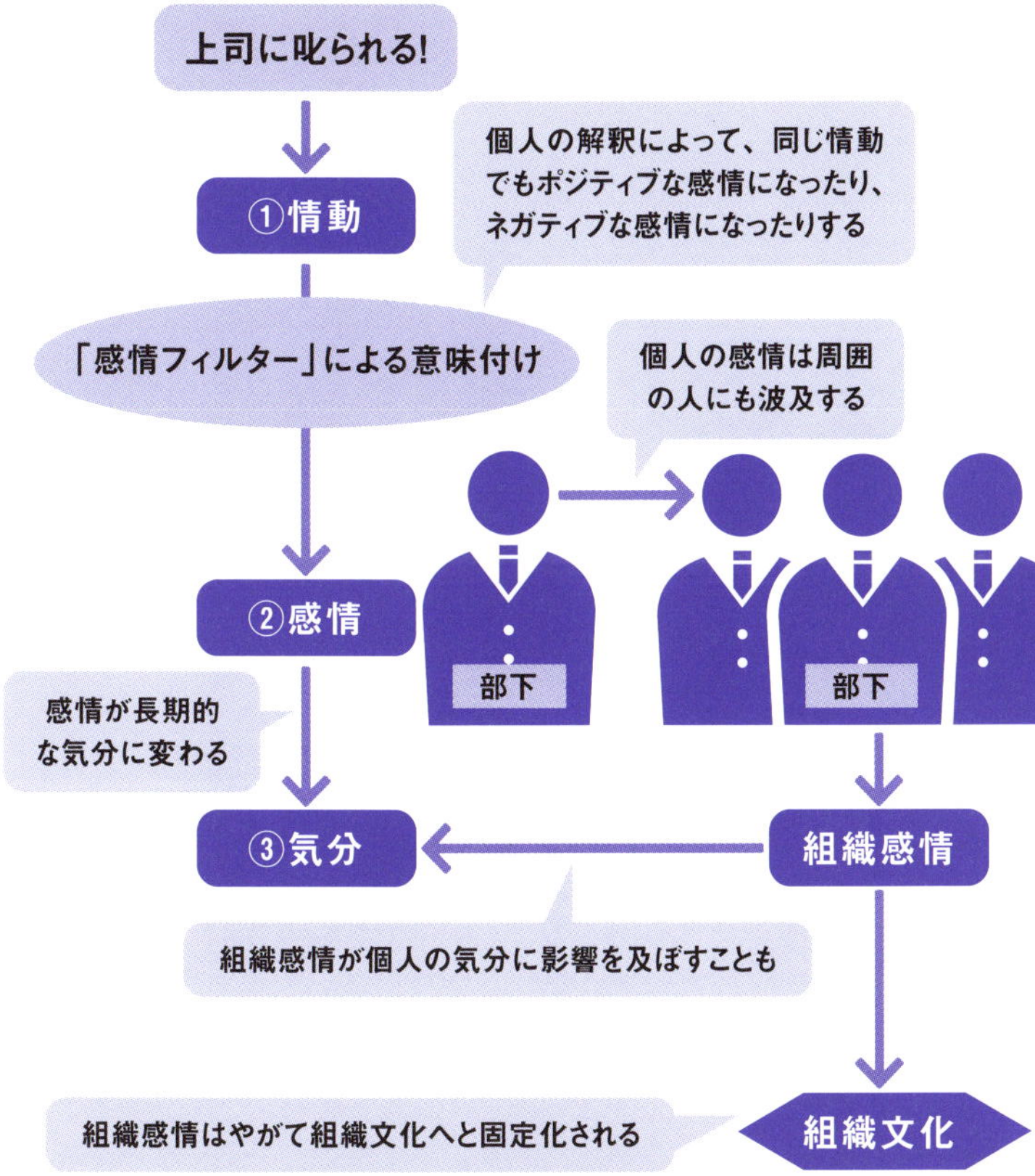

上司に叱られる!
①情動
個人の解釈によって、同じ情動でもポジティブな感情になったり、ネガティブな感情になったりする
「感情フィルター」による意味付け
個人の感情は周囲の人にも波及する
②感情
部下
部下
感情が長期的な気分に変わる
③気分
組織感情
組織感情が個人の気分に影響を及ぼすことも
組織感情はやがて組織文化へと固定化される
組織文化

日ごろから部下と信頼関係を築いておくなど感情フィルターでのポジティブな変化を促せば組織感情や組織文化もポジティブになる!

参考文献

『組織論再入門―戦略実現に向けた人と組織のデザイン』（ダイヤモンド社）野田稔（著）
『中堅崩壊―ミドルマネジメント再生への提言』（ダイヤモンド社）野田稔、ミドルマネジメント研究会（著）
『当たり前の経営―常識を覆したSCSKのマネジメント』（ダイヤモンド社）野田稔（著）
『燃え立つ組織』（ゴマブックス）野田稔（著）
『野田稔のリーダーになるための教科書』（宝島社）野田稔（著）
『二流を超一流に変える「心」の燃やし方』（フォレスト出版）野田稔（著）
『企業危機の法則―リスク・ナレッジマネジメントのすすめ』（角川書店）野田稔（著）
『あたたかい組織感情 ミドルと職場を元気にする方法』（ソフトバンククリエイティブ）野田稔、ジェイフィール（著）
『誰にも聞けなかった会社のしくみ』（日本経済新聞社）野田稔、浜田正幸（著）
『最強のキャリア戦略』（ゴマブックス）野田稔、高橋俊介、川上真史（著）
『世界でいちばん大切にしたい会社 コンシャス・カンパニー』（翔泳社）ジョン・マッキー、ラジェンドラ・シソーディア（著）、鈴木立哉（訳）
『信頼のリーダーシップ―こうすれば人が動く「6つの規範」』（生産性出版）ジェームズ・M・クーゼス、バリー・Z・ポスナー（著）岩下貢（訳）

『マネジャーの仕事』（白桃書房）ヘンリー・ミンツバーグ（著）、奥村哲史、須貝栄（訳）
『経営学イノベーション1 経営学入門（第2版）』（中央経済社）十川廣國（著）
『経営学イノベーション3 経営組織論（第2版）』（中央経済社）十川廣國（編）
『経営学ガイダンス』（中央経済社）摂南大学経営情報学部（編）
『図解ビジネス実務事典 マネジメント』（日本能率協会マネジメントセンター）清澤正（著）
『実践！QC的5Sの考え方・進め方―人間の能力を発揮させ仕事の質を高める』（日科技連出版社）
町田勝利（著）
『経営戦略―論理性・創造性・社会性の追求』（有斐閣）大滝精一、山田英夫、金井一頼、岩田智（著）
『よくわかる組織論』（ミネルヴァ書房）田尾雅夫（編著）
『MBAのための組織行動マネジメント』（同文舘出版）小樽商科大学ビジネススクール（編）
『この1冊ですべてわかる マネジメントの基本』（日本実業出版社）手塚貞治（著）
『マネジメント』（文眞堂）高橋正泰、木全晃、宇田川元一、高木俊雄、星和樹（著）
『マネジメントを学ぶ』（ミネルヴァ書房）京都産業大学経営学部（編）
『一次評価者のための人事評価入門』（日本経済新聞出版社）河合克彦、石橋薫（著）
『人事評価者の心構えと留意点―現場での悩みを解消する』（生産性出版）平井謙一（著）
『まるごと1冊・人事と組織を革新する事典』（日刊工業新聞社）五十嵐瞭（監）中部産業連盟（編）
『図解&事例で学ぶマーケティングの教科書』（マイナビ出版）酒井光雄（監）、シェルパ（著）

※このほかにも多くの書籍、雑誌、Webサイトを参考にさせていただいた

おわりに

ミドルマネジャーはただ単に上層部の意見を汲み、部下を管理していくだけの存在ではありません。また、部下からアイデアを吸い上げ、それを洗練させて、上層部に提案するだけの存在でもありません。ミドルマネジャーといえば、ピラミッドの中間に位置しているようなイメージがありますが、現場と経営層の間にある階層には、大きな溝が横たわっています。その溝を埋め、現場と経営層を建設的に結びつけていくのが、ミドルマネジャーの役割です。

近年、組織のフラット化を推進する企業が増えましたが、それでも、上層部が意思決定をおこない現場に実行を指示する「トップダウン型マネジメント」ではなく、下からの意見を吸い上げて全体に反映させる「ボトムアップ型マネジメント」でもない、中間管理職が中心となった「ミドル・アップダウン型マネジメント」が有効であることに変わりはありません。

また、上層部と現場をつなぐ上下方向だけのネットワークではなく、左右の方向、つまり自社内の他部署をつなぐ役割も求められます。さらに、社外の利害関係者、たとえば外注業者や協力企業をつなぎ、さらに顧客との接点を拡大していくことも必要です。つまり上下左右のあらゆる方向に影響力を行使していかなくてはならないのです。

そして、チームや部署単位であっても、大きなビジョンを描き、将来の構想を練ることは不可欠です。ミドルマネジャーは「中間管理職」という言葉で片付けられるほど単純なポジションではなく、起業家・経営者の感覚が必要になるわけです。

本書では、そのような全方向型であり、起業家・経営者精神を持ったミドルマネジャーを実現するための基礎知識を紹介してきました。さらに深い知識を身につけるべく専門書をひもとく際も、本書で得た基礎知識はきっと役立つでしょう。

本書を足がかりに、これからの学びと実務を通して、会社や社会に貢献し、また自分自身の夢やビジョンを実現できるマネジャーがひとりでも多く誕生すれば、これに勝る喜びはありません。

２０１５年9月

索引

●監修
野田稔（のだ・みのる）
明治大学大学院グローバル・ビジネス研究科教授。一橋大学大学院商学研究科修了。野村総合研究所経営コンサルティング一部長、多摩大学経営情報学部教授、リクルート新規事業担当フェローを経て現職。専門は組織論、経営戦略論など。組織開発分野を中心にコンサルティング実務を行いつつ、2013年に社会人材学舎を設立、ビジネスパーソンの能力発揮支援に取り組む。

●著者
シェルパ
ビジネス書を中心に、多数の書籍、雑誌、Web媒体の編集・執筆を手がける。マネジメント分野以外にも、企業に向けた社員研修のノウハウやビジネスパーソンのスキルアップをテーマにした媒体など、対応領域は多岐に及ぶ。上場企業やグローバル企業など、各業界で活躍するビジネスリーダーへの取材経験も豊富で、多彩な情報を持つ。近年は国際観光分野をはじめ、政策に関する著書も多い。

図解&事例で学ぶ
課長・部長マネジメントの教科書

2015年 9月28日　初版第1刷発行
2019年 8月30日　初版第3刷発行

監　修　野田稔
著　者　シェルパ
発行者　滝口直樹
発行所　株式会社マイナビ出版
〒101-0003 東京都千代田区一ツ橋2-6-3 一ツ橋ビル2F
TEL 0480-38-6872（注文専用ダイヤル）
TEL 03-3556-2731（販売部）
TEL 03-3556-2735（編集部）
Email：pc-books@mynavi.jp
URL：http://book.mynavi.jp

装丁　萩原弦一郎、藤塚尚子（デジカル）
本文デザイン　玉造能之、梶川元貴（デジカル）
DTP　シェルパ、富宗治
印刷・製本　図書印刷株式会社

ISBN978-4-8399-5441-3
Printed in Japan